CW01432479

Bernd-M. Beyer

71/72
Die Saison der Träumer

BERND-M. BEYER

71/72

DIE SAISON DER TRÄUMER

Frohe Ostern,
liebes Rainer
: April 2021

VERLAG DIE WERKSTATT

Bibliografische Information der Deutschen Nationalbibliothek:
Die Deutsche Nationalbibliothek verzeichnet diese Publikation
in der Deutschen Nationalbibliografie; detaillierte bibliografische
Daten sind im Internet über http://dnb.d-nb.de abrufbar.

Auch als E-Book erhältlich: ISBN 978-3-7307-0548-3

Copyright © 2021 Verlag Die Werkstatt GmbH
Siekerwall 21, D-33602 Bielefeld
www.werkstatt-verlag.de
Alle Rechte vorbehalten.
Satz und Gestaltung: Die Werkstatt Medien-Produktion GmbH
Druck und Bindung: CPI, Leck

ISBN 978-3-7307-0540-7

INHALT

PROLOG

„Die Erde ist ein Ball, aber kein Fußball."

RICHARD KIRN, Sportjournalist

„Die Welt ist zwar kein Fußball, aber im Fußball, das ist kein Geheimnis, findet sich eine ganze Menge Welt."

ROR WOLF, Schriftsteller

„Du kommst auf die Welt und die ganze Welt ist beim Fußballspiel, was anderes gab's nicht. In der Halbzeit wurde geheiratet."

WOLF WONDRATSCHEK, Schriftsteller

„Fußball ist das einzige Theater ohne festgelegten Ausgang, kennt fremde Schurken und eigene Helden, Sieger und Versager, Schuld und Sühne."

HELLMUTH KARASEK, Literaturkritiker

(Alle Zitate aus den siebziger Jahren)

Horst-Gregorio Canellas, Präsident der Offenbacher Kickers, hat an seinem 50. Geburtstag zum Gartenfest geladen, doch eine Feier plant er nicht. Besonders fröhlich wäre sie wohl auch nicht ausgefallen, denn keine 24 Stunden zuvor hat sein Verein das letzte Saisonspiel beim 1. FC Köln verloren; zwei Gegentore in den letzten elf Minuten besiegelten die 2:4-Niederlage und damit den Abstieg. Canellas ist nicht gewillt, es dabei bewenden zu lassen.

Der Importkaufmann für Südfrüchte ist ein ehrgeiziger Mann. 1964 hat er das Präsidentenamt der Kickers übernommen, einen sechsstelligen Schuldenbetrag gelöscht und versprochen, jenes Unrecht von 1963 zu tilgen, dem Verein einen Platz in der neuen Bundesliga zu verwehren. Im Stadion sieht man den Präsidenten, nervös an seiner Zigarette ziehend, an der Seite illustrer Trainer wie Rudi Gutendorf oder Zlatko Cajkovski, die er meist nach ein paar Monaten wieder feuert. Kickers Offenbach steigt zwar 1968 in die Bundesliga auf, doch Fuß fassen kann der Verein dort vorerst nicht. Zweimal geht es nach nur einem Jahr Erstklassigkeit wieder abwärts; der Gewinn des DFB-Pokals 1970 bringt nur wenig Trost. Und allmählich glaubt Canellas zu wissen, wie in der Bundesliga gespielt wird: nämlich falsch.

Zum Ende der Saison 1970/71, als sich der Abstiegskampf zuspitzt, werden ihm von Spielern und Funktionären anderer Vereine seltsame Angebote angetragen: Was es den Kickers wert sei, auswärts zu gewinnen, auf Schalke beispielsweise, oder in Köln. Mit Offenbachs Konkurrenten im Abstiegskampf, Arminia Bielefeld, so hört er, habe man schon interessante Deals abgewickelt. Canellas unterrichtet Mitte Mai mehrere DFB-Funktionäre von diesen Vorgängen, doch die zeigen wenig Neigung, den Vorwürfen nachzugehen. Und das, obwohl Gerüchte darüber schon länger existieren. Die „Bild"-Zeitung, immer an Skandalen interessiert, hat Wochen vorher als Erste von „Schiebung am Tabellenende" geraunt, vorsichtshalber mit einem Fragezeichen dahinter.

Der DFB stellt sich taub, also wird der Vereinspräsident selbst aktiv, und die Ergebnisse der Recherchen will er am 6. Juni auf seiner Gartenparty präsentieren. Die Auswahl der Gäste garantiert, dass die Bombe nicht ungehört hochgeht: Prominente wie Bundestrainer Helmut Schön und Ligasekretär Wilfried Straub sind darunter, ebenso eine größere Anzahl Journalisten.

Vormittags ab elf Uhr trudeln die Gratulanten ein, eine gute Stunde später ruft Canellas sie zusammen und verkündet: „Meine Herren, ich muss Ihnen sagen, dass mein Verein, die Offenbacher Kickers, durch Betrug aus der Bundesliga abgestiegen ist." Er gibt einem Mitarbeiter den Wink, auf den Abspielknopf des Tonbandgerätes zu drücken. „Und nun, meine Herren, hören Sie mal." Die Herren hören undeutliche Stimmen einiger Telefonmitschnitte. Es geht um zwei entscheidende Partien des vorangegangenen letzten Spieltags, 1. FC Köln gegen Kickers Offenbach und Hertha BSC gegen Arminia Bielefeld. Am einen Ende der Leitung spricht Canellas, am anderen Ende vernimmt man prominente Bundesligaspieler.

Unverkennbar die Stimme des Kölner Nationaltorhüters Manfred Manglitz, bekannt als Großmaul „Cassius"; Bundestrainer Schön erkennt den Tonfall sofort. Manglitz verlangt für einen Offenbacher Sieg in Köln 100.000 Mark, für sich und fünf Mitspieler. Doch er weiß nicht so recht, wen er in seiner Mannschaft noch einweihen soll. Jupp Kapellmann jedenfalls nicht: „Der ist 20 Jahre, und ich habe nicht gerne in so 'ner Sache so grüne Jungs, die quatschen mir zu viel, verstehen Sie das?" Den Ersatztorhüter Soskic, der gegen Offenbach eingesetzt wird, auch eher nicht: „Das ist ein Jugoslawe, Sie kennen die Jugoslawen …" Und den Mannschaftskapitän Wolfgang Overath schon gar nicht: „Der wurde böse."

Eindeutige Angebote hört man in einem anderen Telefonat von den Hertha-Spielern Bernd Patzke und Tasso Wild, die den

Offenbacher Präsidenten offenbar im Bieterwettstreit mit Arminia Bielefeld sehen. Sieg oder Niederlage gegen die Bielefelder, das ist für sie eine Frage des höheren Gebots. „Ich habe einen duften Vorschlag", sagt Wild. „Weil es Offenbach ist und ohne Kuhhandel hin und her: 140, und die Sache ist für Sie in Ordnung." Allerdings wolle man das Geld vorher sehen, also müsse jemand mit einer Tasche voller Banknoten anreisen. „Dann stellt der sich mit irgendeinem Verbindungsmann von mir auf die Stehränge oder sonst wohin. Ist das Spiel gewonnen, wechselt die Tasche den Mann." „Ja", antwortet Canellas auf dem Band. Und Wild: „In der Tasche ist Geld – und geht leer zurück. Ist das fair?"

Als das Band abgelaufen ist, verlässt Helmut Schön entsetzt das Gartenfest, und die Journalisten eilen an die Telefone. Die meisten sind überzeugt, dass die ganze Wahrheit noch weitaus schlimmer sein wird und der DFB eine rechtzeitige Aufklärung verschlafen hat. Im ARD-Fernsehen empört sich einige Tage später Kommentator Dieter Gütt in Richtung Fußballbund: „Hinter der beflissenen Absicht, die Korruption in den eigenen Reihen auszutreten, verbirgt sich ein Chimborasso an Unfähigkeit, Kriminalität, Geldgier und Anmaßung. Eingeweihte sagen heute: Die Bestechungen liefen schon seit Jahren. Erst jetzt habe sich durch die Selbstenthüllung des Offenbacher Vereinsfürsten die Schleuse geöffnet." Gütt wütet: „Auch das Fernsehen wird sich überlegen müssen, ob es solchen kriminellen Unsinn, der sich Fußball nennt, noch weiterhin übertragen soll."

Der DFB reagiert: Er verklagt den renommierten Journalisten wegen übler Nachrede und verlangt den Widerruf seines „publizistischen Amoklaufs" (unterliegt später jedoch vor dem Landgericht München in fünf von sechs Klagepunkten). Dunkel droht der Fußballbund damit, die Zusammenarbeit mit der ARD aufzukündigen. Es ist wie so oft: Zunächst wird alles vehement geleugnet und werden die Überbringer der schlechten Nachrichten gegeißelt. In diesem Fall fällt vor allem Canellas die Rolle als dubioser Nestbeschmutzer zu. Ihm schwant schon nach wenigen Tagen, wie die Sache gedreht werden soll: „Nicht die Sünder haben gesündigt, sondern ich, der Präsident des OFC, der die Dinge ans Licht gebracht hat."

Canellas gräbt weiter und findet neue Indizien. Nach und nach wird das erstaunliche Ausmaß des Skandals bekannt. Die Aufklärungsarbeit liefert in den folgenden Monaten den Blues zum glamourösen Geschehen auf dem Rasen.

★ ★ ★

Der bundesdeutsche Fußball produziert seine bis dahin größte Krise just in dem Moment, da er sich spielerisch in grandiose Höhen aufschwingt. Denn ein historischer Zufall hat es arrangiert, dass die erste echte Profigeneration zugleich auch die talentierteste und die selbstbewussteste ist. Diese Generation ebenso junger wie forscher Individualisten hat das Image des biederen Herberger-Fußballs gründlich entstaubt und revolutioniert. Vorbei die Zeit, da sich solide Handwerker wie Werder Bremen oder Eintracht Braunschweig die Deutsche Meisterschaft ermauern konnten. Protagonisten wie Franz Beckenbauer oder Günter Netzer schaffen auf dem Platz eine neue Spielästhetik, in der manche Intellektuelle den Geist von Freiheit und Rebellion verkörpert sehen, der seit Mitte der sechziger Jahre die Bundesrepublik durchweht. Die alte Garde der Funktionäre und Trainer, die noch im Nationalsozialismus sozialisiert wurde und sich oft entsprechend gibt, scheint zum Ewiggestrigen verbannt. Ein Buch über Netzer, das 1971 erscheint, heißt „Rebell am Ball", eines über Beckenbauer zur gleichen Zeit „Gentleman am Ball". Auf den Fußballplätzen und jenseits davon wachsen Träume von einer leichteren, zwangloseren, schöneren Zukunft.

Der Publizist Norbert Seitz findet dies alles symbolträchtig aufgeführt im Dribbling des Reinhard Libuda, mit dem der „Stan" im Länderspiel gegen Schottland seinen Siegtreffer einleitet und die Nationalelf zur WM-Endrunde 1970 befördert: „Jener magische Slalomlauf wurde zum symbolischen Startsignal des euphorischen Aufbruchs in Bonn wie der Himmelsstürmerei in Mexiko im Jahr darauf. Eine neue Ära hub an, Deutschland sehnte sich nach Abenteuern, verdrängte Utopien wurden wach. Reformvisionen und Ballästhetik bezauberten langsam die Gemüter in einer bis dahin konservativen und defensiven Republik. ,Mehr Demokratie wagen' verhieß spielerischen Offensivfußball." Seitz formuliert das im Jahr 1987 in seinem Buch „Bananenrepublik und Gurkentruppe", wohl wehmütig rückblickend, denn zu diesem Zeitpunkt geht die Kohl'sche Kanzlerschaft in ihr fünftes Jahr und in eine schier unendliche Zukunft. Da sucht man Trost in schwärmerischer Nostalgie. 1971, man erinnert sich, ist die Regierung Willy Brandt gerade erst seit zwei Jahren im Amt und beginnt damit, das muffig-konservative Milieu der Adenauer-Ära mit seinen autoritären Strukturen und seiner bigotten Moral gründlich zu durchlüften.

Getragen, geschoben und kritisch begleitet wird die Brandt-Regierung von einem Mix aus rebellischer Jugend, liberalem Bürgertum und selbstbewussten Gewerkschaften. Vielen von ihnen geht die sozialliberale Reformpolitik nicht weit genug und zu zögerlich an die Ursachen von Krieg und sozialer Ungleichheit. Vor allem in den großen Städten der Bundesrepublik entsteht eine kulturelle und politische Subkultur, die herrschende Normen ignoriert und neue Wege der Selbstverwirklichung sucht. Im Dschungel allzu radikaler Utopien keimen die ersten Versuche, Bürgerwillen außerhalb von Parteien und Parlamenten in eigenen Initiativen zu organisieren.

Die virulenten politischen Debatten erfassen sogar die Nationalspieler. Bundestrainer Helmut Schön berichtet vom Länderspiel gegen Dänemark, Juni 1971: „Zum ersten Mal in der Geschichte der Nationalmannschaft hatte es im Mannschaftsbus eine Art politischer Diskussion gegeben." Die Themen seien „quer durch den politischen Garten" gegangen, „und natürlich konnte man sich nicht einigen". Paul Breitner und Berti Vogts bilden die

Antipoden in den Debatten, streiten sich beispielsweise heftig um die Einführung der Todesstrafe, die seinerzeit der hochrangige CSU-Politiker Richard Jaeger fordert und sich damit den Spitznamen „Kopf-ab-Jaeger" verdient.

Zwar ist auch in der Bundesliga der Saison 1971/72 erstaunlich oft von „Mannschaftsrevolte" oder „aufbegehrenden Spielern" die Rede. Doch zu behaupten, der Geist der 68er habe nun den Fußball erfasst, wäre weit übertrieben, sieht man von Paul Breitner ab, der irgendwann mal unter einem Poster von Mao posiert. Bei seinen Bayern-Kollegen ist er allerdings hauptsächlich von CSU-Fans umgeben. Wenn die aufmucken, dann als Hedonisten, nicht als Revoluzzer. Selbst der angebliche „Rebell Netzer" gibt im Nachhinein ehrlicherweise zu: „Vieles war nur Pose." Beziehungsweise: „Ich hatte keine Ideen von Rebellion." Und auch ein kluger Kopf wie Wolfgang Weber, Nationalspieler und Vizeweltmeister, der nebenbei Sport studiert, weiß in der Rückschau zu berichten: „An der Sporthochschule schlugen die Protestwellen nicht so hoch. Die Uni war nicht apolitisch, aber Politik spielte schon eine untergeordnete Rolle. Ich war Fußballer, mit Revolutionen hatte ich nichts am Hut." Die Vorstandsetagen der großen Vereine sind ohnehin traditionell konservativ gestimmt. „Bulle" Weber, der mit der SPD sympathisiert, ist damit schon „für die ein Enfant terrible, ohne dass mir das jemand offen gesagt hätte".

★ ★ ★

Die Seitz'sche Analogie: „‚Mehr Demokratie wagen' verhieß spielerischen Offensivfußball", scheint ihrerseits recht gewagt, klingt aber einfach zu elegant, um ganz falsch zu sein. Sicher allerdings ist: Die Schönheit des Spiels, das die Akteure in der Saison 1971/72 auf dem Rasen zelebrieren, verliert im Schatten immer neuer Skandalenthüllungen erheblich an Glanz. Der grandiose 101-Tore-Sturmlauf der Bayern – 800.000 Bundesliga-Zuschauern weniger ist er, verglichen mit der Vorsaison, eine Eintrittskarte wert. Der 7:1-Triumph der Gladbacher über Inter Mailand – vom Fernsehen nicht für übertragenswert befunden. Die hoffnungsvolle Schalker Elf, die nur knapp die Meisterschaft verpasst und mit dem DFB-Pokal endlich wieder eine Trophäe nach Gelsenkirchen holt – auseinandergebrochen im Strudel aus Meineiden und Sperren. Der Triumphzug durch die Europameisterschaft, den Helmut Schön seine „Traummonate" nennt und der heute als ein Höhepunkt deutscher Fußballkunst gefeiert wird – seltsam unterkühlt zur Kenntnis genommen. Erinnern sich Zeitgenossen an den Moment, da Hacki Wimmer mit seinem Tor zum 2:0 das Finale entscheidet? An Feiern danach? Kaum.

Das mag auch daran liegen, dass die Welt brodelt in jener Zeit. In Vietnam fallen mehr Napalmbomben als je zuvor. In Nordirland beginnt mit dem Bloody Sunday eine Eskalation der „Troubles". Der Nahe Osten brennt. Baader, Meinhof und ihre RAF morden gegen das Morden und schießen sich vergebens ihren Fluchtweg frei. Idole der Rockkultur sterben an einer Überdosis. Die kulturelle Revolution der sechziger Jahre, die Befreiung aus spießbürgerlicher Verkrustung und die Eruption politischer Proteste, all dies erodiert und mutiert, aber es ist noch virulent. Manches wird zum Mainstream, manches radikalisiert sich. Einige Utopien tragen späte Früchte, viele verdorren, und jedem erfüllten Traum steht eine Vielzahl zerbrochener gegenüber. Das Scheitern freiheitssuchender Außenseiter gewinnt eine eigene Ästhetik, ausgedrückt in Kultfilmen wie „Easy Rider" oder „Zabriskie Point" sowie in den vielen Che-Guevara-Plakaten, die an den Wänden rebellischer Wohngemeinschaften hängen. Der bei Linken beliebte Western „Il grande silenzio", dessen deutscher Titel so bescheuert ist, dass er ungenannt bleiben soll, wird von seinem italienischen Regisseur den Politikern Martin Luther King, Che Guevara und Robert Kennedy gewidmet, die nur eines verbindet: Sie wurden ihrer Überzeugung wegen ermordet. Stilecht verblutet auch der stumme Held des Films beim Finale im Schnee, gemeuchelt vom bösen Kinski.

Im Fußball sind es Borussia Mönchengladbach und Schalke 04, die in jener Zeit für die Ästhetik des Scheiterns stehen. Schalke aus eigener Schuld, Gladbach eher unbegründet. Populär werden sie als geniale Teams, denen die letzten Weihen versagt bleiben. Einer Jugend, die zu großen Teilen der westdeutschen Leistungsgesellschaft und ihrem „Establishment" kritisch gegenübersteht, ist allzu viel Erfolg suspekt, auch im Fußball. Die beiden Gladbacher Meisterschaften 1970 und 1971 werden durch das Scheitern im Europapokal erst veredelt. Das 7:1 gegen Inter wird zum Mythos, weil es vergebens ist. Die Schalker 72er-Elf erringt Heldenstatus als ein niemals eingelöstes Versprechen. Stan Libuda wird als Künstler verehrt, dem das Attribut „tragisch" anhaftet. Und der blonde Heros Günter Netzer, so formuliert es der Sportjournalist Ulfert Schröder, „schien auf der Suche zu sein nach einem Glück, das irgendwo in der Ferne lag und das ihn nie erreichte".

★ ★ ★

Die Saison 1971/72 ist fußballhistorisch eine außerordentliche, im Guten wie im Schlechten. Dass es damals kaum so wahrgenommen wird, liegt vor allem an dem ereignisreichen gesellschaftlichen Umfeld und dem intensiven politischen Diskurs darum, der niemanden im Land kalt lässt. Dann schrumpft der Fußball doch recht schnell, vielleicht nicht zur Nebensache, aber doch auf seine eigentliche Bedeutung: mehr als ein Spiel, jedoch gewiss nicht wichtiger als Leben und Tod. Noch existieren keine Privatsender und keine DFL, die des Kommerzes wegen die Kickerei in absurde Bedeutungshöhen jazzen. Und noch gibt es keinen ARD-„Brennpunkt", wenn beim FC Bayern ein neuer Trainer sein Amt antritt.

Es ist verlockend, die Saison 1971/72 ganz konkret im zeitlichen Kontext mit nicht-sportlichen Ereignissen und Entwicklungen zu schildern – und damit in gewisser Weise zu relativieren. Dabei zeigt sich: Eine Reihe bemerkenswerter Begebenheiten tangieren nicht einfach nur die zehn Monate dieser Saison, sondern sie entwickeln sich genau in diesem Zeitraum und kulminieren schließlich nahezu zeitgleich im Frühsommer 1972. Fußballerisch erleben wir den legendären Tanz von Helmut Schöns Künstlerensemble auf dem europäischen Parkett, ebenso den Schalker Sturmlauf gegen die sich anbahnende Dominanz des FC Bayern bis hin zum dramatischen Finale im neuen Olympiastadion. Im scharfen Kontrast dazu werden wir Zeugen immer neuer Enthüllungen, die nach und nach die Dimensionen des Bestechungsskandals offenlegen. Politisch sehen wir, wie der parlamentarische Putschversuch der Unionsfraktion gegen die sozialliberale Reformpolitik in Hinterzimmern eingefädelt wird und schließlich scheitert. Und wir betrachten eine historische und leider blutige Farce: wie die erste Generation der RAF gegen das „imperialistische Schweinesystem" in die Schlacht zieht, die ganze Republik in Atem hält und kläglich endet. Schon die zeitliche Koinzidenz dieser Ereignisse macht aus der Saison 1971/72 ein vielschichtiges Drama, in dessen Wiedergabe es nicht nur um Fußball gehen sollte.

★ ★ ★

Kurz nach dem Ende der Saison verbinden sich Sport und politisches Zeitgeschehen auf besonders tragische Weise. Die Olympischen Sommerspiele in München haben begonnen, man schreibt ihren elften Tag. Im Morgengrauen stürmen palästinensische Terroristen das olympische Dorf, nehmen israelische Sportler als Geiseln. Elf der Israelis werden sterben.

Am Abend dieses fürchterlichen Unglückstages soll im Olympiastadion die DFB-Olympiaauswahl gegen Ungarn spielen, mit Uli Hoeneß und Ottmar Hitzfeld im Sturm. Eine Viertelstunde vor Anpfiff wird die Begegnung abgesagt. 80.000 Zuschauer machen sich still und erschüttert auf den Rückweg.

AUGUST 71

*„Sie sind Gauner, ganz schlimme Gauner! Diese
Typen gehören eigentlich dorthin, wo Fußball als
Bewegungstherapie verordnet wird: ins Gefängnis."*

Die „Bild" am 7. Juni 1971 über die Akteure des Bundesligaskandals

*„Canellas versucht nachzuweisen, was alle wissen, was aber
bislang niemand beweisen konnte. Die Bundesrepublik ist
voll von sattsam Bekanntem, doch Unbeweisbarem."*

„Der Spiegel", ebenfalls im Juni 1971 über den Skandal

*„Wer heute von gegnerischen Fußballklubs Tore kaufen kann,
zahlt vielleicht auch für Botschaftertelegramme."*

Die „Süddeutsche Zeitung" am 7. August 1971 über Versuche
konservativer Medien, durch Veröffentlichung interner Dokumente
die Ostpolitik der Brandt-Regierung zu diskreditieren

Libuda und die Rasselbande

Bei schwülwarmem, mancherorts regnerischem Spätsommer-wetter wird die neunte Saison der Fußball-Bundesliga angepfiffen. Der Zuschauerzuspruch ist eher mäßig, 26.890 sind es im Schnitt des ersten Spieltags, rund 4.000 weniger als ein Jahr zuvor.

Auch das Hannoveraner Niedersachsenstadion ist nicht aus-verkauft, 26.500 sind gekommen, um die Partie gegen Schalke 04 zu sehen. Sie können in der 37. Minute zufrieden applaudieren, als ihre 96er mit 1:0 in Führung gehen. Die Begegnung bleibt vorerst ausgeglichen, besonders aufregend ist sie nicht. Das ändert sich spektakulär – die zweite Halbzeit erlebt die Geburt einer neuen Traumelf. Aber die kommt nicht aus Hannover.

Erst ist es der 21-jährige Klaus Fischer, der kurz nach der Pause ausgleichen kann. Das wird noch als Zufallstreffer hingenommen. Doch von nun an spielen die Schalker immer stärker. Libuda befreit sich von seinen Gegenspielern, im Mittelfeld dominieren seine Kollegen Lütkebohmert und Scheer. Und so passiert, was die „Süddeutsche Zeitung" einen „Triumph jugendlicher Frische" nennt: „Die blutjunge Schalker Elf nimmt den Gegner förmlich auseinander" („Kicker") beziehungsweise „hat die Hannoveraner regelrecht vorgeführt" und am Ende „einen geradezu sensatio-nellen 5:1-Sieg" erzielt, wie die „Westdeutsche Allgemeine Zei-tung", die man im Ruhrgebiet nur „WAZ" nennt, mit lokalpatrioti-schem Stolz meldet. Erst Sobieray und dann noch dreimal Fischer schießen die Knappen nicht nur zum Kantersieg, sondern gleich an die Tabellenspitze. Es ist das erste Mal in der Geschichte der Bundesliga, dass die Schalker ganz oben stehen.

★ ★ ★

Es ist noch nicht lange her, da galt der einst so erfolgreiche FC Schalke 04 als Dauerabstiegskandidat der neugegründeten Bundesliga. Als der umtriebige Günter Siebert 1967 zum Vereinspräsidenten gewählt wird, dümpelt die Mannschaft am Tabellenende herum und steht vor einem gewaltigen Schuldenberg. Aus der Not heraus bastelt man an einem Team mit jungen Talenten wie Aki Lütkebohmert, Klaus Scheer, Jürgen Sobieray, Rolf Rüssmann oder Klaus Fischer. Zur Saison 1971/72 komplettiert Siebert seine Rasselbande mit den auch anderswo heiß umworbenen Zwillingen Erwin und Helmut Kremers, die bisher für Kickers Offenbach spielten. Sie sind 22 Jahre alt, als sie auf Schalke ankommen. Torhüter Norbert Nigbur und Abwehrrecke Klaus „Tanne" Fichtel sind nur wenig älter, zählen aber schon zum Schalker Urgestein. Der einzige echte Oldie ist der 31-jährige Heinz van Haaren, der als Leitwolf im Mittelfeld steht.

Günter Siebert hat seine Wunschelf zusammengebastelt, mit einer Reihe hoffnungsvoller Jugendnationalspieler. Ihr Aushängeschild aber heißt Reinhard Libuda. Den Dribbelkünstler hat er schon 1968 von Borussia Dortmund zurückgeholt, wo Libuda kreuzunglücklich war. Er fühlt sich nun einmal als Königsblauer.

Der Bergmannssohn ist in Haverkamp aufgewachsen, einem wenig ansehnlichen Arbeitervorort von Gelsenkirchen im Schatten der Zeche Unser Fritz. Ringsum Äcker, Weiden und viel Platz zum Fußballspielen. Die Klischeekulisse für ein Aufsteigermärchen im Ruhrgebiet.

Der schmächtige Reinhard ist ständig draußen zum Pöhlen, aber er boxt auch gerne im Verein oder turnt an Geräten. So trainiert er sich jene Körperbeherrschung an, die ihm sein trickreiches Flügelspiel ermöglicht. Schon mit elf Jahren, so sagt die Legende, gelingt ihm der Stanley-Matthew-Trick, der ihm auch den Spitznamen Stan einbringt. „Das war das Erste, was mir aufgefallen war, als ich ihn 1955 kennenlernte", erzählt sein alter Kumpel Karl-Heinz Bechmann. „Das Antäuschen und rechts Vorbeigehen, das war sein Ding." Wie sein großes Vorbild aus England bevorzugt auch der junge Reinhard bald den rechten Flügel. Mit 14 Jahren, so heißt es, ist ihm bereits klar, dass er Profi werden will. Mit 18 unterschreibt er bei Schalke, entdeckt hat ihn dessen Jugendtrainer Fritz Thelen. Der ist ein Schwager des großen Ernst Kuzorra und wagt dennoch zu sagen: „Ein größeres Talent als Libuda hat Schalke nicht gesehen."

Ein anderer Verein als das nahe Schalke wäre für Libuda nicht infrage gekommen, denn er bleibt seiner Herkunft verbunden. Er „distanzierte sich", schreibt sein Biograf Norbert Kozicki, „durch seine private Lebensplanung von den Verhältnissen im Fußballgeschäft und damit auch von der Mehrheit seiner Mannschaftskameraden, die sich zu Professionals entwickelten. Möppel Libuda suchte nicht den Dialog, um Konflikte im Verein und in der Mannschaft zu erörtern. Nach dem Training fuhr er immer in seinen Haverkamp. Dort fand er seine Freunde, Verständnis und menschliche Wärme. In seiner Welt im Arbeiterdorf Haverkamp fand er das, was ihm beim FC Schalke 04 nur wenige geben konnten."

Als er dann nach Dortmund geht, so sein Kumpel Bechmann, „war das für ihn Ausland". Er hat im Sommer 1965 dort angeheuert, notgedrungen, nachdem Schalke 04 sportlich abgestiegen ist. Als seine Königsblauen dann doch drinbleiben, weil der DFB die Bundesliga um zwei Vereine aufstockt, ärgert sich Libuda steinkohlenschwarz. Er spielt in der Roten Erde, aber er fühlt sich weiterhin im vertrauten Haverkamp zu Hause, trotz seiner neuen Dortmunder Wohnung. Später wird er zurückblicken: „Als Profi habe ich mich auch nach großen Spielen lieber zurückgezogen, bin lieber zum Skat in meine Stammkneipe statt zu großen Siegesfeiern gegangen."

Zum Feiern gibt es Grund genug beim BVB, beispielsweise 1966 den ersten Europapokalsieg eines deutschen Vereins. Drei Jahre hält es Libuda dort aus, geplagt von Heimweh, einem ungeliebten Wehrdienst, Depressionen und Eifersucht um seine Frau Gisela, die er schon seit seiner Schulzeit kennt. Öffentliche Auftritte, beispielsweise im ZDF-„Sportstudio", sind ihm ein Gräuel; die „Süddeutsche Zeitung" erlebt ihn dabei so: „Libuda nuschelt herzergreifend Stummelsätze in die eigene Schüchternheit hinein." Seine Leistungen auf dem Platz werden schlechter. Als Schalkes Präsident Siebert im Sommer 1968 den Dortmundern 125.000 Mark für Stans Rückkehr auf den Tisch zählt, greifen sie erleichtert zu. Niemand aber ist glücklicher als Libuda.

Mit seiner kleinen Familie bezieht er eine Wohnung in der Wittekindstraße, nahe dem Gelsenkirchener Stadtpark. Keine Zechensiedlung, aber alles andere als eine Villengegend. Auf dem Rasen hinter dem Mehrfamilienhaus lässt er Pudel Cherry und den zweijährigen Sohn Matthias-Claudius hinter dem Ball herflitzen. Der Vereinszeitung „Kreisel" verrät er, dass er sich für schnelle Autos interessiere, nicht aber für Hausarbeit. Und auch nicht für Politik. Sein Hobby sei seine Familie: „Zu Hause fühle ich mich am wohlsten." Zuweilen engagiert ihn der örtliche Handel für Werbezwecke, dann heißt es beispielsweise: „Großer Stan-Libuda-Tag bei Foto Hamer". Libuda lächelt tapfer in die Kameras, aber wohl fühlt er sich nicht dabei.

Auf Schalke stabilisiert er sich sportlich, man feiert ihn, auch weil er, wie eine WDR-Sendung vermutet, „die Träume des Arbeiterpublikums von sozialem Aufstieg und gesellschaftlicher Anerkennung" verkörpere. Bundestrainer Helmut Schön holt ihn wieder in die Nationalelf, seine Notizen aber verraten auch Skepsis: „Reinhard Libuda ein Sonderfall: man nannte ihn nicht umsonst ‚Stan'. Konnte mit glänzenden Körpertäuschungen den Gegner fabelhaft narren. Ließ sich aber als etwas labiler Typ leicht von anderen Dingen beeinflussen und aus dem Gleichgewicht bringen. Brachte über Wochen nie die gleichen Leistungen."

Libudas Dribbelkünste ebnen der DFB-Elf den Weg zur WM in Mexiko, als er im letzten Qualifikationsspiel seine schottischen Gegenspieler auf dem rechten Flügel schwindelig spielt. In Mexiko zeigt er gegen Bulgarien eine grandiose Partie, die Presse singt Hymnen auf ihn. Doch wirklich konstant spielt er nicht, weder in der Nationalelf noch im Verein. Mal sei er Weltklasse, mal Kreisklasse, heißt es über ihn. Und immer wieder wird in der Presse seine sensible Psyche thematisiert, der „Kicker" befragt sogar Ehefrau Gisela dazu. Sie antwortet: „Er ist oft sehr mit sich selbst beschäftigt. Reinhard ist vielen Stimmungen unterworfen." Etwas raubeiniger urteilt Rudi Gutendorf, auf Schalke zwei Spielzeiten lang Libudas Übungsleiter: „Er braucht keinen Trainer, sondern einen Seelendoktor."

Libudas Stimmungslagen schwanken zwischen wortkarger Menschenscheu, zurückhaltender Melancholie und aufbrausendem Jähzorn. Sein Gesicht spiegelt die widersprüchlichen Stimmungslagen: die traurigen Augen, der scheue Blick, die freundlichen Grübchen. Ivica Horvat, Schalkes neuer Trainer, scheint als kommunikativer Typ der Richtige, um den Stan zu stabilisieren. „Nur wer Vertrauen spürt als Mensch, dem kannst du Vertrauen schenken als Spieler", ist sein Leitspruch. Als Libuda beim Einüben von Spielzügen versagt, entscheidet sein Trainer: „Gebt Stan einfach den Ball in den Fuß, der macht den Rest." Davon träumt man auf Schalke: Dass Libuda am Ball bleibt und für den ruhmreichen S04 wieder alles möglich macht.

★ ★ ★

Eine Randnotiz in den Zeitungen, am Wochenende des ersten Spieltags: Der Leverkusener Turner Hermann Höpfner, Mitglied der deutschen Mannschaft für die nahenden Olympischen Spiele in München, hat sich bei einem Lehrgang die Kopfhaare komplett abscheren lassen. Er will damit gegen einen Beschluss des Internationalen Turnerbundes protestieren. Denn der hat festgelegt, künftig bei Europameisterschaften Turnern mit allzu langen Haaren Punkte abzuziehen. Aus ästhetischen Gründen, wie es heißt.

★ ★ ★

Reinhard Libuda dagegen hat es in den vergangenen zwei Jahren wachsen lassen: vom konventionellen Streichholzmaß auf eine ohrenverdeckende Länge. Und an den Backen reichen die Koteletten fast bis zum Kinn. In der Bundesliga gibt es keine Punktabzüge dafür. Libudas neues Outfit wirkt noch milde im Vergleich zu den Mähnen, die einige seiner Mitspieler vorzeigen, allen voran die Kremers-Zwillinge, Aki Lütkebohmert und Teenie-Schwarm Norbert Nigbur. Dessen Haarpracht findet sogar der als liberal bekannte Bundestrainer Schön problematisch: Er könne keinen Torhüter brauchen, dem „die Mütze nicht mehr passt". Nigbur lässt sich das Haupthaar gehorsam stutzen. Ein paar Zentimeter.

Auf den Mannschaftsfotos jener Saison zählen die Schalker jedenfalls eindeutig zu den wildesten Hardrockern, zusammen mit ihren Nachbarn vom BVB. Weitgehend ohrfrei noch die biederen Stuttgarter und die Bremer mit ihrem gestrengen Trainer „Zapf" Gebhardt. Denn der glaubt: „Zu lange Haare stören beim Köpfen. Außerdem hören Spieler dann schlecht." Auch Wilhelm Neudecker, autoritärer Präsident des FC Bayern, hat erst ein Jahr zuvor dekretiert: „Nacken und Gesicht eines deutschen Fußballers müssen frei bleiben!" Doch in dieser Frage muss er kapitulieren; auch in München sind Kurzhaarschnitte inzwischen spießige Vergangenheit.

Damit liegen die Kicker im Trend. Mit dem üppigen Haarwuchs haben antiautoritär gestimmte Jugendliche Mitte der sechziger Jahre für verständnisloses Kopfschütteln bei ihren Eltern gesorgt, inzwischen ist die einst rebellische Attitüde zur Modeerscheinung geworden. Doch noch immer verweist sie darauf, dass sich binnen kurzer Zeit vieles verändert hat.

Was vom gesellschaftlichen Umbruch bei vielen Fußballern ankommt, manifestiert sich neben den langen Haaren äußerlich noch in schnellen Autos, engen Hosen und einer großen Klappe. Anders gesagt: Man pflegt einen gesunden Willen zur Individualität sowie einen etwas großmäuligen Hedonismus. Letzteres mag auch damit zusammenhängen, dass die Spieler zur ersten deutschen Fußballergeneration zählen, die am Geldsegen des Profitums ordentlich teilhaben kann. Zumindest die Spitzenspieler verdienen gut und dürfen ihr Gehalt durch Werbung aufbessern. Einer der Ersten ist 1966 Franz Beckenbauer, der für 12.000 Mark Tütensuppen löffelt; „Kraft in den Teller, Knorr auf den Tisch." Vor der Saison 1971/72 hat der Kaiser erfolgreich um eine Erhöhung seiner Apanage gepokert: „Ich bin mit dem FC Bayern nicht verheiratet. Wenn ich höre, was andere Spieler verdienen, werde ich ja fast mit einem Butterbrot abgespeist."

Wie dick die Butter auf sein neues Brot geschmiert wird und ob womöglich noch eine Scheibe Wurst obendrauf liegt, wird nicht bekannt. Monatsgagen von bis zu 30.000 Mark, die inzwischen in Spanien von Spitzenspielern verdient werden, gibt es in der Bundesliga noch nicht, auch wenn unter der Hand zuweilen Bargeld fließt, das in keiner Statistik auftaucht. Aki Lütkebohmert jedenfalls muss auf Schalke mit einem Grundgehalt von 1.200 Mark anfangen. Das ist nach dem offiziellen Lizenzspielerstatut sogar schon die oberste Grenze und entspricht ungefähr dem bundesrepublikanischen Durchschnittseinkommen. Bei einem wie Beckenbauer dürfte es deutlich mehr sein, doch allenfalls die Hälfte von dem, was er in Spanien kassieren könnte. Immerhin sind vor einiger Zeit die offiziellen Mindestgehälter der Profis angehoben worden: von 250 auf 400 Mark.

Zeitbombe unterm Rasen

Bundesliga, 2. Spieltag +++ 20./21. August 1971

Eine Niederlage und ein Unentschieden haben die „Kicker"-Experten den Youngstern von Schalke 04 für die ersten beiden Spiele prophezeit. Es werden zwei Siege. Beim 2:0 über den MSV Duisburg vor 30.000 euphorischen Zuschauern in der Glückauf-

Kampfbahn spielt Stan Libuda groß auf. Dass die Mannschaft nun mit Erwin Kremers endlich einen starken Linksaußen besitzt, entlastet auch den Stan auf dem rechten Flügel. Zwei Sololäufe in der 40. und der 89. Minute schließt Libuda jeweils mit Traumtoren ab, der „Kicker" verleiht ihm die Bestnote „1". Beim 2:0 schnappt sich Libuda den Ball an der eigenen Strafraumgrenze, treibt ihn „wie die Windsbraut" („WAZ") über das gesamte Spielfeld, lässt ein, zwei Duisburger aussteigen, umspielt den Torhüter und schiebt das Leder ins leere Tor. Der Treffer wird in der ARD-„Sportschau" zum „Tor des Monats" gekürt.

Auch am zweiten Spieltag bleibt Schalke 04 also Tabellenführer, und in Gelsenkirchen wachsen die Träume von einer großen Zukunft. Präsident Günter Siebert bekennt nach dem Spiel, er wolle spätestens „in der nächsten Spielzeit eine Mannschaft stehen haben, die Meister werden kann". Auch für die laufende Saison mag er „eine freudige Überraschung" nicht ausschließen. Hermann Kerl, Vorsitzender des Schalker Verwaltungsrates, tönt sogar: „Die Tabellenführung geben wir nicht mehr her!" Die Schalker Bosse lieben starke Sprüche.

★ ★ ★

Libuda ist erst der sechste Schütze eines „Tores des Monats", denn diese Abstimmung hat die ARD-„Sportschau" im März 1971 neu eingeführt. Die Zuschauer müssen ihre Wahl per Postkarte einsenden. Auch sonst regiert das analoge Zeitalter. Die „Sportschau" ist kurz – von 17:45 bis 18:30 Uhr, wobei bestenfalls eine halbe Stunde Fußball geboten wird. Meist sieht der Zuschauer nur Ausschnitte aus drei Spielen, mehr erlaubt der DFB nicht. Zudem ist der technische Weg beschwerlich: Vom Stadion werden die belichteten Filme per Motorrad nach Köln in die Filmkopieranstalt des WDR gebracht. Dort wählt ein Redakteur am Schneidetisch die Szenen aus, die gezeigt werden sollen; der Rest des Filmmaterials wandert in den Reißwolf. Aus naheliegenden Gründen beginnt die Berichterstattung recht oft mit einem Heimspiel des 1. FC Köln.

Die Tabellen werden zunächst per Hand gesteckt, dann abgefilmt, und die Moderatoren – darunter Dieter Adler, Ernst Huberty, Hans-Joachim Rauschenbach und Werner Zimmer – sitzen ziemlich steif hinter einem Schreibtisch. Nüchternheit ist Reporterpflicht, emotionale Ausbrüche auch bei Direktübertragungen verpönt. Immerhin gibt's 1971 bereits Farbe in der Sportschau. Für die Senderechte kassieren die Bundesligisten gemeinsam rund drei Millionen Mark von ARD und ZDF. Die Summe wird brüderlich durch 18 geteilt, der Tabellenplatz spielt keine Rolle, an die Bayern wird kein Pfennig mehr ausgeschüttet als an Rot-Weiß Oberhausen.

★ ★ ★

Fortuna Düsseldorf steht mit einem Bein noch in der guten alten Fußballzeit. Der Traditionsverein hat eine lange Durststrecke in der Zweitklassigkeit hinter sich, mit einigen vergeblichen Aufstiegsversuchen. Zur Saison 1970/71 schließlich fahndet man per Zeitungsanzeige nach einem Retter: „Renommierter Regionalligaverein sucht fähigen Trainer". Unter den Bewerbern entscheidet man sich für Heinz Lucas, auch wenn der gerade dabei ist, mit Darmstadt 98 aus der Regionalliga Süd abzusteigen. Doch der Neue bewährt sich, bringt der Mannschaft bei, zielstrebiger und schneller zu spielen. In der Aufstiegsrunde überwindet man unter anderem den 1. FC Nürnberg und den FC St. Pauli und schafft (gemeinsam mit dem VfL Bochum) den Eintritt in die Bundesliga.

Dort hält man sich mit finanziellen Abenteuern zurück: Die Spieler, darunter die späteren Nationalkicker Dieter Herzog und Reiner Geye, bleiben weiterhin Halbprofis, gehen also nach dem Training noch einer „regulären" Beschäftigung nach. Und als Fußballer verdienen sie alle das gleiche Gehalt – Fortuna zahlt einen Einheitslohn. Und zwar denselben wie in der Regionalligasaison zuvor. „Fußball ist ein Mannschaftsspiel", begründet Trainer Lucas die in der Bundesliga einmalige Maßnahme. „Da ist ein Mann so wichtig wie der andere." Auch das Verhältnis zwischen Trainer und Spieler definiert der 51-Jährige erstaunlich: „Die Kriegsgeneration war es gewohnt, dass der Trainer sich des Kasernenhoftons bediente. Heute sind die Spieler anders zu behandeln."

Schlecht fährt man damit nicht: Zwar geht der Auftakt bei den Bayern 1:3 verloren, eine erwartete Niederlage – schmerzhaft nur für Verteidiger Heiner Baltes, der von seinem Gegenspieler Gerd Müller nach hartem Zweikampf in den Oberschenkel gebissen wird. Doch am zweiten Spieltag gewinnt Fortuna vor 25.000 Zuschauern am Flinger Broich mit 2:0 gegen Hannover 96 und zeigt ein Potenzial für höhere Ziele. (In dieser Saison belegt der Aufsteiger am Ende Tabellenplatz 13 und in den folgenden beiden Spielzeiten jeweils Platz drei.)

★ ★ ★

Unter den Rasen der Bundesligastadien ticken Zeitbomben, und nicht wenige Spieler wissen, dass die Schockwellen von Canellas' Gartenparty auch sie erreichen können.

Inzwischen hat der Kickers-Präsident vor dem DFB-Kontrollausschuss ausgesagt, wie es so zuging bei den Deals. Vor allem die Übergabe von 100.000 Mark an Manfred Manglitz war problematisch, weil der Kölner Keeper das Geld schon vor dem Spiel – und der versprochenen Niederlage – gegen Offenbach haben wollte. Für eine neutrale Zwischenlagerung verfiel man auf die kuriose Idee, einen Tresor mit zwei Schlössern zu suchen. Als man keinen fand, diente Manglitz' Lebensgefährtin als neutrale Zone.

Über was Canellas noch so plaudert: Oberhausens Präsident Maaßen sei unmittelbar vor einem Spiel zu ihm gekommen und habe im beiderseitigen Interesse eine Punkteteilung angeboten. Oder: Herthas Präsident Holst habe 100.000 Mark ausgelobt, falls Canellas die Transferliste so „arrangiere", dass die Kremers-Zwillinge auf jeden Fall nach Berlin kämen. Und: Ein Abgesandter von Schalke 04, Schatzmeister Heinz Aldenhoven, habe für die Zwillinge 100.000 Mark geboten, plus einen Offenbacher Sieg im bevorstehenden Spiel gegen Schalke. Laut Canellas habe Aldenhoven zugesichert, „dass wenigstens einige Spieler von Schalke so spielen würden, dass wir gewännen". Von diesem Angebot, so Canellas, habe er umgehend dem DFB berichtet.

Justiz und DFB sehen sich genötigt, nun regelrechte Ermittlungen aufzunehmen; bei den Fußballern liegt die Angelegenheit beim Vorsitzenden des Kontrollausschusses, Hans Kindermann. Allerdings müht sich der DFB, die Sache klein zu halten, und lässt verlauten: „Es gibt keine Affäre Bundesliga, es gibt nur eine Affäre in der Bundesliga." Rudolf Gramlich, Vorsitzender des DFB-Bundesligaausschusses, verspricht: „Das mit dem Canellas biege ich schon gerade. In ein paar Wochen spricht kein Mensch mehr über den Fall." Gramlich war im Mai von Canellas gebeten worden, den letzten Spieltag der Saison auszusetzen, weil einige Spiele vorab verschoben seien. Der DFB-Mann hatte abgelehnt.

Die beschuldigten Sünder wiederum geben sich phantasievoll. Manglitz behauptet, er sei nur zum Schein auf die unlauteren Angebote eingegangen, und kündigt Beweise an, „die den Canellas-Vorwurf wie eine Seifenblase platzen lassen werden". Und: „Der kann was erleben." Die Herthaner Patzke und Wild haben sich die Erklärung ausgedacht, sie hätten Canellas nur veräppeln wollen. Oberhausens Präsident Peter Maaßen spricht von „ausgemachten Gemeinheiten" und kündigt eine Klage an: „wegen Rufmord". Und der Schalker Vorstand will ebenfalls gegen Canellas klagen, falls der sich nicht für seine Vorwürfe entschuldige.

Was von solchen Dementis zu halten ist, weiß Richard Kirn, graue Eminenz der deutschen Sportjournalistik, der seit mehr als 40 Jahren über den deutschen Fußball schreibt: „Wir haben es ja x-mal bei Verhandlungen vor Sportgerichten erlebt, dass Männer, die sich schämen würden, ihrer Sekretärin einen Bleistift zu stehlen, mit kalter Stirn ableugneten, was gar nicht abzuleugnen war. Wer einmal ein wenig ins Vereinsleben hineingerochen hat, weiß, dass ein richtiger Fanatiker imstande ist, für seinen Verein Häuser anzuzünden, wenn der Verein die Versicherungssumme braucht."

Für viele Fußballfans ist dagegen Canellas der Sündenbock. Im „Kicker" schreibt ein Leser: „Vielleicht wäre unsere Fußballwelt noch in Ordnung, gäbe es nicht ‚die Canellas', die den Stars Angebote machen." Im eigenen Verein, bei den Offenbacher Kickers, wird er zum Rücktritt gedrängt. „Der Verein will Frieden mit dem DFB schließen", meldet die „WAZ".

„Kicker"-Chefredakteur Karl-Heinz Heimann dagegen bricht eine kleine Lanze für Canellas: „Es wäre zwar das Bequemste, nicht aber das in dieser Situation Angebrachte, auf ihn mit Fingern zu zeigen und ihn zum allein schuldigen Buhmann zu machen." Das wäre es tatsächlich. Immerhin hat Canellas bereits vor dem letzten Spieltag mindestens drei DFB-Offiziellen von seinen Ermittlungen berichtet: neben Gramlich noch dem DFB-Ligareferenten Wilfried Straub sowie dem DFB-Generalsekretär Hans Paßlack. Doch seine Tonbänder mochte damals niemand anhören. Straub beschied ihm: „Ich kann doch nicht jede Biertischunterhaltung ernst nehmen." Und Paßlack brummelte: „Alles nur vage Vermutungen." Auch Canellas' Forderung, den DFB-Ermittler Kindermann einzuschalten, will zunächst niemand nachkommen. Das geschieht erst, nachdem er im Alleingang an die Öffentlichkeit gegangen ist. Als Flankenschutz hat sich Canellas die Unterstützung der mächtigen „Bild"-Zeitung gesichert: Er lässt deren Redakteur exklusiv die gesamten 13 Stunden Bandaufzeichnungen von Schmiergeldverhandlungen abhören. Nun fordert das Blatt balkendick: „Weg mit solchen Gaunereien".

★ ★ ★

Noch im Juni 1971 ergehen die ersten Urteile. Manglitz und Wild werden auf Lebenszeit, Patzke auf zehn Jahre gesperrt. Außerdem muss Manglitz eine Geldstrafe von 25.000 Mark zahlen; die Bundesligakarriere des Kölners, zu diesem Zeitpunkt mit 256 Einsätzen Rekordhalter, ist damit zu Ende. Bei allen Spielern sieht es das DFB-Sportgericht als bewiesen an, dass sie sich bestechen ließen. Nur wenn die versprochenen Spielmanipulationen fehlschlugen (beispielsweise verlor Köln dann doch nicht gegen Offenbach), floss in einigen Fällen kein Geld.

Doch auch Kickers Offenbach wird im Schnellverfahren bestraft. Präsident Canellas darf auf Lebenszeit kein Amt im Fußball mehr ausüben, zwei seiner Vorstandsmitglieder auf drei Jahre. Das DFB-Gericht kommt zu dem Schluss, von Canellas sei „ein Gebäude der Vielseitigkeit aufgezogen worden, das es erlauben sollte, nach allen Richtungen hin offen zu bleiben, und zwar je nach Erfolg oder Misserfolg der eigenen Handlungen und dem Ausgang der Bundesligaspiele des letzten Spieltags am 5.6.1971." Was ziemlich weltfremd erscheint, denn Canellas hat so viele Personen in seine Aktionen eingeweiht, beispielsweise auch Nationalspieler Wolfgang Overath, dass sie nachträglich kaum unentdeckt geblieben wären.

Die Sanktionen gegen Offenbach werden in der Öffentlichkeit teilweise scharf kritisiert. Der „Kicker" spricht von einem „Standgericht" und moniert, das Verhalten der DFB-Verantwortlichen sei nicht hinterfragt worden: Von Canellas informiert, forderten sie von ihm weitere Beweise, statt selbst aktiv zu werden. „Ich brauche nicht die Leiche zur Polizei zu bringen, um einen Mord zu melden", kommentiert „Kicker"-Redakteur Wolfgang Rothenburg. In der „Süddeutschen Zeitung" spricht Ernst Müller-Meiningen jr. von „unzureichenden Statuten", „unzulänglicher Gerichtsbarkeit", „unbedarften Funktionären", kurzum von einem „geradezu kriminellen Dilettantismus". ARD-Sportmoderator Hans-Joachim Rauschenbach hält die Erklärungen des DFB für „so glaubwürdig wie die Behauptung, dass Arsen nützlicher für Kinder sei als Eiscreme". Und Richard Kirn schimpft: „Für ganz und gar unmöglich halte ich die Verurteilung Horst Canellas', die ist schon beinahe grober Unfug. Der DFB konnte nie über seinen Schatten springen."

Chefermittler Hans Kindermann wiederum klagt, dass „man jetzt instinktlos auch über uns herfällt, die die mehr als traurige Pflicht haben, den ganzen Dreck wegzukehren". Seine Untersuchungen gehen weiter und erfassen in den folgenden Wochen immer mehr Spieler und Vereine. Bald ist die Sache so verästelt, dass die „Bild" ihren überforderten Lesern über drei Ausgaben ein „Lexikon des schmutzigen Fußballs" bietet, damit sie den Überblick behalten. In Stuttgart beispielsweise gesteht VfB-Spieler Hans Arnold, er habe für eine 0:1-Niederlage 45.000 Mark von Arminia Bielefeld erhalten und mit zwei weiteren Kollegen geteilt. Seine Geschichte verkauft er gleich exklusiv an das Boulevardblatt: „So wurde ich bestochen". Kurzzeitig geraten auch die Bayern in Verdacht; MSV-Torhüter Volker Danner behauptet, die Münchner hätten ihm 12.000 Mark für eine Niederlage geboten. Namen aber kann oder mag er nicht nennen.

Mitte August muss Waldemar Slomiany, früher Schalke, heute Bielefeld, als Zeuge vor dem DFB-Gericht aussagen. Es geht um eine Begegnung am 28. Spieltag der Vorsaison. Da hat Schalke 04 ganz überraschend gegen die abstiegsbedrohte Arminia aus Bielefeld mit 0:1 verloren. Schon damals machen dunkle Gerüchte die Runde. Was ihr ehemaliger Mannschaftskollege jetzt aussagt, erfahren die Schalker Spieler noch nicht. Doch sie haben allen Grund, sich Sorgen zu machen.

★ ★ ★

Nicht sonderlich verwunderlich findet die linke Zeitschrift „Konkret" den ganzen Skandal. „In der Fußball-Bundesliga geht es um Geld. Wer hätte das gedacht?", lästert Redakteur Jürgen Beier und wundert sich sehr viel mehr über die Empörung im Fußballvolk, „vom Ruhrkumpel bis Beate Uhse". Sauber gehe es im Kapitalismus schließlich nirgendwo zu, nichts anderes hätten Canellas' Enthüllungen dem Volk klargemacht: „Was bisher nur für die hohe Politik galt, hatte fortan auch für unseren schönen und kamerad- schaftsfördernden Fußballsport Gültigkeit: Das ist ein schmut- ziges Geschäft." Der Redakteur sieht einen Ausweg, auf den fünf Jahrzehnte später kommerzkritische Fans noch immer verfallen werden: „Bei solcher Umweltverschmutzung bleibt nur die Flucht aufs Land. Denn dort, in der Kreis- und Bezirksklasse, wird für gezinkte Ergebnisse noch in Naturalien gezahlt. Mit einigen Kästen Bier und saftigen Schinken."

Dass „Konkret" die Sexartikel-Händlerin Beate Uhse ins Spiel bringt, ist kein Zufall. Die sexuelle Enttabuisierung, die parallel zur Jugendbewegung der sechziger Jahre begann, hat der Dame gute Geschäfte und Prominenz eingebracht. Auch „Konkret" will unter Herausgeber Klaus Rainer Röhl – ganz kapitalistisch – von der neuen Freizügigkeit profitieren und füllt die Titelseite sowie bunte Fotostrecken im Heft mit den blanken Busen ziemlich junger Frauen. Dieses nackte Umfeld und Bekenntnisse wie „Orgie frei Haus", „Ekstase über den Wolken" oder „Lolita für einen Sommer" halten bekannte linke Publizisten nicht davon ab, für „Konkret" zu arbeiten. Anfangs tat dies auch Ulrike Meinhof, einige Jahre Röhls Ehefrau, bevor sie sich mit ihm persönlich wie politisch überworfen hat. Ansonsten schreiben Sebastian Haffner, Günter Wallraff, Franz Xaver Kroetz und Bernt Engelmann ebenso regel- mäßig wie die Gerichtsreporterin Peggy Parnass, die als Kind den Holocaust überlebt hat, oder Wibke Bruns, die vor kurzem erst, am 12. Mai 1971 um 22:15 Uhr, im ZDF aufgetreten ist. Worüber sich, wie sie erzählt, ziemlich viele „das Maul zerrissen" haben. Denn mit ihr verliest an jenem Abend zum ersten Mal im deut- schen Fernsehen eine Frau die Nachrichten.

Auf die Idee, Pornografie als sexuelle Enttabuisierung zu ver- edeln, sind auch andere gekommen. Die „St. Pauli Nachrichten", deren Name nicht auf den Fußballverein, sondern auf Hamburgs „sündige Meile" zielt, verfügen über ein ähnliches Fotoarchiv wie Röhls „Konkret". Das Blatt ist eine ziemlich gesprenkelte Blüte der

68er-Bewegung und wurde vom Szene-Fotografen Günter Zint gegründet. Auch hier wollen Autoren wie Stefan Aust und Henryk M. Broder linke Politik mittels freizügiger Erotik an den Mann bringen, wobei der sexuelle Voyeurismus eine deutlich größere Rolle spielt als bei „Konkret". Vielleicht deshalb beträgt die Auflage zeitweise 800.000 Exemplare.

Die Sammlung von 40.000 Sexfotos in der Redaktion der „St. Pauli Nachrichten" ist auch das Ziel von Einbrechern, die in der Nacht zum 25. August dort einsteigen. Die 300 Mark in der Kasse lassen sie liegen, die Fotos wühlen sie aus den Schränken. Aber nicht, um sie mitzunehmen, sondern um sie zu vernichten. Per Brandstiftung wird ein Großteil der Bilder zerstört. Hinterher gibt es die telefonische Drohung, man werde die übrigen Fotos auch noch verbrennen. Wer dahinter steckt – ob konservative Sittenwächter oder empörte Feministinnen –, wird nie ermittelt.

Rios Träume

Bundesliga, 3. Spieltag +++ 28. August 1971

Im Hamburger Volksparkstadion beginnt der dritte Spieltag mit einer stolz angekündigten Neuerung: Vor dem Anpfiff sollen zwei Schlagerstars das Publikum „anheizen". Ob das den wenig bekannten Sternchen Claudia Gordon und Jonny Hill gelungen ist, wird nirgendwo berichtet. Aber immerhin ist es mit 41.000 Zuschauern das weitaus am besten besuchte Spiel dieser Runde.

Zu Gast ist Spitzenreiter FC Schalke 04, der erneut gewinnt, obwohl sein Goalgetter Klaus Fischer verletzt fehlt und Libuda von einer Grippe geplagt wird. Entscheidend ist dieses Mal die starke Defensive. Der Hamburger SV ist ebenfalls gut in die Saison gestartet, vor allem Uwe Seeler, der 35-jährige Fußball-Methusalem, beeindruckt mit drei Toren in den ersten beiden Spielen.

Gegen Schalke verpasst er mit einem Pfostenschuss knapp den 1:1-Ausgleich. Es ist Uwes letzte Saison für den HSV.

In Köln sehen währenddessen nur 15.000 einen mühsamen 2:1-Sieg gegen eine schwache Borussia aus Dortmund. Der FC spielt in der Müngersdorfer Radrennbahn, weil nebenan das große Stadion für die Weltmeisterschaft 1974 umgebaut werden soll. Allerdings zeichnet sich schon ab, dass finanzielle Probleme das Projekt verzögern. Das neue Stadion wird am Ende zwar fertiggestellt – aber ein kleines bisschen zu spät, nämlich ein Jahr nach der WM.

Die kleine Radrennbahn besitzt eine alte Holztribüne, auf der die Zuschauer durch gemeinsames Füßetrampeln mächtig Radau machen können. Durch eine ebenfalls lärmfördernde Stahlrohrtribüne wird das Fassungsvermögen auf 29.000 gesteigert. So entsteht eine dichte Atmosphäre, die manchen Gegner das Fürchten lehrt. Kölns Verteidiger Wolfgang Weber erzählt später: „Plötzlich merkte jeder, was für ein Hexenkessel diese Radrennbahn sein konnte."

★ ★ ★

Hinter den Schalkern belegen Bayern München und Borussia Mönchengladbach nun die Plätze zwei und drei. Vor der Saison sind sich alle Experten und sämtliche zu den diversen „Prominententipps" geladene Laien einig gewesen: Die Meisterschaft wird zwischen den Bayern und den Borussen vom Niederrhein entschieden. Seit drei Jahren spielen die beiden Rivalen auf Augenhöhe: 1969 wurden die Bayern Meister, 1970 und 1971 die Gladbacher. Die „Fohlen" sind also der aktuelle Titelträger, während die Münchner als amtierende DFB-Pokalsieger antreten.

Überraschend viele Parallelen gibt es zwischen den beiden Vereinen: 1965 sind sie aufgestiegen, beide mit jungen Mannschaften aus regionalen Kickern. Die sechziger Jahre sind noch keine Zeit, in der ein deutscher Klub sich ein Starensemble zusammenkaufen kann. Er ist darauf angewiesen, Talente zu erkennen und früh an Land zu ziehen. Es mag ein historischer Zufall gewesen sein, der in Bayern wie am Niederrhein einige hochtalentierte Spieler zusammengeführt hat. In München sind es der Regent Franz Beckenbauer, der Torgarant Gerd Müller und der stets zuverlässige Sepp Maier; in Gladbach finden sich der geniale Regisseur Günter Netzer, der unverwüstliche „Terrier" Berti Vogts und Goalgetter Jupp Heynckes.

Doch um aus solchen Spielern Erfolgsteams zu schweißen, reicht schieres Glück nicht, dazu braucht es clevere Manager und kluge Trainer. In Gladbach heißen die Macher Helmut Grashoff und Hennes Weisweiler, in München Wilhelm Neudecker und, seit einem Jahr, Udo Lattek. Der ehemalige DFB-Assistenztrainer Lattek hat bei seinem Dienstantritt 1970 zwei Jugendnational-spieler mitgebracht, Paul Breitner und Uli Hoeneß; sie drücken den Altersschnitt des Bayern-Kaders auf frische 23 Jahre. Beide Youngster haben eine starke Saison gespielt, doch der Titel ist knapp am Niederrhein geblieben.

Franz Beckenbauer steht mit 25 Jahren im Zenit seines Könnens. Sein Umgang mit dem Ball wirkt nicht wie antrainierte Technik, sondern wie spontane Kunst. Auf dem Platz hat sich Beckenbauer eine ganz eigene Position geschaffen, indem er den defensiven „Ausputzer" alter Schule zum offensiven „Libero" revolutioniert hat. In dieser Rolle gönnt er sich so viele Freiheiten nach vorne, dass er meist als der eigentliche Dirigent seiner Mannschaft erscheint. Als die Bayern am dritten Spieltag 4:1 gegen Eintracht Braunschweig gewinnen, steuert er zwei brillante Treffer zum Sieg bei, und Braunschweigs Trainer Otto Knefler schwärmt: „Franz ist Weltklasse, sein Bandenspiel im Strafraum mit Müller ist tödlich." Er, Knefler, werde beim DFB beantragen, dass eine Mannschaft, die gegen Beckenbauer spiele, künftig mit einem Mann mehr antreten dürfe: „Nur ein zwölfter Mann könnte ihn halten." Gibt es dafür kein anderes probates Mittel? „Ich weiß keines."

Doch beliebt in fremden Stadien sind weder der Kaiser noch seine Bayern. Allerorten will man ihnen die Lederhosen ausziehen, bevor sie überhaupt welche tragen müssen. Im „Kicker" klagt zum dritten Spieltag eine junge Leserbriefschreiberin: „Ich heiße Elfriede Sedlmayer, bin 16 Jahre alt und seit Jahren Anhängerin des FC Bayern München. Vor allem gehört mein Herz Franz Beckenbauer, den ich für den besten Fußballer der Welt halte. Vielleicht können Sie sich deshalb vorstellen, wie sehr ich mich Samstag für Samstag ärgere, wenn dieser Weltklassespieler erbarmungslos und oft dazu noch ohne Grund ausgepfiffen wird."

Wie zum Beweis berichtet ein paar Tage später, nach einem Bayern-Auftritt in Oberhausen, Trainer Udo Lattek von Übergriffen einiger RWO-Fans: „Franz Roth quetschte sich den Ringfinger der rechten Hand in der Tür des Busses, als der Fahrer sie eilends schloss, weil ein Fanatiker mit dem Ende seiner Fahnenstange auf Franz Beckenbauer einschlug."

★ ★ ★

Im gleichen Monat August, weit abseits des großen Fußballs, auf dem Mariannenplatz in Kreuzberg, nahe der Mauer, wo sich Berlin in den siebziger Jahren ungeschminkt zeigt, ohne das Make-up geschönter Fassaden. Ein paar türkische Jungs kicken zum Spaß mit einem Ball. Das Fußballspielen auf dem Platz ist verboten, eine Polizeistreife schreitet ein. Die Jungs protestieren, ein schimpfender Passant stellt sich auf ihre Seite, es kommt zum Handgemenge, ein Kameramann eilt herbei, um das Geschehen zu filmen. Die Ordnungshüter rufen Verstärkung, und wenig später nähern sich Polizeisirenen. In ein paar Mannschaftswagen rast Bereitschaftspolizei heran, sperrt den Platz und die Eingänge der angrenzenden Häuser. Am Ende sind drei oder vier Beteiligte festgenommen und die Filmaufnahmen des Kameramannes unbrauchbar gemacht.

Nebendran, in den Räumen einer besetzten Fabrik am Mariannenplatz 13, beobachten ein paar Leute die Szene vom Fenster aus. Einer von ihnen, ein schmaler junger Mann mit schulterlangen dunklen Haaren und nackten Füßen, nennt sich Rio Reiser und ist Frontmann der Agitrock-Gruppe Ton Steine Scherben.

Rio wohnt noch nicht lange in Berlin und heißt auch noch nicht lange Rio Reiser. Vorher hat er als Ralph Christian Möbius mit seinen Eltern in Süddeutschland gelebt, zuletzt im südhessischen Nieder-Roden. Er lernt Klavier und Gitarre spielen, singt freiwillig im Schulchor mit, liest viel, besonders gerne Karl May und die Bibel. Mit dieser Lektüre moralisch gerüstet, rockt der Junge den Schulunterricht. Später schreibt er über seinen „ersten Zeck mit einem Religionslehrer": „Wir waren bei den zehn Geboten und genauer gesagt bei: ‚Du sollst nicht töten.' Und ich habe ihn gefragt, was er denn zur Bundeswehr sagt, und er hat gesagt: Die muss sein. Da bin ich richtig aggressiv geworden (…). Ich habe ihn angeschrien, warum er uns so was beibringt, wenn er es selber nicht glaubt."

In Nieder-Roden lernt er Ralph Peter Steitz kennen: „Er kam immer zu spät und sah gut aus, hatte schwarze Locken und ein Harpo-Marx-Gesicht." Ralph Peter Steitz wird von seinen Kumpeln „Fifi" gerufen, legt sich aber den Künstlernamen RPS Lanrue zu. Er spielt in einer Band namens Beat-Kinks und sucht einen Sänger. Sie spielen die aktuellen Rock-Hits und irgendwann die ersten selbstgebastelten Songs. So beginnt es.

In der hessischen Provinz gibt es zeittypischen Ärger. Lanrue: „Wir kannten uns erst ein Jahr, da sind wir in einem Nachbarkaff von fünf oder sechs Dorfjugendlichen verfolgt worden, weil wir lange Haare hatten. Wir waren zusammen auf einer Kirmes, die Typen, so Kleinstadtpsychos, wollten uns die Haare abschneiden. ‚Ey Gammler', haben sie uns beschimpft. Wir sind abgehauen, es war knapp. So was verbindet." Manchmal bewahrt sie auch Gert Möbius, der große Bruder, davor, Kloppe zu beziehen.

Ralph Möbius mag nicht mehr Ralph Möbius heißen; der Name, meint er, „erinnerte mich an Arztfilme aus den vierziger, fünfziger Jahren". „Rio" steht schnell fest, weil ihn seine Kumpels so rufen. Und den „Reiser" entleiht er einem Roman des Sturm-und-Drang-Dichters Karl Philipp Moritz. Dessen jugendlicher

Protagonist Anton Reiser strebt als Wanderschauspieler – meist vergebens – nach künstlerischer Anerkennung. Ein wenig wandert Rio ihm nach. Zunächst schreibt er Musikstücke für Theaterprojekte vor allem seiner älteren Brüder Gert und Peter, die mit „Hoffmanns Comic Theater" einige Furore machen. In deren Windschatten gelangen Rio Reiser und sein Freund Lanrue schließlich nach Berlin.

★ ★ ★

Das Westberlin jener Jahre bebt, hier kulminieren frühzeitig und besonders heftig die Veränderungen, die die westdeutsche Gesellschaft durchschütteln. Hier ist der Protest gegen miefige Autoritäten radikaler und die Reaktion der Staatsgewalt härter. Am 2. Juni 1967 stirbt der Student Benno Ohnesorg durch eine Polizeikugel, nachdem er an einer Demonstration gegen den Schah teilgenommen hat. Rio geht in dieser Nacht über den Kurfürstendamm, hört von erregten Passanten Wortfetzen wie „Krawallbruder", „selber schuld" und „Langhaaraffen".

Genau vier Wochen nach Ohnesorgs Tod feiert im Berliner Theater des Westens die angeblich erste, vor allem aber experimentelle Beat-Oper „Robinson 2000" ihre Premiere, ein Projekt der Gebrüder Möbius incl. Rio. „Feiern" ist allerdings das falsche Verb für das tatsächliche Desaster, das sich dort anbahnt. Das Premierenpublikum lacht an den falschen Stellen, und der Applaus am Ende klingt ironisch. Nicht alles geht, auch nicht in Berlin.

Die subkulturelle Szene in der Stadt vergrößert sich rasant: durch Studenten und Akademiker, die den Marxismus oder zumindest die linke Pose entdecken; durch Jugendliche, die keinen Bock auf eine bürgerliche Karriere haben; durch Schüler, die vor autoritären Lehrern oder Eltern fliehen; durch Wehrdienstverweigerer, die in Scharen nach Westberlin strömen, weil die Stadt völkerrechtlich nicht zur Bundesrepublik zählt und daher keine Wehrpflicht kennt. Und die Szene zersplittert: in

DDR-orientierte Kommunisten, Maoisten unterschiedlicher Couleur, Trotzkisten, Radikalsozialisten, Pazifisten und Anarchisten; in Hippies, Träumer, Bohemiens, Künstler, Lesben, Schwule und Transvestiten, Spinner, Esoteriker, Faulenzer, Erotomanen, Dealer und Konsumenten von Drogen jeder Art. Allenthalben hört man Bekenntnisse, die vor Kurzem kaum jemand gewagt hätte.

Mitten drin hängt Rio Reiser mit seinen Musikprojekten, der Lehrlingstheatertruppe Rote Steine und vagen Plänen. Schließlich tut er sich mit seinem alten Freund Lanrue und dem Bassisten Kai Sichtermann zusammen, die beide noch bei Hoffmanns Comic Theater aktiv sind, und gründet mit ihnen Ton Steine Scherben. Die Rolling Stones stehen Pate bei der Namensgebung, aber Rio behauptet: auch Heinrich Schliemann. Der soll, als er Troja ausbuddelte, gesagt haben: „Alles, was ich fand, waren Ton, Steine und Scherben."

Mit marxistischer Theorie und ideologischen Grabenkämpfen kann Rio Reiser nichts anfangen; wie er später schreibt, „beherrschte ich weder das notwendige Soziologen-Deutsch, noch hatte ich Lust, im Berliner Anarcho-Polit-Dialekt zu schreiben". Eher diffus träumt er von radikalen Freiheiten und „der besten aller möglichen Welten", will Teil einer Gegenkultur sein gegen Verhältnisse, mit denen er sich nicht identifizieren mag. Deutsch singen die Scherben, um besser verstanden zu werden, denn im Kreuzberg jener Jahre finden sie ihr Publikum nicht gerade im Bildungsbürgertum. Das Manifest der Gruppe, unter dem Titel „Musik ist eine Waffe" abgedruckt in der Szene-Zeitung „Agit 883", fordert schlicht und eindeutig „Lieder für das Volk": „Unsere Musik soll ein Gefühl der Stärke vermitteln. Unser Publikum sind Leute unserer Generation: Lehrlinge, Rocker, Jungarbeiter, ‚Kriminelle', Leute in und aus Heimen. Von ihrer Situation handeln unsere Songs. Lieder sind zum Mitsingen da. Ein Lied hat Schlagkraft, wenn es viele Leute singen können. (…) Wir sind in keiner Partei und in keiner Fraktion. Wir unterstützen jede Aktion, die dem Klassenkampf dient. Egal, von welcher Gruppe sie geplant ist."

Eine solcher Aktionen heißt: Räume für ein selbstverwaltetes Jugendzentrum in Kreuzberg zu schaffen. Unter den vielen leer stehenden, zum Abriss freigegebenen Häusern wird ein Fabrikgebäude ausgesucht, direkt am Mariannenplatz. Peter-Paul Zahl, Schriftsteller, Druckereibesitzer und einer der Macher von „Agit 883", organisiert am 3. Juni 1971 in der TU-Mensa eine Fete, auf der auch die Scherben auftreten. Am Ende ruft Rio die Besucher auf, zum Mariannenplatz zu ziehen und das Haus zu besetzen. Die Polizei ist überrumpelt, taucht erst am nächsten Morgen auf und komplimentiert die Besetzer hinaus. Am nächsten Abend sind sie wieder da, in größerer Zahl als zuvor. Der Westberliner Senat hält es nun für klüger zu verhandeln. Die Besetzer dürfen bleiben.

Das Gebäude wird renoviert, für musikalische Untermalung sorgen die Scherben, die dort ihre Songs proben. Mittlerweile sind sie bekannt genug, dass der Süddeutsche Rundfunk ein Fernsehteam für das Jugendmagazin „Jour fixe" hinschickt. Die TV-Leute filmen in der alten Fabrik just an jenem Augusttag, als die Polizei am Mariannenplatz die fußballspielenden Türken festnehmen will. Nikel, der Manager der Scherben, ist der zufällige Passant, der den Jungs zu Hilfe eilt. Der Kameramann, der die Rangeleien aufnehmen will, gehört zum Fernsehteam. Nikel wandert aufs Polizeirevier, der Film in den Reißwolf. So gibt's von diesem Ereignis nur die Berichte der Scherben und TV-Aufnahmen lediglich von ihrem Song „Allein machen sie dich ein".

SEPTEMBER 71

„Wenn die Schalker so weiterspielen, dann werden sie Deutscher Meister."

Trainer GUYLA LORANT nach der Niederlage seines 1. FC Köln am 4. Spieltag in der Glückauf-Kampfbahn

„Mein Tipp ist, dass die Bayern heute gewinnen."

Der rheinland-pfälzische Ministerpräsident HELMUT KOHL im Programmheft zur Begegnung 1. FC Kaiserslautern gegen FC Bayern am 6. Spieltag. Die Fans am Betzenberg empfangen ihn daraufhin mit einem lauten Pfeifkonzert. Die Bayern gewinnen 2:0.

„Wenn die Funktionäre schon nicht genau Bescheid wissen, dann sollen ausgerechnet wir Fußballer uns in den Paragraphen auskennen."

Skandalsünder LOTHAR ULSASS über die umstrittene Frage, ob Spieler von dritten Vereinen Siegprämien kassieren dürfen

„Der DFB sollte zugeben, dass seine Rechtsorgane überfordert sind."

DR. JOSEF AUGSTEIN, Rechtsanwalt von Horst-Gregorio Canellas

„Mohammed war ein Prophet"

„Tausend Feuer in der Nacht / haben uns das große Glück gebracht. / Tausend Freunde, die zusammenstehn / dann wird der FC Schalke niemals untergehn." So heißt es in dem Schalker Vereinslied, das Jahre später für Kontroversen sorgen wird, weil es darin auch die Zeile gibt: „Mohammed war ein Prophet / der vom Fußballspielen nichts versteht." Doch an diesem 1. September wird es in der völlig ausverkauften Glückauf-Kampfbahn unbefangen und inbrünstig gesungen. Und vor allem laut.

Im „größten Siegestaumel seit vielen Jahren" („SZ") schreien sich 38.000 Zuschauer die Kehle aus dem Leib, denn Unfassbares geschieht vor ihren Augen: Klaus Scheer, Ersatzstürmer für den noch immer verletzten Klaus Fischer, schlägt in der ersten Halbzeit gegen den 1. FC Köln gleich viermal zu: in der 2., 6., 33. und 42. Minute. Und das, obwohl ihm mit Wolfgang Weber ein starker und erfahrener Verteidiger gegenübersteht. Nach der Halbzeit trifft er sogar noch ein fünftes Mal, 6:2 lautet der Endstand. „Super! Sagenhaft!", schlagzeilt „Bild". Die Kölner versuchen sich mit Trainer Gyula Lorant gerade an der Raumdeckung, ein Novum, das gegen Schalke überhaupt nicht funktioniert und anschließend von nicht wenigen Experten für erledigt erklärt wird. Das sei nichts „für Spieler in unseren Breitengraden", schimpft Wolfgang Overath, denn die „brauchen Aufgaben, die sie zu erfüllen haben". Der hitzköpfige Mannschaftskapitän ist im Mittelfeld das Herz der Kölner, zugleich ein gestandener Nationalspieler und wie sein Kollege Weber ein Vizeweltmeister.

Inzwischen haben die Medien statt des Zweikampfs Bayern/Gladbach einen Dreikampf um die Meisterschaft ausgerufen. Zumal beide Favoriten an diesem Spieltag nur ein Unentschieden holen: die Bayern ein 1:1 in Oberhausen, das wie erwähnt einige RWO-Fans übergriffig werden lässt. Und die Fohlen ein elendes

0:0 zu Hause gegen Stuttgart. Nach der seinerzeit gültigen Zwei-Punkte-Regel glänzt Schalke also mit 8:0 Punkten weiter an der Tabellenspitze, und Libuda, so bescheinigt es ihm die „WAZ", „wirbelte wie in seinen besten Tagen". Stan selbst sagt: „Ich habe mich noch nie besser gefühlt."

An schöne Gefühle, an Ruhm, Ehre und die Meisterschale denkt sein Mitspieler, Abwehrrecke Klaus Fichtel, allerdings nicht, als er nach den Qualitäten seines Trainers Horvat gefragt wird. Die ehrliche Antwort lautet: „Ich glaube, er ist für unsere Mannschaft genau der richtige Mann. Mit ihm können wir noch viel Geld verdienen."

Der überglückliche Torjäger Klaus Scheer lässt sich von einem „Bild"-Reporter am Morgen nach dem Spiel zu einem Fototermin überreden. Der Journalist kutschiert den erst 20-jährigen Scheer zu einer Essener Bank, wo auf dem Tisch eines Nebenzimmers Tausendmark-Scheine gestapelt sind. Am nächsten Tag erscheint die „Bild" mit Fotos eines Schalker Stürmers, der fröhlich mit braunen Geldscheinen um sich wirft.

★★★

Mittlerweile hat auch in der höchsten ostdeutschen Spielklasse, der DDR-Oberliga, die neue Saison begonnen. Scheine regnet es dort nicht, aber richtig fair geht es auch nicht zu. Denn in der Tabelle taucht unvermittelt ein neuer Name auf: FC Vorwärts Frankfurt. Kein Aufsteiger, sondern die Kreation realsozialistischer Sportpolitik. Gleichzeitig fehlt in der Tabelle ein alter Bekannter: der FC Vorwärts Berlin. Kein Absteiger, sondern das Opfer ebendieser Politik, die einen kompletten Fußballklub per Funktionärsbeschluss aus der Hauptstadt an die Oder verfrachtet hat.

Der FC Vorwärts Berlin, für den Armeeangehörige kicken, ist nicht irgendein mittelmäßiger Klub, sondern bis dato DDR-Rekordmeister. Allein in den sechziger Jahren holt er fünf von zehn Meisterschaften. Diese Erfolge gefallen einem SED-Genossen allerdings gar nicht: Erich Mielke, allgewaltiger Minister für Staatssicherheit, erst Vorsitzender und dann Ehrenvorsitzender von Dynamo Berlin. Das ist der Klub der Stasi und der Volkspolizei, und er steht klar im Schatten seiner lokalen Konkurrenten. Sportlich überflügelt ihn der FC Vorwärts, in der Zuschauergunst der 1. FC Union. Mielke gedenkt, das zu ändern.

Da trifft es sich gut, dass in Frankfurt an der Oder ein ehrgeiziger SED-Bezirksparteichef namens Erich Mückenberger sitzt, den es schon lange wurmt, dass seine Stadt nicht in der Oberliga vertreten ist. Verteidigungsminister Heinz Hoffmann, Jagdfreund von Mückenberger und letztlich der höchste Chef aller Armeefußballer, ist in den Deal eingeweiht. Wer letztlich als treibende Kraft dabei fungiert, den Klub umzusiedeln, ist umstritten, doch ist sich die Geschichtsschreibung einig, dass die Herren Mielke, Mückenberger und Hoffmann hinter dem unsportlichen Transfer stehen. Die offizielle Begründung jedenfalls ist reine Bürokratenpoesie. Sie findet sich in der „Berliner Zeitung" kurz vor der Saison 1971/72: „Zur Begründung des Umzugs erklärte Admiral Verner [stellv. Verteidigungsminister, Anm. d. A.], dass dieser Schritt im Interesse der weiteren Stärkung des Oberliga-Kollektivs erfolge und die Erhöhung des Ansehens der Nationalen Volksarmee und der sozialistischen Sportbewegung zum Ziel habe."

Nicht gefragt werden Anhänger und Spieler. Jürgen Nölder, der auch „Puskás der DDR" genannt wird, muss als Mannschaftskapitän offiziell die Entscheidung begrüßen, doch in Wahrheit hält er sie für „hirnlos". Dem Buchautor Hanns Leske erzählt er: „Die Spieler wurden nicht konsultiert, sondern von dem Beschluss selbst überrascht." Vorerst müssen sie nun täglich zum Training nach Frankfurt pendeln, morgens hin, abends zurück, lockere drei Stunden Busfahrt pro Tag. Der 30-jährige Nölder verabschiedet sich noch in der laufenden Saison aufs Altenteil, andere gestandene „Berliner" haben ähnliche Gedanken. Das erste Pflichtspiel in der ungeliebten neuen Heimat, am 1. September vor 8.000 Zuschauern im halbleeren Stadion der Freundschaft, gewinnt man noch 3:1 gegen Stahl Riesa, und am Saisonende wird man immerhin Fünfter.

(Danach zerfällt die Mannschaft und endet als Fahrstuhlelf, ohne je wieder einen Titel zu gewinnen. Die will sich fortan Mielkes hochgepäppelter FC Dynamo greifen. 1972 wird der Stasi-Klub bereits Vizemeister, danach sammelt man sich eine Weile hinter Dynamo Dresden und dem 1. FC Magdeburg, die Anfang der siebziger Jahre die spielerische beste Zeit des DDR-Fußballs einleiten. Doch dann schlägt Mielkes Stunde. Sein Dynamo wird zehnmal hintereinander DDR-Meister.)

★ ★ ★

Wieder in Berlin, jetzt West: Rio Reiser, der einige Zeit in Kommunen und in der alten Wohnung seiner Großeltern gelebt hat und ziemlich abgebrannt ist, kann in eine leerstehende Acht-Zimmer-Altbau-Etage ziehen, Tempelhofer Ufer 32. Mit ihm wohnen dort noch sein Kumpel aus Nieder-Roden, Lanrue, der bei den Scherben Gitarre spielt und gemeinsam mit Rio die Songs schreibt, dazu Scherben-Bassist Kai Sichtermann und mal der eine, mal die andere. Außerdem ein älteres Ehepaar, die Billings, die schon immer dort zur Untermiete wohnten und lieber die neuen, unruhigen Mitbewohner ertragen wollen als den Umzug ins Altersheim.

Ans „T-Ufer", wie es die Szene nennt, hat Jörg Schlotterer die Scherben geholt, ein gutaussehender sportlicher junger Mann mit heller Afrofrisur und bunter SDS-Vergangenheit. Zusammen mit seiner Begleiterin Christine, einer Malerin und Ehefrau des Rechtsanwalts Otto Schily, hat er Rio in einer Berliner Diskothek angesprochen. Man unterhält sich angeregt. Rio glaubt aus ihren Äußerungen herauszuhören, „dass die beiden zum Sympathisantenkreis der RAF gehörten". Christine Schily wiederum glaubt, aus Rios Äußerungen herauszuhören, dass er homosexuell ist. Das Gespräch, so Rio später, „endet damit, dass Christine ihr

Bedauern darüber äußerte, dass es ihres Wissens keinen schwulen Genossen in der RAF gäbe. Sie versprach, Bescheid zu sagen, wenn es so weit wäre."

Eigentlich hat Schlotterer Nachmieter gesucht, weil er am T-Ufer ausziehen will. Doch er freundet sich mit den Scherben an, spielt ein bisschen Querflöte und bleibt schließlich bei ihnen. Sie ernennen ihn zu ihrem „religiösen Berater", was auch immer das sein mag. Das Problem am T-Ufer ist, dass dort einige Leute gemeldet sind, die längst wieder weg sind und es vorgezogen haben, sich nicht offiziell abzumelden. Unter anderem Holger Meins, ein inzwischen untergetauchtes Mitglied der RAF. Ab und zu klingeln Kripobeamte an der Haustür und fragen nach ihm. Die Billings erklären den Beamten dann freundlich: „Der Holger, ach Göttchen, der Holger, der hat sich schon so lange hier nicht mehr blicken lassen. Hat er was ausgefressen?" Und den Scherben versichern sie augenzwinkernd: „Wir haben noch nie jemanden verraten."

Die jungen Bewohner pinseln in großen rosa Lettern an die Wohnzimmerwand: „Wer sich nicht in Gefahr begibt, kommt darin um."

★ ★ ★

Zu jener Zeit sehen große Teile der Linken die RAF noch als Teil der Subkultur; ihr militantes Gehabe wird zwar zumeist abgelehnt, von manchem aber klammheimlich auch bewundert. Zunächst ist es auch weitgehend bei großen Ankündigungen, wilden Theorien und kurzen Schießereien geblieben. Gudrun Ensslin, Andreas Baader und andere zünden im April 1968 Brandsätze in zwei Frankfurter Kaufhäusern, um gegen den Vietnamkrieg zu protestieren. Es gibt hohen Sachschaden, aber keine Verletzten. Baader wird verhaftet, kann aber im Mai 1970 unter Mithilfe von Ulrike Meinhof aus der Haft fliehen, wobei ein Beamter schwer verletzt wird.

Kurz darauf erscheinen in „Agit 883" eine Erklärung und im „Spiegel" ein Interview mit der Gruppe. Man habe „begriffen, dass Revolution bewaffneter Kampf heißt", und daher die „Rote Armee Fraktion" gegründet, kurz RAF. Noch nennt man die Gruppe in der Öffentlichkeit so nicht, sondern, je nach politischem Standpunkt, „Baader-Meinhof-Gruppe" oder „Baader-Meinhof-Bande". Das klingt ein bisschen nach Bonnie und Clyde, jenem legendären Gangsterpaar, das in den dreißiger Jahren, während der großen Wirtschaftskrise, raubend und mordend durch die USA zog und dem ein Kinofilm ein romantisierendes Denkmal setzte.

Es gibt ein berühmtes Foto, das Andreas Baader und Gudrun Ensslin beim Brandstifter-Prozess 1968 zeigt: sie mit beeindruckend langen Haaren und kultig geschminkten Augen, er mit runder Sonnenbrille und trendigen Haar-Koteletten, beide bestens gelaunt im lockeren Gespräch, als säßen sie in einer Szenebar oder in Günter Netzers Disko Lovers Lane, vorgefahren im coolen Porsche Targa, dem von Baader bevorzugten Gefährt, das dort neben Netzers Ferrari gestanden hätte. Modische Insignien und kulturelle Codes lassen die politischen Grenzen verschwimmen. Bei nicht wenigen Jugendlichen hängen die ikonischen Fotos von Che Guevara, Jimmy Hendrix und George Best in friedlicher Koexistenz an der Wand.

In einer repräsentativen Meinungsumfrage des Allensbacher Instituts für Demoskopie bekundet im Frühjahr 1971 ein Viertel aller Bundesbürger unter 30 Jahren eine „gewisse Sympathie" mit der RAF; jeder Zwanzigste erklärt sich sogar bereit, solche Untergrundkämpfer für eine Nacht zu beherbergen. Kai Sichtermann, der Bassist, berichtet später, auch Ton Steine Scherben hätte die Anfänge der RAF wohlwollend verfolgt: Damals „verteilten die Scherben während ihrer Konzerte noch Flugblätter und andere Propagandaschriften der RAF und forderten sogar gezielt Leute auf, ihre Personalausweise zu ‚verlieren', um sie dann an Untergetauchte weiterzugeben". Er selbst habe sich „sogar ernsthaft überlegt, meine Gitarre gegen eine Knarre einzutauschen und in den Untergrund zu gehen".

In den folgenden Monaten, zeitlich parallel zur Ligasaison 1971/72, wird sich die Situation grundsätzlich ändern und schließlich eskalieren. Im Juni 1971 erklärt die RAF im Strategiepapier „Das Konzept Stadtguerilla" der Staatsgewalt den Krieg; Festnahmen werde sie sich mit Waffengewalt widersetzen. Die Polizei antwortet mit einer bundesweiten Fahndung. Petra Schelm und Werner Hoppe, zwei RAF-Mitglieder, geraten am 15. Juli 1971 in Hamburg bei einer Großfahndung in eine Straßensperre, rasen mit ihrem BMW einfach durch. Als ein Polizeiauto sie stoppt, flüchten sie zu Fuß weiter. Es fallen Schüsse, zunächst können die beiden in Gärten verschwinden. Kurze Zeit später entdeckt ein Polizist Petra Schelm auf der Reineckestraße und tötet sie mit einem Schuss aus seiner Maschinenpistole, in Notwehr, wie er sagt.

Petra Schelm ist nur 20 Jahre alt geworden. In der linken Szene wird sie als Opfer gesehen. Zumal ein Schüler, der die Schießerei beobachtet hat, aussagt, der Polizist habe ohne Vorwarnung zuerst geschossen. Ebenso sorgen Augenzeugenberichte für Empörung, mindestens zehn Minuten lang habe niemand der Sterbenden Erste Hilfe geleistet. Die RAF hat ihre Märtyrerin. Schelms Tod wird kein Anlass zum Innehalten, sondern verhärtet die Fronten weiter. Vergebens appelliert der renommierte „Spiegel"-Autor Gerhard Mauz an beide Seiten: „Die Saat der Gewalt ist aufgegangen, doch fragen wir uns einmal, wer alles Gewalt sät. (…) Das Mädchen hat geschossen, und so ist auf das Mädchen geschossen worden. Doch das ‚letzte Gefecht' wird nicht mit Waffen ausgetragen; mit Worten wird es zu führen sein."

Elf Freunde wollen wir nicht sein

„Wer mit neun den Vater und mit 13 die Mutter verliert, muss kämpfen." Kein politisches Statement, sondern eine Laudatio auf Hans-Hubert „Berti" Vogts. Der zuverlässige Abwehrmann ist soeben zum neuen Fußballer des Jahres gewählt worden, mit großem Vorsprung vor Franz Beckenbauer und Günter Netzer. Berti hat mehr als 200 Bundesligaspiele und 39 Länderspiele hintereinander absolviert, ohne ein einziges Mal zu fehlen. Der „Kicker" veröffentlicht eine Biografie über Berti, in der die Wahl begründet wird: „Der Fußball erkor sich keinen glitzernden, schillernden, sondern einen einfachen Star. An Stelle des Playboy-Typs den braven Burschen. Im rechten Augenblick, vielleicht im letzten Augenblick, wird ein junger Mann zur Idealfigur, der in einem eiskalten, rücksichtslosen Geschäft trotz seiner Erfolge ein braver Normalverbraucher geblieben ist, der sich dort wie ein Amateur bewegt, wo Geldgier und Gewinnsucht, Egoismus und Mitleidslosigkeit die Existenz der ganzen Branche bedrohen."

Im Jahr darauf wird es mit Günter Netzer allerdings wieder schillernd. Die Auszeichnung als Fußballer des Jahres teilen sich momentan ausschließlich die Fohlen und die Bayern. Von den 16 Titeln zwischen 1966 und 1981 gehen 15 an Spieler dieser beiden Vereine; elfmal nach München, viermal nach Gladbach. Nur „uns Uwe" kann 1970 die Reihe durchbrechen.

Passend dazu liefern sich Bayern und Gladbach am fünften Spieltag ihr „Gigantenduell". Trainer Lattek hat Uli Hoeneß zuletzt als Außenverteidiger spielen lassen, gegen den Titelverteidiger darf er nun neben Gerd Müller als zweite Sturmspitze ran. Prompt bringt er Feuer ins Bayern-Spiel. Helmut Schön sitzt als Beobachter beeindruckt auf der Tribüne: „Das war die beste erste Halbzeit, die ich in der Bundesliga sah. Beide Mannschaften spielten rasend schnell aus dem Mittelfeld heraus. Die Bayern waren großartig und die Mönchengladbacher hielten mit, so gut sie konnten." Taktgeber der Darbietung sind Beckenbauer (96 Ballkontakte) und Netzer (98).

Hoeneß und Roth schießen die Tore zum klaren 2:0-Sieg. Endlich haben die Bayern aufblitzen lassen, dass sie in dieser Saison Historisches vorhaben. Noch bleiben sie Zweiter, doch sind sie jetzt punktgleich mit Schalke. Die Gelsenkirchener haben ihr Spiel bei Eintracht Frankfurt 0:2 verloren, vom neuen Goalgetter Scheer ist nichts zu sehen, und Libuda agiert, so eine Zeitung, „wie vor der Erfindung des Schießpulvers". Noch immer warten sie in Schalke auf die Rückkehr ihres Torjägers Klaus Fischer.

Auch der HSV hat vergeigt, sein zweites Heimspiel in Folge: 1:2 gegen Hertha BSC. Von den Rängen hört man die ersten Denkmalschändungen: „Seeler raus!"

★ ★ ★

Paul Breitner macht vor dem anstehenden Länderspiel gegen Mexiko von sich reden. Der Herberger'sche Leitsatz „Elf Freunde müsst ihr sein", so verkündet er, sei ein „Hirngespinst, vollkommener Blödsinn". Über den Spielerkreis vor Länderspielen mokiert er sich: Das sei „eine Zeremonie, die oft ins Lächerliche, ins Hirnrissige" gehe. Mit solchen Ansichten steht er nicht alleine. Auch Beckenbauer verabschiedet sich von Herbergers Diktum: „Stimmt längst nicht mehr." Ebenso Günter Netzer, der bereits im Juli in einem Gespräch mit „Bild am Sonntag" kundgetan hat: „Kameradschaft – im Profi-Fußball gibt es die nicht mehr." Bei anderer Gelegenheit nennt Netzer „das Getue mit den elf Freunden" schlicht „Kokolores". Vielmehr stünden, wie er in seinem Buch „Rebell am Ball" erklärt, „elf Geschäftsleute auf dem Platz, von denen jeder seine eigenen Interessen vertritt".

In Netzers „Rebellion" verbinden sich Zeitgeist und Geschäftssinn. Folgerichtig pfeift er auf alte Fußballmythen und will auch von nationalem Pathos nichts wissen: „Ich glaube nicht, dass ich

Deutschland repräsentiere." Er weiß sich darin einig mit dem Kaiser, der „doch nicht für den Adler auf der Brust" spielt und überhaupt meint: „Ich bin kein Deutscher, ich bin Bayer. Das ist ein ganz großer Unterschied." Der junge Wilde Breitner mag da nicht zurückstehen: „In der Nationalelf spiele ich nicht für die Nation, sondern für mich." (Allerdings: Hier geht es um eine Zeit, in der das amtierende Staatsoberhaupt, der kluge Bundespräsident Gustav Heinemann, auf die Frage, ob er die Bundesrepublik Deutschland liebe, antwortet: „Ach was, ich liebe keine Staaten, ich liebe meine Frau, fertig!" Heutzutage würde er bei Pegida-Demos dafür an den Galgen gebracht.)

Der querköpfige Breitner rührt noch an ganz anderen Tabus: „Diese Nationalhymne vor den Länderspielen stört mich." Allerdings hat Breitner zu diesem Zeitpunkt erst ein Länderspiel absolviert, im Juni gegen Norwegen. Bundestrainer Helmut Schön berichtet in seiner Autobiografie darüber, wie er mit dem Affront umgegangen ist. „Ich sprach ihn darauf an. Wir gingen in einem Park in der Nähe unseres Hotels zusammen spazieren. ‚Was stört dich denn nun an der Nationalhymne', fragte ich ihn. Er antwortete sinngemäß: ‚Ich habe nichts gegen die Nationalhymne als solche. Sie stört mich nur so kurz vor Beginn des Spieles.'"

Der Trainer lässt es dabei bewenden, gegen Mexiko allerdings bleibt Breitner auf der Bank. Dort sitzt beim Anpfiff auch Reinhard Libuda, obwohl die Medien nach seinen zuletzt guten Leistungen vehement seinen Einsatz fordern. Erst in der 64. Minute ersetzt er Jürgen Grabowski auf dem rechten Flügel.

Gerd Müller dagegen steht in der Startelf, Helmut Schön beteuert: „Ein ‚Problem Müller' gibt es für mich nicht." Der vermeintliche „Bomber der Nation" durchlebt derzeit in der Liga eine Leidenszeit. Zu den zwölf Toren, die seine Bayern in den ersten fünf Spielen erzielten, hat er nur ein einziges beigesteuert; dafür hat er sich vom eigenen Anhang Pfiffe und „Müller raus"-Rufe anhören müssen. Die Medien rätseln über seine „Ladehemmung". Sein Präsident Neudecker glaubt zu wissen, woran es liegt: „Leute außerhalb des Vereins haben Müller erzählt, was Beckenbauer angeblich bei uns verdient. Gegenüber diesen Summen fühlt er sich benachteiligt, sie haben ihm den Kopf verdreht und auch seine Leistungen auf dem Spielfeld beeinträchtigt. Dabei sind die angeblichen Beträge für Beckenbauer völlig aus der Luft gegriffen, Beckenbauer hat nie so viel verdient."

Müller besitzt weder die Cleverness des Kaisers noch das Selbstbewusstsein eines Hoeneß oder Breitner, jedenfalls nicht außerhalb des Strafraums. Er stammt aus einfachen Verhältnissen, hat nach der Hauptschule in Nördlingen eine Weberlehre begonnen, als Vertragsspieler bei den Bayern zunächst nur 160 Mark verdient und daher halbtags noch bei einem Möbelhändler gejobbt. Klein und stämmig gebaut, manchmal ungelenk wirkend, braucht er eine Weile, um Trainer und Mitspieler zu überzeugen: von seiner verblüffenden Beweglichkeit im Strafraum, von seiner Doppelpass-Kompetenz, von seiner Fähigkeit, aus fast jeder Situation den Ball Richtung Tor zu bugsieren. Mit dem Fuß, mit dem Kopf, mit dem Knie, mit dem Oberschenkel, notfalls mit dem Po. Spätestens seit dem WM-Turnier 1970, bei dem er zehnmal trifft, weiß man, welche Weltklasse er besitzt.

Insgeheim hat jetzt Hertha BSC mit dem 25-Jährigen verhandelt. An sich steht Müller bis 1973 noch bei den Bayern unter Vertrag, und Neudecker mag ihn nicht hergeben. Jedenfalls nicht für das Silbergeld, das Hertha zahlen könnte: „Nicht für 800.000 und nicht für eine Million. Erst bei einer Ablösesumme von zwei Millionen käme ein solcher Handel für uns in Frage." Die „Süddeutsche" glaubt: „Angesichts dieser schwindelerregenden Summe greift sich der unbefangene Fußballfreund an den Kopf." Sieben Jahre zuvor haben die Bayern 4.400 Mark als Ablöse an Müllers Heimatverein TSV Nördlingen bezahlt.

★ ★ ★

„Nach dem Schnitzer des Ausputzers hob der Aufbauer den Abpraller über die Mauer in die Gasse, wo der Aufreißer mit dem Hammer am Drücker war und den Abklatscher in die Lücke gab, wo der Abstauber den Abtropfer nahm und als Aufsetzer in den Kasten des Aufsteigers setzte."

Der Schriftsteller Ror Wolf versucht sich an Wortspielereien zu einem Fußball-Alphabet, das allerdings über den Buchstaben A nicht hinauskommt. Der Text findet sich im Buch „Punkt ist Punkt – Fußballspiele", das er im Sommer 1971 bei Suhrkamp veröffentlicht. Die literarische Annäherung, wohl die erste dieser Art, unternimmt Wolf mit einem recht wilden, aber kurzweiligen und zuweilen tiefgründigen Mix aus kurzen Prosatexten, Gedichten, Pressezitaten sowie Fotos.

Dazu zählen auch Variationen über den Ball, kunstvoll gesetzt in Kleinbuchstaben und ohne Punkt und Komma: „der abgestaubte ball der abgetropfte ball der abgefälschte ball der abgeprallte ball der angeschnittene ball der angenommene ball der eingedrückte ball der abgegebene ball der unterschätzte ball der verlorene ball der geschleppte ball der geschobene ball der herein getriebene ball der direkt genommene ball" Und so weiter.

Vielleicht erstmals finden sich in Wolfs Buch die heute allgegenwärtigen Sprüche aus Fußballermündern, wobei der Schriftsteller mehr Wert auf Hintersinn als auf platte Komik legt. Kölns Trainer Gyula Lorant zitiert er mit einem Sinnspruch über Gladbachs Nationalverteidiger: „Wenn ich Vogts sein linkes Bein wegnehme, fällt er einfach um, weil kein rechtes Bein da ist." Von Gerd Müller liest man die Ansage: „Ich werde einen Torrekord aufstellen, der in die Geschichte eingeht." Und Reinhard Libuda kommt als Philosoph zu Wort: „Ich bin ein anderer."

Netzers Jaguar

Gerd Müller, vom Hannoveraner Publikum zunächst mit einem gellenden Pfeifkonzert empfangen (ebenso wie die übrigen Münchner Nationalspieler inklusive des Kaisers), schießt sich im Länderspiel gegen Mexiko frei. Bei der 5:0-Gala im Niedersachsenstadion erzielt er drei Tore. Erst verwandelt er einen verstolperten Ball von Netzer, dann nimmt er eine Grabowski-Flanke volley aus der Luft, schließlich gelingt ihm sogar ein Solo zum Torerfolg. Hinterher sagt er: „Diese drei Tore hatte ich dringend nötig, nachdem es bei mir in der Bundesliga bisher nicht lief." Er weiß auch, warum er in der Nationalelf besser trifft als im Verein: „Wenn ich von den richtigen Nebenleuten die richtigen Vorlagen bekomme, schieße ich auch meine Tore."

Netzer wetzt seinen peinlichen Stolperer mit einem grandios ins Toreck gezirkelten Freistoß aus 20 Metern wieder aus. Die derzeit heiß diskutierte Frage, ob im Mittelfeld Netzer *oder* Overath oder vielmehr Netzer *und* Overath die Fäden ziehen sollen, bleibt unbeantwortet: Der Kölner Regisseur hat verletzungsbedingt abgesagt. Bisher hat Bundestrainer Helmut Schön die Doppellösung favorisiert, so, wie er bei der WM 1970 bereits mit den beiden Sturmspitzen Müller und Seeler spielen ließ. Die Journalisten rätseln, ob geniale Taktik oder Entscheidungsschwäche dahinterstecken.

★ ★ ★

Im Nachklang des Länderspiels verkündet Wolfgang Overath der Öffentlichkeit, er habe sein frisch erworbenes Auto neu lackieren lassen. Es handelt sich natürlich nicht um irgendeinen Gebrauchtwagen, dessen angerostete Karosserie zu übertünchen wäre. Es geht um einen Jaguar E-Type Roadster, sechs Zylinder, 269 PS, anno 1968 für 26.000 Mark erworben von Overaths Konkurrenten

Günter Netzer. Als Netzer mit diesem Vehikel auf der Autobahn von einem Ferrari überholt wird, wechselt er die Marke und holt sich für 38.000 Mark einen der italienischen Edelflitzer, der gelb lackiert und 235 Stundenkilometer flink ist. Den lahmen Jaguar überlässt Netzer für 10.000 Mark dem Kollegen Franz Beckenbauer. Der wird nicht glücklich damit, denn durch das Faltdach regnet es durch, und er mosert Netzer an: „Du bist ein Betrüger!" Flugs verhökert der Kaiser daher die löcherige Kiste an Overath, der sie von Anthrazit auf Lila umlackieren lässt, aber noch gar nicht bezahlt hat: „Ich weiß auch den Preis noch nicht. Der Franz sagte zu mir: Das eilt doch nicht." Und vermutlich ist der Kölner auch noch nicht im Regen damit gefahren.

Später sieht der „Spiegel" den inzwischen berühmten Personenkraftwagen, dessen Fahrzeugbrief mit Netzer, Beckenbauer und Overath drei Fußballgenies aufführt, als Symbol der neuen Zeit. Vorbei die Uwe-Seeler-Ära, da der deutsche Bundesligaprofi als braver Opel-Fahrer den Rasen seines Vorgartens genauso kurz hielt wie die Haare auf dem eigenen Schädel. „Netzers Jaguar markiert eine Zeitenwende im deutschen Profifußball. Sein Playboy-Mobil war ein Symbol gegen den Mief, die Popkultur hielt Einzug in die Bundesliga. Fußballer sind Rockstars, lautete die revolutionäre Botschaft, die sich mit Netzer und seinen Sportwagen verbindet. Im Laufe der Zeit legte er sich viele zu, etwa einen Porsche 911, einen Ferrari Dino, einen Ferrari Daytona. Von seinem Jaguar existieren nur noch wenige Aufnahmen. Mit seinen späteren Flitzern ließ Netzer sich fotografieren, als wären sie die schönsten Frauen."

Nicht alle Profikicker können sich solches Edelblech leisten. Schon Netzers Mannschaftskollege Siegfried Zoppke, der meist auf der Bank sitzt, steuert mit dem 30 PS schwachen Renault 4 lediglich eine damals beliebte Studentenkutsche. Die Kremers-Zwillinge besitzen zwar einen flotten Porsche, aber eben nur einen, den sie brüderlich teilen müssen. Während Schalkes Kapitän Libuda immerhin einen Mercedes 200 sein stolzes Eigen nennt, kurven beim klammen BVB auffällig viele Spieler mit einem simplen Volkswagen herum. Auch bei der Düsseldorfer Einheitslohn-Fortuna steht mit Stammkeeper Wilfried Woyke ein Käfer-Fahrer im Tor und mit Fred Hesse in der Defensive einer der biederen Opel-Besitzer.

Bei den Bayern dagegen ist Rainer Zobels Simca ein einsamer Ausrutscher in PS-schwache Gefilde; seine Kollegen leisten sich allesamt großkalibrige Hubräume, vorzugsweise aus den Bayerischen Motoren-Werken. Sozialist Breitner sieht in seiner feinen Karosse „kein Wohlstandssymbol, sondern ein Hobby" und daher keinen Widerspruch zu „meiner Gesinnung". Auch sein Kumpel Uli Hoeneß wird von einem Reporter gefragt, warum er solch ein teures Auto fahre. Der 19-Jährige hält das für „eine sehr polemische Frage", bemüht sich aber um eine abgeklärte Antwort: „Ich habe keine Zeit, den Dingen zu frönen, die Jugendliche normalerweise tun, nämlich abends wegzugehen, etwas mehr zu trinken wie üblich, und da ist eigentlich das Auto das Einzige, was man so hat, um gewissen Leidenschaften zu frönen."

Ähnlichen Trieben folgt Karl-Heinz „Charly" Mrosko, gerade von den Bayern in die Zweitklassigkeit zum Nürnberger „Club" gewechselt. Für ein Interview brettert er im Juni 1971 mit einem „Kicker"-Journalisten durch München und erzählt am Steuer seines schnittigen BMW 2800: „Autofahren ist eine meiner Leidenschaften. Schnelles Autofahren… Ich möchte gerne mit jenen Herren diskutieren, die veranlasst haben, dass man auf der Schnellstraße Freising – München nur 120 fahren darf." Und der Journalist notiert bewundernd: „Das Getriebe heult auf. Der Tritt aufs Gaspedal galt wohl jenen Herren." Der fixe „Charly" am Steuer plaudert zufrieden weiter: „Ja, ich habe Erfolg bei Frauen. Warum, weiß ich eigentlich selbst nicht. Ich bin doch so furchtbar unstetig. Außerdem stelle ich irrsinnig hohe Ansprüche an das weibliche Geschlecht – zu hohe wahrscheinlich."

Mrosko sagt gerne und oft seine Meinung, weshalb er auch in München Ärger bekommen hat. Seltsamerweise gerät er damit in den Verdacht des politischen Revoluzzertums. Die Medien erfinden für Mrosko die Bezeichnung „linker Vogel am rechten Flügel". Das allerdings behagt ihm gar nicht: „Das ist doch wirklich das Letzte, was man von mir behaupten kann! Ich sage doch wirklich immer, was ich mir denke. Also kann ich auch kein linker Vogel sein."

Lawine an Unrat

Bundesliga, 6. Spieltag +++ 11. September 1971

Revierderby, wieder mal ausverkaufte Glückauf-Kampfbahn und eine aufgeheizte Stimmung. Den Dortmunder Block überrascht die Polizei mit einer Razzia, ihre Ausbeute: eine Gaspistole, ein Dutzend Totschläger, zwei Dolche sowie vier Schlagketten mit schwarz-gelbem Griff. Seit dem Januar 1970, als BVB-Fans nach einer Heimniederlage in der eigenen Roten Erde gewütet und die Gäste aus Kaiserslautern angegriffen haben, gelten Teile des Borussen-Anhangs als Problemfans. Beim Derby in Gelsenkirchen bleibt es nach der Polizeiaktion auf den Rängen weitgehend gewaltfrei.

Auf dem Rasen gewinnt Schalke 1:0 gegen einen defensiv aufgestellten BVB, doch es ist ein schwaches Spiel. Einer der wenigen, die eine gute Leistung zeigen, ist der Schalker Aki Lütkebohmert, der auch den Treffer erzielt. Mit dieser Niederlage sind die Dortmunder auf den drittletzten Tabellenplatz abgerutscht, hinter ihnen rangieren punktgleich nur noch Arminia Bielefeld und Hannover 96.

In Dortmund geht die Abstiegsangst um. Dabei ist es erst ein paar Jahre her, dass man ganz oben stand. Meister 1963, Europacup-Gewinner der Pokalsieger 1966, der erste europäische Erfolg eines deutschen Vereins überhaupt. Doch die große Mannschaft kann nicht beisammengehalten und personelle Verluste können nicht kompensiert werden. Auch Erfolgstrainer Willi „Fischken" Multhaup geht, weil der 1. FC Köln ihm ein besseres Angebot macht. Die ehrwürdige Rote Erde lässt keine großen Zuschauereinnahmen zu, und die Vereinsführung scheut jedes finanzielle Risiko. So beginnt eine fatale Abwärtsspirale: Die Leistungen auf dem Platz werden schlechter, die Lücken auf den Rängen größer. Zur Saison 1971/72 beschränkt sich der Verein bei Neuverpflichtungen vornehmlich auf Kicker aus dem Amateurlager. Damit ist der BVB, wie Vereinshistoriker Dietrich Schulze-Marmeling schreibt, „praktisch von vornherein zum Abstieg verurteilt. Auch Trainer Witzler muss bereits vor dem Anpfiff des ersten Spiels Böses geahnt haben. Jedenfalls soll er dem Vorstand gegen die Zahlung von 50.000 Mark seinen freiwilligen Rücktritt angeboten haben."

★ ★ ★

Die Bayern verbuchen ein 2:0 und damit „einen verdienten Sieg auf dem von ihnen so sehr gefürchteten Betzenberg", wie der „Kicker" notiert. Die Fans der Roten Teufel hegen eine tiefe Antipathie gegen den FC Bayern; die Stimmungslage erinnert an das Revierderby. Beckenbauer sieht auf dem Betze „das Wildwest des deutschen Spitzenfußballs", und „Bulle" Roth erzählt später: „In Kaiserslautern spürte man den Hass. Wenn man da zu nah am Zaun stand, konnte es passieren, dass ein Zuschauer einen mit dem Schirm durch die Absperrung stach." Manchmal sei ihm „Angst und Bange" geworden, „dass die einen abstechen".

Diesmal sorgt Bayerns Manager Robert Schwan für Verärgerung in der Pfalz: Er erklärt vor dem Spiel, er werde den Anpfiff verhindern, „falls sich auch nur ein Zuschauer im Innenraum des Stadions befinden sollte". So etwas mag man in der Pfalz nicht hören, doch Schwans Sorge ist unbegründet: Die Gastgeber zeigen sich versöhnlich, gratulieren dem Kaiser zu seinem 200. Bundesligaspiel mit einem Blumenstrauß, und auch die Zuschauer, so der „Kicker", „schwenkten mit prasselndem Beifall auf diese Linie kavaliersmäßigen Verhaltens ein".

★ ★ ★

„Wenn sich die neuen Beschuldigungen als richtig erweisen sollten, dann kommt auf den deutschen Fußball eine Lawine an Schmutz und Unrat zu, die alles bisher Bekannte weit in den Schatten stellt." So finster kommentiert der „Kicker" die Aussagen von Horst-Gregorio Canellas in seiner Berufungsverhandlung vor dem DFB-Bundesgericht. Canellas, der gegen seine lebenslange Sperre prozessiert, hat sich mittlerweile einen prominenten Rechtsbeistand geholt, den bekannten Anwalt Dr. Josef Augstein, älterer Bruder des „Spiegel"-Herausgebers. Den setzt das DFB-Gericht umgehend wieder vor die Tür: Nicht zugelassen, weil er keinem Fußballverein angehört. „Wenn das nicht schizophren ist, dann weiß ich nicht, was schizophren sein soll", schreibt ungewohnt bissig der junge „WAZ"-Sportchef Hans-Josef Justen über den Rauswurf.

Verhandelt wird erneut über die Schlussphase der vorigen Saison, zunächst die Spiele von Eintracht Braunschweig. Deren Kapitän Lothar Ulsaß tauchte auf Canellas' Tonbändern auf, weil er mit dem Kickers-Präsidenten über saftige Prämien verhandeln wollte, die ihn und seine Mitspieler zum Sieg gegen einen Abstiegskonkurrenten anspornen sollten. Rechtlich ist umstritten, ob eine Siegprämie von dritter Seite überhaupt verboten ist. Die Statuten sagen darüber nichts aus, die anwesenden DFB-Vertreter sprechen ein wenig ratlos von „äußerst unsportlich und bedenklich". Ulsaß, der bereits vorläufig gesperrt ist, lässt sich die Steilvorlage nicht nehmen: „Wenn die Funktionäre schon nicht genau Bescheid wissen, dann sollen ausgerechnet wir Fußballer uns in den Paragraphen auskennen. Wir sollen die Satzung wohl unterm Strumpf als Schienbeinschoner tragen …"

Nicht ums Gewinnenwollen, sondern ums eindeutig illegale Gewinnenlassen geht es im Fall Hertha BSC gegen Arminia Bielefeld. Canellas will über Beweise verfügen, dass der Bielefelder Arminia-Funktionär Wilhelm Pieper, ein reicher Möbelfabrikant, mit 250.000 Mark in der Tasche nach Berlin gefahren sei, um damit einen Arminen-Sieg zu erkaufen. Hertha-Spieler Tasso Wild habe das Geld in Empfang genommen und an die gesamte Mannschaft verteilt. Natürlich gibt Pieper prompt sein „Ehrenwort", dass dies alles „frei erfunden" sei und „aus dem Land der Fabel" stamme. Auch Herthas Torhüter Volkmar Groß versichert, er habe ein „reines Gewissen": „Über die Behauptungen des Herrn Augstein lache ich." Und sein Verein kündigt an, man werde eine einstweilige Verfügung gegen diese Vorwürfe erwirken. Die waren seinerzeit schon während des Spiels aufgekommen. Angesichts der elenden Vorstellung der Hertha-Kicker, so berichtet die „WAZ", „brüllte das maßlos enttäuschte Publikum seinen Kommentar auf den Rasen: ‚Schiebung, Schiebung.'"

Das Berufungsgericht jedoch gibt sich großzügig und verkürzt für die bisher verurteilten Spieler die Sperren, nur bei Manfred Manglitz bleibt es beim Lizenzentzug auf Lebenszeit. Das gilt auch für Canellas, obwohl mittlerweile bewiesen ist, dass er den DFB frühzeitig von seinen Recherchen unterrichtet hat. Das DFB-Bundesgericht räumt dies in seinem Urteil auch ein, hält diese Unterrichtung jedoch für formal unzureichend und nennt dafür absurde Kriterien. Die Absicht ist klar: den DFB aus der Schusslinie zu nehmen und Canellas als Nestbeschmutzer zu brandmarken. Der sieht sich auch vom eigenen Verein verraten, denn von seinen ehemaligen Vorstandskollegen ist niemand gekommen, um ihm vor Gericht beizustehen. „Nun bekomme ich auch noch Backpfeifen aus den eigenen Reihen. Man hat sich von mir distanziert", resümiert er düster.

Sein Rechtsanwalt Josef Augstein fährt schweres Geschütz auf: Sollte Canellas nicht vom DFB rehabilitiert werden, werde er die staatliche Justiz bemühen, und zwar quer durch alle Instanzen. „Ich werde Herrn Canellas empfehlen, in diesem Fall sein gesamtes Material der Öffentlichkeit zur Verfügung zu stellen. Sie soll dann über ihn urteilen. Ich bin sicher, sie wird zu der Erkenntnis kommen, dass Canellas richtig gehandelt hat, dass er nur eine Eiterbeule aufstechen und den Beweis antreten wollte, wie der Meisterschaftsausgang der Bundesliga manipuliert worden ist."

★ ★ ★

Im Europapokal der Pokalsieger müssen die Bayern in der ersten Runde Richtung Ostblock reisen, zu Skoda Pilsen. Die Hürde wird mit zwei Siegen glatt genommen, aber auswärts bei Skoda blamieren sich die Bayern dennoch kräftig. Rund tausend DDR-Fans sind nach Pilsen gekommen, um ihre West-Helden zu sehen, doch was sie geboten bekommen, ist eine lustlose, schwache Darbietung, die sie mit lauten „Aufhören!"-Rufen quittieren. Der dürftige 1:0-Sieg der Bayern ist völlig unverdient.

Nachhaltiger als dieses Spiel bleibt der politische Disput in Erinnerung, den Bayerns erzkonservativer Vereinspräsident Wilhelm Neudecker und sein linker Verteidiger Breitner auf der Fahrt durch die realsozialistische Tschechoslowakei ausfechten. Er endet damit, dass ein erzürnter Neudecker Breitner vorwirft, er gebe sich zwar sozialistisch, verdiene aber „mehr wie zehn Arbeiter zusammen". Und überhaupt solle er gefälligst aus dem Mannschaftsbus aussteigen und in den Sozialismus übersiedeln. Was Breitner dann lieber doch nicht tut.

Neudecker ist einer jener Selfmade-Männer, die es in der Nachkriegszeit nach oben schafften. Der gelernte Maurer war 1933 kurzzeitig SS-Anwärter, wurde bei der Entnazifizierung jedoch als Mitläufer eingestuft. Ehrgeizigen Menschen wie ihm, ausgestattet mit einem sturen Willen zum Erfolg, bot die kriegszerstörte Stadt München mannigfaltige Möglichkeiten. Er begann mit minimalem Kapital, kaufte Grundstück um Grundstück und setzte Häuser darauf. Als er 1962 Präsident der Bayern wird, ist er Millionär und besitzt Dutzende von Mietwohnungen. Sparsam bleibt er, als Vereinspräsident wie als Privatmann, doch Maßanzug und barocke Möbel künden von seinem Wohlstand. Sein gediegen ausgestattetes Büro am Goetheplatz avanciert zur geheimen Kommandozentrale des Vereins.

Neudecker, der „Alleinherrscher, der keinen Widerspruch duldet" (Sepp Maier), regiert als konservativer und autoritärer Knochen. Dennoch verkörpert er in der Fußballbranche so etwas wie Modernität, weil er seinen Verein wirtschaftlich wie ein Unternehmen führt und dafür einen Manager einstellt – im deutschen Fußball ein Novum. Für sportliche Romantik fehlt ihm der Sinn, er schaut vor allem auf die Bilanzen.

★ ★ ★

Zwei kulturelle Ereignisse im September bleiben von den Medien weitgehend unbeachtet. Im Eifelstädtchen Monschau lässt Verpackungskünstler Christo die Ruinen einer Burg aus dem zwölften Jahrhundert mithilfe von 6.000 Quadratmetern Polypropylen-Gewebe und 3.100 Metern Seil verhüllen. Der Maestro selbst ist beim „CHRISTOprojekt mon SCHAU" nicht zugegen, weil er an einer Verpackung in Colorado bastelt. Vielleicht steckt ihm auch noch ein früherer Deutschlandbesuch im Sakko, bei der Kasseler documenta drei Jahre zuvor. Da wurde er aus seinem Hotel verwiesen, weil sich andere Gäste über seine langen Haare beschwert hatten.

Für die Aktion in Monschau liefert Christo also die Skizzen, und die handwerkliche Umsetzung besorgt der örtliche Dachdecker. Der Regierungspräsident von Aachen will „unter allen Umständen verhüten", dass die 30.000 Mark teure Aktion aus öffentlichen Mitteln gefördert wird: „Was Christo unternimmt, hat mit Kunst nichts zu tun." NRW-Ministerpräsident Heinz Kühn sorgt dafür, dass dann doch einige Gelder fließen, der Rest wird von einem Förderkreis durch den Verkauf signierter Postkarten und Plakate zusammengekratzt. Das Kunstwerk bleibt unvollständig, weil ein Schuhgeschäft sich weigert, miteinbezogen zu werden; man fürchtet, Kunden zu verlieren. Christos Idee, „Schönes durch Verpackung wieder sichtbar zu machen", stößt bei vielen Monschauern auf keine Gegenliebe. „Wenn dat Kunst ist, bin ich jeck", empört sich eine Bürgerin in den örtlichen Medien. Dafür verschwinden nächtens Hunderte Meter Seil, vermutlich für profane Gebrauchszwecke.

Ungefähr zur gleichen Zeit bringen Ton Steine Scherben ihre erste Langspielplatte heraus, „Warum geht es mir so dreckig". Rios Bruder Gert entwirft das Cover: brauner Pappkarton, darauf in groben Lettern der Name der Gruppe, ihre Telefonnummer und der Titel. Die Rückseite bleibt leer. Produktion und Vertrieb organisieren sie selbst und gründen dafür die Firma „David Volksmund Produktion"; das Logo zeigt eine Hand mit einer Steinschleuder.

Eine Seite der Platte enthält Aufnahmen aus verschiedenen Studiosessions. Weil sie mit der Qualität der übrigen Studiostücke nicht zufrieden sind, verwenden die Scherben für die Rückseite Ausschnitte aus ihrem Auftritt in der TU-Mensa, bei dem sie im Juni zur Hausbesetzung aufgerufen haben.

Zum bekanntesten Song der Platte wird „Macht kaputt, was euch kaputt macht". In wildem Stakkato und kurzen Wortfetzen beschreibt Rio darin das Elend seiner kapitalistischen Umwelt: „Züge rollen / Dollars rollen / Maschinen laufen / Menschen schuften / Fabriken bauen / Motoren bauen / Kanonen bauen", um dann zu fragen: „Für wen?" Es folgt die eindeutige Aufforderung: „Macht kaputt, was euch kaputt macht."

Um Rios Sprech- oder vielmehr Schreigesang musikalisch einzubinden, unterlegen sie ihn mit einem rockigen Riff in Endlosschleife: a-e-es-h-d-c. Der hämmernde Sound wirkt mitreißend, aufrührerisch und potenziert den fordernden Klang des Gesangs. „Macht kaputt", zunächst als Single veröffentlicht, bleibt bei Live-Auftritten einer der populärsten und wirkungsmächtigsten Songs der Scherben. Bei jedem zehnten der rund hundert Konzerte in den Jahren 1971/72 bildet er die Begleitmusik für anschließende

Hausbesetzungen und andere militante Aktionen. „Wir waren Zauberlehrlinge und wussten es nicht", schreibt Rio dazu in seiner Autobiografie. „Wir hatten, ohne danach zu suchen, eine Formel gefunden, um die Götter der Zerstörung herbeizurufen." Irgendwann werden die Scherben den Song aus ihrem Repertoire streichen, weil sein destruktives Potenzial ihnen zu bedrohlich erscheint.

★ ★ ★

Von Christo oder den Scherben ist in den feingeistigen Feuilletons von „FAZ" und „Zeit" in diesen Tagen nicht viel zu lesen, dafür dies: Der Schriftsteller Heinrich Böll, seit 1970 Vorsitzender der westdeutschen Schriftstellervereinigung PEN-Zentrum, ist nun auch zum Präsidenten des internationalen PEN-Zentrums gewählt worden. Bei der Wahl wird seine Mittlerrolle zwischen Ost und West hervorgehoben.

Kürzlich ist Bölls neuer Roman erschienen, „Gruppenbild mit Dame". Darin schildert er das Schicksal einer Frau in Zeiten von NS-Herrschaft, Krieg und Nachkriegswirren, einer Überlebenskämpferin also, „die die ganze Last dieser Geschichte zwischen 1922 und 1970 mit und auf sich genommen hat" (Böll). Leni, die Protagonistin, heiratet als Teenager einen Soldaten, der kurz darauf an der Front stirbt; ein schöner, sportlicher Junge, in dessen Nachlass sich „eine Belobigung des Fußballclubs Lyssemich" findet. Das ist es auch schon mit Fußball in dem Buch, viel mehr geht es um Lenis aufrechten Gang und um die Anfeindungen, die sie erleiden muss, als sie sich in einen russischen Kriegsgefangenen und viel später in einen türkischstämmigen Arbeiter verliebt.

In einem Brief an den Schriftsteller nennt Bundeskanzler Willy Brandt den Roman ein „großes menschliches Dokument". Die Rezensenten urteilen unterschiedlich, Marcel Reich-Ranicki zürnt: „Noch nie hat ein deutscher Klassiker so schlampig geschrieben." Der Kritiker der „Times" dagegen meint: „It is a Nobel Prize novel if ever I saw one." Tatsächlich gibt das Buch den Ausschlag dafür, dass Böll ein Jahr später den Literaturnobelpreis erhält.

„Gruppenbild mit Dame" ist nicht eben ein Pageturner, dennoch findet das Werk ein großes Publikum. Im Herbst 1971 steht es sieben Wochen lang auf Platz eins der „Spiegel"-Bestsellerliste. Mit diesem Erfolg wächst die Prominenz des Autors erheblich, was ihm im rauen politischen Klima der kommenden Monate noch zu schaffen machen wird.

Seelenlose Millionenelf

Bundesliga, 7. Spieltag +++ 18. September 1971

Bayern-Trainer Udo Lattek will schon nach sieben Spielen resignieren: „Wir sind müde, bei uns ist der Dampf raus." Gerade hat man zu Hause gegen Arminia Bielefeld nur ein lausiges 1:1 erstochert und muss froh sein, dass Gerd Müller überhaupt die Bielefelder Führung egalisieren kann. Auch mit dem mauen Besuch – 21.000 Zuschauer – ist man unzufrieden. Bayern-Präsident Neudecker glaubt, dass zu viele Menschen am Samstagnachmittag Besseres zu tun haben, und schlägt, ganz kommerziell getriebener Visionär, eine Aufsplittung der Spieltage vor: Abendspiele am Montag, Donnerstag und Freitag.

Bei Hannover 96 regiert erst recht der Frust. Nachdem der Tabellenletzte zu Hause gegen den 1. FC Kaiserslautern 1:2 verloren hat, proben die Spieler den Aufstand gegen Trainer Helmut Johannsen. Sie werfen ihm mangelndes pädagogisches Geschick und schlechte Kommunikation vor. Als einer von ihnen, Horst Berg, während des Spiels ausgewechselt werden soll, weigert er sich, den Platz zu verlassen, und reißt sich wütend das Trikot vom Leib. Seine Mitspieler überreden ihn mühsam, doch er bleibt auch nach dem Spiel aufgebracht: „Sie können mir sofort die Papiere geben, unter diesem Trainer arbeite ich nicht mehr."

Die Zuschauer halten zum Spieler und beschimpfen Johannsen; manche wollen ihm an den Kragen gehen. Er flüchtet durch einen Seiteneingang aus dem Niedersachsenstadion.

★ ★ ★

Schalke dagegen triumphiert mit einem 2:0 über Werder Bremen und zeigt dabei laut „Kicker" sein „bestes und reifstes Spiel in dieser Saison": „Technik, Kampf und Schnelligkeit – gespickt mit herrlichen Torschüssen –, das war ein Leckerbissen." Den zweiten Treffer erzielt Rolf Rüssmann per elegantem Seitfallvolley; damit wird er in der ARD-„Sportschau" zum Nachfolger seines Mannschaftskollegen Libuda beim „Tor des Monats" gewählt. Der Stan steht in Bremen nicht auf dem Platz; ein Grund dafür wird nicht genannt.

Die teure Bremer Offensivabteilung mit Werner Görts (seit Langem an der Weser), Herbert Laumen (gerade aus Gladbach geholt) und Willi Neuberger (gerade vom BVB geholt) hat keinerlei Mittel gegen die starke Schalker Defensive gefunden. Nur der 36-jährige Haudegen „Pico" Schütz ragt aus der restlos enttäuschenden Elf heraus, während Görts und Laumen zwar an den Flügeln rackern sollen, aber lieber die Mitte bespielen.

Schon früh zeichnet sich damit ab, dass sich die Großinvestitionen der Bremer nicht so auszahlen wie erhofft. Werder-Präsident Franz Böhmert hat seinen Verein als Repräsentanten der Stadt ausstaffiert. Statt der traditionellen grünen Trikots trägt man gestreifte in den Stadtfarben Rot-Weiß, statt des „W" auf der Brust sieht man dort den Stadtwappen-Schlüssel, und auf dem Rücken steht statt „Werder" nur noch „Bremen". Mit dieser Imagekampagne sichert Böhmert seinem Verein finanzielle Wohltaten der örtlichen Geschäftswelt sowie die Unterstützung der Stadt, die 230.000 Mark Steuerschulden erlässt. Plötzlich hält man Geld in den Händen und geht damit auf Einkaufstour bei der Konkurrenz. Selbst Günter Netzer liebäugelt eine Weile mit dem Wechsel an die Weser. Der Transfer scheitert daran, dass er in Bremen nicht – wie in Gladbach – die Stadionzeitung vermarkten darf. Werder-Trainer Zapf Gebhard ist darüber eher erfreut, denn: „Der hat mir zu lange Haare, den kann ich nicht ausstehen.‟

Weil aber nicht nur der aus Berlin eingekaufte Jürgen Weber weiß: „So gut wie Werder zahlt kein Klub in Deutschland‟, kommen noch genügend Stars zusammen. Unter ihnen hebt nun, wie Pico Schütz später berichtet, „ein Hauen und Stechen‟ an: um Einsätze, um die erwünschte Position auf dem Platz, um die obersten Plätze in der Hierarchie. Eine Mannschaft ist es nicht, die gegen Schalke so klanglos verliert, sondern eine seelenlose „Millionenelf‟. Wenig später, Ende September nach einer 2:3-Heimniederlage gegen den VfB Stuttgart, wird Zapf Gebhardt als Trainer entlassen.

Vorübergehend springt Werders Meistertrainer von 1965 ein, „Fischken‟ Multhaup, der sich eigentlich schon im Ruhestand befindet und beteuert, er wolle „nicht bis an die Friedhofsmauer trainieren‟. Als „unbezahlter Freund des Vereins‟ (Multhaup über Multhaup) überbrückt er die Wochen, bis der erst 31-jährige Sepp Piontek kommt. Der ehemalige Nationalverteidiger, der zwölf Jahre lang für Werders Erste gekickt hat, wechselt nun fast nahtlos vom Rasen auf die Trainerbank, geht zuweilen schon dem erfahrenen Multhaup als Assistent zur Hand, bezieht sein Gehalt allerdings weiterhin noch als Lizenzspieler. Ähnlich wie sein Düsseldorfer Kollege Lucas bevorzugt Piontek einen kommunikativen Führungsstil: „Ich bin davon überzeugt, dass der Typ des Feldwebels auf dem Trainingsplatz überholt ist. Ich wollte früher selbst angesprochen werden, als selbstständig denkender Mensch behandelt werden. Und entsprechend handhabe ich es jetzt auch: Wir diskutieren, ich nehme Anregungen entgegen.‟ Er will mehr Demokratie wagen, sozusagen.

„Sie Drecksau"

Bundesliga, 8. Spieltag +++ 24./25. September 1971

In München wird Willy Brandt am 24. September auf offener Straße von einem jungen Mann attackiert. Der schlägt dem Kanzler ins Gesicht und ruft dabei: „Das ist für die Ostpolitik!", nach anderer Version: „Das ist für den Verrat Deutschlands an Moskau!" Es stellt sich heraus, dass es sich um einen 22-jährigen Taxifahrer und Studenten mit rechtsradikalem Hintergrund handelt. Er war als Fluchthelfer in der DDR inhaftiert und vom Westen „freigekauft" worden. 1970 hat er auf der NPD-Liste für den Bayerischen Landtag kandidiert. In dem Zimmer, das er bewohnt, findet die Polizei ein Hitler-Bild an der Wand und „Mein Kampf" auf dem Bücherbord. Willy Brandt verzichtet darauf, den Mann anzuzeigen (er wird später zu drei Monaten Gefängnis auf Bewährung verurteilt). Die bayerische SPD sieht die Tat als „Ergebnis nationalistischer Hetze" und „hemmungsloser Anheizung nationalistischer Gefühle" auch durch CDU und CSU, ähnlich argumentieren einige liberale Zeitungskommentatoren.

Neben einer Demokratisierung der Gesellschaft ist die Ostpolitik das zweite zentrale Projekt von Bundeskanzler Willy Brandt und Außenminister Walter Scheel. Durch Gesten und Abkommen wollen sie die Narben des Weltkriegs und des Nazi-Terrors heilen, den aktuellen Kalten Krieg überwinden und zwischen dem realsozialistischen Osteuropa sowie dem kapitalistischen Westen eine Verständigung voranbringen. Auch der „Eiserne Vorhang", der die DDR von der BRD abschottet, soll durch Entspannungspolitik und diplomatische Normalisierung durchlässiger werden. Unumstritten ist das keineswegs, CDU und CSU opponieren, die Vertriebenenverbände schäumen. Dem einstigen Exilanten Brandt wird Verrat der deutschen Interessen vorgeworfen, weil er mit der Oder-Neiße-Grenze, der Westgrenze Polens, eine Nachkriegsrealität anerkannt und vertraglich darauf verzichtet hat, die staatlichen Grenzen in Osteuropa gewaltsam zu verändern. Der CSU-Vorsitzende Franz Josef Strauß sieht darin eine „freiwillige Kapitulation Deutschlands". Auf einer Kundgebung der Vertriebenen wird skandiert: „Fegt ihn weg, den roten Dreck!" Mitglieder der NPD schreien sogar: „Scheel und Brandt – an die Wand!" Eine andere Mordphantasie zeigt ein Transparent des rechten Netzwerks „Aktion Widerstand", das auch im Ausland große Beachtung findet. Es zeigt einen Galgen und trägt die Aufschrift: „Hängt die Verräter!" Gemeint sind erneut Brandt und Scheel.

In den Augen rechtskonservativer wie auch brauner Geister ist Deutschland nicht zweigeteilt in BRD und DDR, sondern dreigeteilt: Einige Landstriche Polens sowie Ostpreußen warten seit Kriegsende darauf, wieder heim ins Reich geholt zu werden. Die DDR ist in dieser Sichtweise geografisch nicht Ost-, sondern Mitteldeutschland. An nicht wenigen Landstraßen stehen noch immer zerschrammte Schilder in den Kaiserreich- und Nazifarben Schwarz-Weiß-Rot. Auf ihnen ist ein zerspaltenes Deutsches Reich in den Staatsgrenzen von 1937 zu sehen, also aus der Zeit vor dem Zweiten Weltkrieg. Daneben steht ein zorniges: „Dreigeteilt? Niemals!"

Auch die ARD-Wetterfrösche zeigen die Vorhersage für Deutschland auf einer Karte von der Maas bis an die Memel. Bis 1970 sind darin noch die deutschen Staatsgrenzen verzeichnet, auch hier in der großdeutschen Version anno 1937. Sogar in den Schulkarten firmieren große Teile Polens noch unter „Deutsches Reich" mit dem Vermerk: „Derzeit unter polnischer Verwaltung." Und die DDR wird dort noch immer „Sowjetisch besetzte Zone" (SBZ) genannt. Ähnlich sieht man es in manchen Zeitungen. Konservative Blätter setzen ein „sog." vor die DDR oder flankieren sie mit Gänsefüßchen. Erst im Juli 1971 hat die Bundesregierung – gegen den Protest aus CDU/CSU – festgelegt, dass die offizielle Bezeichnung weder SBZ noch die Anführungszeichen seien, sondern schlicht: DDR.

Es ist ein Konflikt, der auch Familien spaltet, vor allem, wenn sie aus ehemaligen deutschen Ostgebieten stammen. Wolfgang

Weber, Kölns Nationalverteidiger, wurde in Hinterpommern geboren, früher Deutsches Reich, heute Polen, und seine Eltern hoffen noch immer, dorthin zurückkehren zu können. Doch Weber weiß: „Mir war schon als Jugendlichem völlig klar, dass dies nicht ohne einen neuen Krieg gehen könnte. Deshalb war Willy Brandt für mich ein Held, während er für meine Eltern der Verräter war."

Im Fußball ist im Übrigen von einer innigen Verbundenheit mit dem verlorenen Rest des Deutschen Reiches nicht viel zu spüren. Die DDR-Oberliga stößt im Westen weitgehend auf Desinteresse; auf den Sportseiten der bundesdeutschen Tageszeitungen wird fast nichts berichtet und selbst in der Fachzeitung „Kicker" ziemlich wenig. Immerhin ohne Gänsefüßchen.

★ ★ ★

Bei Fortuna Düsseldorf gewinnen die Schalker mit 2:0. Trotzdem sind sie sauer: auf Schiedsrichter Walter Eschweiler. Der hat nach einem Zweikampf zwischen Geye und Rüssmann in der 80. Minute auf Elfmeter entschieden. Wütend bedrängen ihn die Schalker Spieler, allen voran Rüssmann, der sich unschuldig fühlt und schreit: „Das können Sie doch nicht pfeifen, Sie Drecksau." Rote Karte (und vier Spiele Sperre), trotz der vornehmen Anrede „Sie". Rüssmann setzt sich auf die Bank und vergräbt weinend sein Gesicht im Anorak. Sogar sein Gegenspieler Reiner Geye protestiert gegen die Entscheidung. Umsonst, aber dafür pariert Nigbur den Elfer. Später wird Rüssmann vermuten, Zuschauer, die auf den Platz gelaufen seien, hätten die Beleidigungen gerufen. Der Abwehrrecke mit den Bügeleisenfüßen gilt ansonsten nicht als Raubein. Gerd Müller schätzt ihn sogar als liebsten Gegenspieler, denn: „Der hat sich immer schon vor dem Foul entschuldigt."

Nach dem Spiel in Düsseldorf gibt's keine Entschuldigungen, vielmehr schimpft Schalkes Trainer Horvat auf der Pressekonferenz: „Wenn mir das passiert wäre, ich hätte den Schiedsrichter

heute k. o. geschlagen. So einen Elfmeter habe ich noch nie erlebt."
Den irritierten Journalisten trägt er auf, seine Worte genau so
aufzuschreiben. Schließlich: „In Deutschland ist Demokratie. Da
kann man alles sagen." Präsident Siebert legt nach: „Dieser Mann
pfeift nie mehr ein Spiel von Schalke, dafür werde ich sorgen."
Wie gesagt: Schalker Bosse und starke Sprüche ... Horvat kostet
die dicke Hose allerdings 2.000 Mark Strafe.

Libuda steht erneut nicht im Kader, laut Verein hat er sich
krankgemeldet. Was ihm fehlt, wird nicht bekannt, Präsident
Siebert meint ratlos: „Der Junge ist ein Rätsel geworden." Die Ver-
einsärzte kümmern sich intensiv um „die Mimose vom Schalker
Markt" („WAZ"). Um die üblichen Sportmaleschen geht es dabei
nicht, denn sie beteuern: „Verletzungsanfällig ist er weniger."
Doch was ist es dann? Auf der Suche nach einer schlüssigen
Diagnose schickt man ihn zum Internisten, zum Zahnarzt und
sogar ins Krankenhaus, doch auch die Untersuchung dort bleibt
ergebnislos. Offiziell wird eine Muskelzerrung genannt, doch der
Patient selbst durchkreuzt die Sprachregelung: Das sei längst ausgeheilt, weshalb er höchst verärgert sei über seine Nicht-nomi-
nierung. „Bild" fragt vielsagend: „Ist Libuda verletzt oder hat er
Sorgen mit seiner Familie?" Darüber werde auf Schalke „hinter
der vorgehaltenen Hand geflüstert". Der Stan wehrt sich: „Das ist
eine Unverschämtheit, wie sich die Leute darüber das Maul zer-
reißen. Mir hat man sogar auf den Kopf zugesagt: Meine Frau sei
mit 30.000 Mark durchgegangen. Das ist der größte Blödsinn, den
ich je gehört habe. Meine Frau ist zu Hause. Sie sitzt neben mir."

★ ★ ★

Im September feiert in Westberlin ein heiß diskutierter Film Premiere: „Paragraph 218 – Wir haben abgetrieben, Herr Staatsanwalt." Mit dem Paragrafen 218 wird „eine Frau, die ihre Leibes-
frucht abtötet oder die Abtötung durch einen anderen zulässt",
mit bis zu fünf Jahren Gefängnis bestraft. Das strikte Verbot ver-

anlasst viele schwangere Frauen, die ihr Kind beispielsweise in einer sozialen Notlage nicht austragen wollen, zu einer illegalen Abtreibung. Auf fast eine halbe Million schätzt man deren Zahl für die Bundesrepublik, jährlich. Der heimliche Eingriff führt nicht selten zu schweren gesundheitlichen Schäden. Der Film thematisiert diese schattenhafte Abtreibungspraxis in Deutschland; laut Werbung zeigt er, „was Frauen heute noch verschweigen müssen". Weil der Streifen auch ausgiebig dokumentiert, wie es zu einer Schwangerschaft kommt, werfen ihm Kritiker vor, er spekuliere „auf den Voyeurismus verklemmter Zuschauer". Der Regisseur des Films hat im Juni 1971 schon den als „Aufklärungsfilm" verbrämten Softporno „Hausfrauenreport" gedreht und darin einige Schauspieler/innen eingesetzt, die auch in „218" vor der Kamera liegen. Die pornografischen Anklänge nutzen nichts, nach zwei Wochen mageren Zuschauerzuspruchs wird der Streifen abgesetzt.

Dabei ist die (seriöse) Bewegung der Frauen stark: Immer mehr haben in den vergangenen Monaten gefordert, den Paragraf 218 abzuschaffen und Schwangeren das Recht zu geben, selbst zu entscheiden, ob sie ein Kind wollen. Im April 1971 bezichtigen sich in Frankreich 343 Französinnen, darunter Simone de Beauvoir und Jeanne Moreau, schon selbst abgetrieben zu haben. Die Aktion wird von der Feministin Alice Schwarzer aufgegriffen. Sie findet in der Bundesrepublik 374 Frauen, die zur Selbstbezichtigung bereit sind. Am 6. Juni 1971 veröffentlicht der „stern" die Namen dieser Frauen und setzt die prominentesten von ihnen auf die Titelseite, unter anderem Senta Berger, Romy Schneider, Veruschka von Lehndorff, Carola Stern. Ende Oktober wird das Bundesjustizministerium den Plan für eine Lockerung des Paragrafen 218 vorlegen.

OKTOBER 71

„Lassen Sie mich auf den Platz zurückkehren, wo ich früher stand – nämlich auf die Tribüne."

HORST-GREGORIO CANELLAS, ehemaliger Präsident von Kickers Offenbach, der am 1. Oktober von der Mitgliederversammlung stürmisch gefeiert wird

„Ich dachte, die Welt würde zusammenbrechen."

PAUL BREITNER über einen misslungenen Rückpass, der bei seinem zweiten Länderspiel am 10. Oktober zum Gegentor der Polen führt

„Spektakulärer, legendärer, leuchtender als die vielen Siege sind ihre tragischen Niederlagen."

Die „tageszeitung" in einem Rückblick auf die Fohlen-Elf der frühen siebziger Jahre

„Walk on through the wind
Walk on through the rain
Though your dreams be tossed and blown.
Walk on, walk on, with hope in your heart.
And you'll never walk alone."

„You'll never walk alone"

Die Kremers-Zwillinge glänzen beim Schalker 4:0 gegen Hertha, Bayern macht „das Spiel des Jahres" („Kicker") beim 2:2 gegen Stuttgart, doch die spektakulärste Partie findet im Müngersdorfer Stadion statt: das Derby Köln gegen Gladbach. Günter Netzers Ausgleich zum 3:3 in der 70. Minute kontert der Kölner Debütant Paul Scheermann zehn Minuten später mit seinem zweiten Treffer zum knappen Endstand. Die Gladbacher vermissen schmerzlich ihren verletzten Stammverteidiger Berti Vogts, der gefühlt erstmals seit Vereinsgründung fehlt.

Unter den Fans wächst die Neigung, die Derby-Stimmung anzuheizen. Als die Namen der Gladbacher Spieler verlesen werden, setzt ein gellendes Pfeifkonzert ein. In der Kölner Innenstadt werden offenbar Gladbacher Anhänger in ihren Wagen belästigt und bedroht. Sogar von Messern ist die Rede. Der 1. FC Köln distanziert sich durch seinen Geschäftsführer König von „jugendlichen Rowdies": „Das wird von Samstag zu Samstag schlimmer auf unseren Plätzen. Es ist gleich, woher die Rüpel kommen. Flaschenwerfer haben in unseren Stadien nichts zu suchen. Wir dürfen das nicht dulden. Das geht alle an, die mit Fußball zu tun haben." Auch Bundestrainer Schön, in Köln als Zuschauer dabei, warnt: „Das ist eine Gefahr für den Fußball." Der renommierte Münchner Journalist Hans Schiefele klagt: „Immer mehr greift die Unsitte um sich, den Gegner zu verhöhnen, noch ehe er den Rasen betreten hat." Und der „Kicker" überschreibt ein Foto mit fanatischen Fans mit roten Lettern: „So werden Tribünen zu seelischen Mülleimern degradiert."

Der Einfluss der Jugendbewegung ist auf den Rängen zunächst am Outfit zu erkennen, auch jenseits der allseits wuchernden Haare. Statt grauer Sakkos und Mäntel sieht man immer öfter auffällige Kluft: Vereinstrikots, oft noch selbst geschneidert, und vor allem „Kutten", also Jeansjacken oder -westen mit Aufnähern, die Bekenntnisse zum eigenen Verein demonstrieren. „Die Kutte war ein Heiligtum. Sie durfte niemals gewaschen und schon gar nicht verloren werden", erinnert sich Fußballautor Hardy Grüne. Mit dieser eigenen Kleiderordnung, Vorbote einer neuen Fankultur, grenzt man sich ab von den „Normalos" auf der teuren Haupttribüne. Alkohol und andere Drogen gehören wie selbstverständlich dazu.

Die in Köln beobachtete Gewalt geht nur von einem kleinen Teil der Fans aus, ist aber prototypisch für die Zeit: Kam es früher meist situationsbezogen zu Rangeleien – etwa über einen als ungerecht empfundenen Schiedsrichterentscheid oder über die freche Gestik eines Spielers –, so wird nun gezielt provoziert. Manchem Fan reicht nicht der „stellvertretende" Kampf, den seine Mannschaft auf dem Rasen ausficht. Er will sein Territorium, sein Stadion, seine Stadt auch selbst „verteidigen". „Hier regiert der FCK" (oder ein anderer Verein), ist als Parole zu hören, wenn schon am Bahnhof Gästefans angemacht werden. „Fußball-Rocker" nennt die Presse solche Fans. Die Zeiten, in der man die Fans rivalisierender Vereine bei Derbys gemischt auf den Rängen stehen ließ, sind vorbei.

★ ★ ★

„Den Zuschauern auf den Tribünen der Stadien oder vor dem Fernsehschirm gewährt der Fußballsport Befriedigung für zielgehemmte libidinöse Strebungen. Sie vermögen diese durch den infantilen Mechanismus der Identifikation mit Führerfiguren zu erlangen, welche von erfolgreichen Athleten verkörpert werden können. Die regressive Identifikation mit denselben Akteuren als Führungsfiguren, die an die Stelle des Ich-Ideals treten, erlaubt den Fans gleichzeitig, sich untereinander zu identifizieren. Nach einem siegreichen Spiel der ‚eigenen' Mannschaft trifft man die Feststellung: ‚Wir haben gewonnen.' Die Heroisierung der gemeinsamen Idole ermöglicht die Kumpanei der Fußballarenen, ein erbärmlicher Ersatz für die der Spontaneität autonomer Individuen entspringende Brüderlichkeit, die man den Menschen vorenthält. (…) Der miterlebte Sporttriumph entschädigt kurze Zeit für die Versagungen des Alltags."

Der an der Bremer Uni lehrende Sozialpsychologe Gerhard Vinnai hat soeben das Buch „Fußballsport als Ideologie" vorgelegt, in dem er das Verhalten der Fans wunderbar wissenschaftlich erklären will. Gerade auch die Stimmungslage bei Lokalderbys: „Um libidinöse Bindungen zu stiften, müssen die Spieler als Repräsentanten der ‚Heimat' des Zuschauers erscheinen." Auf diesen Thesen aufbauend, versucht sich der Journalist Wolfgang Röhl in der Zeitschrift „Konkret" an einem Psychogramm des „typischen Fußball-Fans" und seiner „latenten Gewalttätigkeit". Röhl sieht einerseits einen Hang zur Identifikation mit der eigenen Mannschaft, andererseits zu Aggressionen gegenüber dem gegnerischen Team. Dieses Verhalten resultiere aus Ich-Schwäche, latenter Homosexualität sowie „sowohl aggressiv-sadistischen als auch masochistischen" Neigungen.

Röhls seltsamer Artikel spiegelt eine gewisse Ratlosigkeit wider, die Anfang der siebziger Jahre linke Theoretiker beim Thema Fußball befallen hat. Zwar sitzt ein nicht geringer Teil zumindest der männlichen Linken bei wichtigen Spielen selbst vor dem Fernseher und bewundert die Aktionen von Netzer oder Beckenbauer, von George Best oder Johan Cruyff. Zu den bekennenden Fußballfreunden gehören beispielsweise Daniel Cohn-Bendit, der sich zu jener Zeit in der Frankfurter Hausbesetzerszene herumtreibt und dabei seine (von ihm so genannte) „Erweckung" als Eintracht-Fan feiert, ebenso einige Scherben-Musiker, von denen Lanrue und Kai Sichtermann dem FC Schalke 04 anhängen.

Andererseits lehnt vor allem die marxistische Linke den kapitalistischen Profifußball natürlich ab, da er Spieler zur Ware und Zuschauer zur zahlenden Kundschaft degradiert. Zugleich fremdelt man mit den Fans auf den Rängen, die meist dem vermeintlich revolutionären Subjekt, der Arbeiterklasse, entstammen. Aber diese Proletarier jubeln nicht politischen Revolutionären zu, sondern den Dribbelkönigen auf dem Feld, und sie rangeln auch weniger mit der Obrigkeit als mit den Anhängern des Gegners.

Ganz offensichtlich muss es sich beim Fußball um eine Art Opium fürs Volk handeln. Recht fassungslos schreibt Wolfgang Röhl: „Die Art, mit der bundesdeutsche Fußballfreunde ihrem ‚Sport‘ – dem Zuschauen – nachgehen, hat viel mit Besessenheit zu tun. Auf die Frage: ‚Warum gehen Sie ins Stadion?‘, antworteten auffallend viele der von ‚Konkret‘ Interviewten stereotyp: ‚Dann fängt das Wochenende doch erst richtig an.‘ Offenbar vermag sich ein großer Teil der Bevölkerung unter Freizeit nichts anderes mehr vorzustellen als den schon zum Ritual erstarrten Gang zum Fußballplatz. Gerhard Vinnai deutet ihn als Flucht aus der Realität.“ Tatsächlich klagt der Bremer Sozialpsychologe in seinem Buch: „Anstatt ihre Unterdrückung zu bekämpfen, richten sie die aus gestauter Aggressivität gespeiste Zerstörungswut gegen das eigene Selbst und diejenigen, die Opfer sind wie sie selbst.“ Fazit: „Die Tore auf dem Fußballfeld sind die Eigentore der Beherrschten.“

★ ★ ★

„Die haben heute kein einziges Mal gepfiffen. Solche Zuschauer müssten wir immer haben.“ Stoßseufzer von Gerd Müller nach dem 6:1 im Europapokal-Rückspiel gegen Skoda Pilsen. Es sind zwar nur 6.300 Zuschauer gekommen, aber die spenden ausnahmslos Beifall. Eben das ist beim Münchner Heimpublikum keineswegs selbstverständlich, es gilt als äußerst kritisch, sogar dem Bomber gegenüber. An den „libidinösen Bindungen“ muss dort noch gearbeitet werden.

★ ★ ★

„You'll never walk alone". Oder kurz: YNWA. Der Gesang aus der legendären Liverpooler Stehtribüne Kop geht jetzt um die Welt. Im Oktober hat die englische Rockgruppe Pink Floyd ihr drittes Album namens „Meddle" veröffentlicht. Darauf befindet sich der Song „Fearless", an dessen Ende die Fangesänge eingeblendet werden, mitgeschnitten bei einem Derby gegen Everton.

Pink Floyd prägt wesentlich eine Epoche grandioser Experimente in der Rockmusik. Es gibt solche Gruppen auch in Deutschland, wo zwar Ton Steine Scherben rein musikalisch beim konventionellen Rock bleiben. Doch die Jazzrock-Combo Embryo hat 1971 einen Hit mit „Tausendfüßler", Tangerine Dream pflegt elektronische Klänge, Frumpy endlose Improvisationen, und Amon Düül II, die im gleichen Jahr den „Tanz der Lemminge" besingt, will sich auf gar keine Richtung festlegen. Die Gruppen erfreuen sich beim aufmüpfigeren Teil der Jugend einer gewissen Beliebtheit, doch zu breitem Ruhm wie die englischsprachigen Kollegen gelangen sie nicht. Dort beeindrucken Jimi Hendrix mit expressivem Gitarrenspiel, Emerson, Lake & Palmer mit einem wilden Crossover zur Klassik und die Mothers of Invention mit dadaistischen Texten. Pink Floyd schaffen aus dem kreativen Chaos ihrer Anfangsjahre einen eigenen Mainstream, den sie immer wieder durch kleine musikalische Provokationen durchbrechen, etwa den Klang einer Registrierkasse oder das Blöken von Schafen. Oder eben durch den Einbau der Liverpooler Fangesänge.

YNWA hat ursprünglich nichts mit Fußball zu tun. Bevor es in den sechziger Jahren der Kop zu seiner Hymne wählt, hat das Lied eine seltsame Karriere hinter sich, die 1909 in den Kaffeehäusern von Budapest begann. Dort traf man seinerzeit eine Melange aus Boheme und Fußballenthusiasmus an, mittendrin saß der jüdische Autor Ferenc Molnár und schrieb seine Dramen. Darunter auch „Liliom", die Geschichte eines umtriebigen jungen Mannes, der mit dem Leben und der Liebe nicht zurechtkommt und stirbt, während die Geliebte und ihre gemeinsame Tochter zurückbleiben. Das Stück wird Molnárs größter Erfolg. In der NS-Zeit emigriert der Autor über die Schweiz nach New York, wo sich der Broadway für das Stück interessiert. Molnár verkauft die Rechte, aus „Liliom" wird das Musical „Carousel". Das Lied YNWA bildet darin das Finale und die Quintessenz: Der gescheiterte Held stirbt wie in der Theatervorlage, verspricht aber seiner Tochter, sie dennoch nie mehr allein zu lassen: „You'll never walk alone."

YNWA emanzipiert sich bald von dem Musical und wird in den USA von vielen Interpreten eingespielt, darunter Prominenz wie Ray Charles, Louis Armstrong, Elvis Presley oder Barbra Streisand. In England macht die Liverpooler Gruppe Gerry and the Pacemakers den Song 1963 zur Number one der Charts und liefert damit die Vorlage für die Liverpool-Fans. Von den Höhen des Kop erobert er die Stadien der Welt. (Als Erste adaptieren die Fans von Celtic Glasgow die Hymne; dort hören sie 1991 einige Anhänger des FC St. Pauli und sorgen dafür, dass die Tribünen am Millerntor davon infiziert werden. Im November 1996 ertönt der Song erstmals bei Borussia Dortmund – ein Vierteljahrhundert zu spät, denn im Abstiegskampf 1971/72 hätte der BVB solche Ermunterung gut gebrauchen können.)

Vielfach wird darüber gerätselt, warum Pink Floyd den Kop-Gesang in ihr Stück „Fearless" integriert haben. Vielleicht ist es einfach die magische Wirkung, die er zumindest auf Fußballfans ausübt, und dazu zählen alle Bandmitglieder. Zusammen mit ihrer Crew kicken sie in einem eigenen Fußballteam namens „First Eleven". Es gibt noch eine weitergehende Theorie, die u. a. die Internetseite „World Soccer" anbietet: Roger Waters, Co-Autor des Songs, sei nicht nur als Fußballanhänger (allerdings Arsenal-Fan), sondern auch als Sozialist bekannt. Ihn fasziniere die notorisch linke Gesinnung der Liverpooler Bevölkerung. Es sei kein Zufall, dass der bekennende Sozialist Bill Shankly, 1971 schon seit zwölf Jahren als Trainer an der Anfield Road tätig, eine Lebensphilosophie vertritt, die stimmig zum YNWA-Spirit passt: „Im Sozialismus, an den ich glaube, arbeitet jeder für den anderen, und alle bekommen einen Teil des Gewinns. So sehe ich Fußball, so sehe ich das Leben." Pink Floyds musikalische Montage, so „World Soccer", sei daher zu verstehen als „a tribute to the socialist people of the city, whether they follow the team or not".

Man wüsste gerne, was der Sozialpsychologe Vinnai dazu sagen würde.

„Leipzig grüßt Kaiser Franz"

Länderspiel gegen Polen +++ 10. Oktober 1971

Für die anstehende Europameisterschaft gilt die DFB-Elf nicht als Favorit. Zwar hat sie bei der zurückliegenden Weltmeisterschaft in Mexiko spielerisch überzeugt und einen guten dritten Platz erreicht. Doch der Sieg im Viertelfinale gegen England war knapp, und gegen Italien gab es im Halbfinale trotz starken Spiels eine Niederlage. Seither hat man sich vornehmlich mit Leichtgewichten wie Albanien oder der Türkei gemessen. Gegen die härteren Gegner Schweden und Jugoslawien setzte es Niederlagen.

Jetzt stehen in der EM-Gruppenphase die entscheidenden Spiele gegen Polen an. Der Modus ist noch ein anderer als heute: In den Gruppen werden Hin- und Rückspiele ausgetragen, ebenso im Viertelfinale, für das sich die Gruppenersten qualifizieren. Beim „Turnier", das für Juni 1972 angesetzt ist, gibt es nur noch Halbfinale und Endspiel.

In Polen tritt zunächst die Junioren-Elf an, mit den fünf Schalkern Linssen, Sobieray, Scheer und den Kremers-Zwillingen. Es hätten gut noch mehr sein können, aber Rüssmann ist wegen seiner „Drecksau" auf vier Wochen gesperrt, Lütkebohmert verletzt und Fischer angeschlagen. Die Youngster holen nur ein 1:1.

Besser macht es die A-Mannschaft, die mit 3:1 gewinnt. Polens Star, Mittelstürmer Lubanski, urteilt souverän und politisch korrekt: „Die Mannschaft der Bundesrepublik führte einen Fußball der höchsten Klasse vor." Erst einmal aber liegen die Polen vorn, dank eines Patzers von Paul Breitner, der sein zweites Länderspiel bestreitet. In der 27. Minute will er den Ball allzu lässig auf Sepp Maier zurückspielen, doch ein polnischer Stürmer sprintet dazwischen und schießt ein. Danach wird der junge Breitner nervös und macht mehr falsch als richtig. Den Sieg hat die DFB-Mannschaft vor allem Gerd Müller zu verdanken, der mit zwei Treffern die Partie drehen kann. Acht Spieler der deutschen Elf stammen entweder aus Gladbach oder von Bayern München.

Einer der anderen ist Horst Köppel, der bis vor Kurzem noch für die Gladbacher, seit Sommer aber für den VfB Stuttgart spielt. Beim Länderspiel gefällt er den Medien als angeblich erster deutscher Nationalspieler, der ein Toupet trägt. Das Kunsthaar soll seine Halbglatze bedecken; ein kahlrasierter Schädel ist seinerzeit keine wirkliche Alternative. „Es besteht keine Gefahr, dass mir bei einem Kopfball die Haare davonfliegen", versichert Köppel. Er habe das am vergangenen Spieltag gegen die Bayern getestet.

Bei der polnischen Elf interessieren sich die Zeitungen für einen Spieler namens Jan Banas. Seine Biografie spiegelt Ost-West-Nachkriegsgeschichte. Bei seiner Geburt 1943 hieß er Heinz-Dieter und war Berliner, doch in den Nachkriegswirren wurde die Familie auseinandergerissen. Als Jan Banas wuchs er im sozialistischen Polen auf, setzte sich bei einer Auslandstournee seines Vereins in den kapitalistischen Westen ab und wohnte unter seinem früheren Namen und mit deutschem Pass bei seinem Vater in der Bundesrepublik. Der 1. FC Köln war interessiert, doch weil eine Spielgenehmigung auf sich warten ließ, verschwand der Exil-Pole 1968 wieder in sein Heimatland, das ihn in Gnaden aufnahm und die freiwillige Rückkehr des „verlorenen Sohnes" als Sieg des Sozialismus interpretierte. Gegen das DFB-Team bestreitet Banas nun sein 23. Länderspiel.

★ ★ ★

Rund 2.500 westdeutsche Fans (die sich zuvor Einreisevisa besorgen mussten) sind zum Spiel nach Polen gereist, und „Kicker"-Chef Karl-Heinz Heimann lobt die Gastgeber im roten Ostblock: „Unverkennbar war der Wille, es den Schlachtenbummlern aus der Bundesrepublik in Warschau so angenehm wie nur möglich zu machen."

Doch die schillernden Stars Beckenbauer, Netzer, Müller und Co. haben auch fast 5.000 Fans aus der DDR angelockt. Entsprechende Anfragen aus Ostdeutschland hat der DFB offenbar großzügig mit Eintrittskarten bedacht, viele reisen allerdings ohne Ticket aus der DDR an und versuchen, sich vor Ort eines zu besorgen. Im Mannschaftshotel Europejski werden Bundestrainer Helmut Schön und diverse DFB-Offizielle erfolgreich umlagert, und Heimann berichtet: „Ich habe einige dieser Menschen beobachtet, als sie das Hotel verließen, die Karten wie einen wertvollen Schatz in ihren Taschen verstauten und denen vor Freude über dieses Glück die Tränen über die Backen rollten."

Der „Kicker"-Mann selbst wird um Ausgaben seines Blattes gebeten und dabei belehrt, man habe eben „großes Interesse an westdeutschen Zeitungen". Beeindruckt sinniert er: „Schlagartig wurde man sich der deutschen Wirklichkeit anno 1971 bewusst. Wir, die wir gewohnt sind, am Kiosk an der nächsten Ecke die Zeitung oder Zeitschrift zu kaufen, die uns interessiert, mussten erst wieder einmal so deutlich daran erinnert werden, dass dies anderswo, wo man auch in deutscher Sprache schreibt und liest, eben keine Alltäglichkeit ist. Bis zur ,Normalisierung', um dieses dumme Schlagwort zu gebrauchen, ist es noch ein weiter, weiter Weg."

Auf dem Fußmarsch zum Stadion kommt es zwischen „Schlachtenbummlern" aus West- und Ostdeutschland zu Verbrüderungsszenen, im Stadion stimmt man gemeinsame Parolen an, neben harmlosen Klassikern wie „Deutschland vor, noch ein Tor!" auch Unangenehmes wie „Deutschland, zeig's den Polen!" Transparente werden hochgehalten wie „Leipzig grüßt Kaiser Franz" oder „Chemnitz grüßt die deutsche 11", zumindest Letzteres eine kleine politische Provokation, denn offiziell heißt Chemnitz nun Karl-Marx-Stadt.

Nach der 1989er Wende recherchieren Zeithistoriker, wie so etwas der Stasi durchgehen konnte. Offensichtlich sind die DDR-Fans trickreich vorgegangen und haben bei der Einreise nicht das Fußballspiel als Ziel angegeben, sondern eine Hundezuchtausstellung in Poznan oder eine Speedway-Veranstaltung in Warschau. Einer verfällt sogar auf die zweifelhafte Notlüge „Auschwitz". So kommt es, dass das Ministerium für Staatssicherheit, also die Stasi, gerade mal mit 14 „inoffiziellen Mitarbeitern" vor Ort ist – viel zu wenige, um die Sache unter Kontrolle zu halten.

Aber man tritt nach. Rund tausend DDR-Bürger werden der Schlachtenbummelei verdächtigt und mit diversen Restriktionen bedacht. Zudem erlässt das Stasi-Ministerium eine Reihe drastischer Vorsorgemaßnahmen für ähnliche Großveranstaltungen. Es müsse verhindert werden, „dass Schriften, Plakate, Transparente, Fahnen und andere Materialien zur Durchführung antisozialistischer Sympathiekundgebungen ausgeschleust werden". Gruppen, die „durch ihr äußeres dekadentes und nationalistisches Verhalten" auffielen, sollten an der Ausreise gehindert werden, andere „negativ eingestellte Personen" unter „operativer Kontrolle" gehalten werden. Fortan sind deutsch-deutsche Fußballspiele von Spitzelheeren umlagert.

★ ★ ★

Überall in den großen Städten der Bundesrepublik kommt es mittlerweile zu Hausbesetzungen. Hintergrund ist vor allem die Wohnungsnot der Studenten. Viele können jetzt zum Semesterbeginn ihr Studium nicht aufnehmen, da ihnen ein Dach über dem Kopf fehlt. Es kommt zu Demonstrationen in Münster, Marburg, Heidelberg, Bonn, Kiel, Tübingen und anderswo.

Beispiel Bochum: Da rund 8.000 Wohnplätze fehlen, fordert der AStA der Uni die Errichtung eines Barackendorfs. Bis zu dessen Fertigstellung solle die Bundesbahn Schlafwagen zur Verfügung stellen. Die Bahn bietet stattdessen und einigermaßen geschichtsblind Güterwaggons an, was die Studenten als indiskutabel ablehnen.

Beispiel Frankfurt am Main: Zum Semesterbeginn kann dort jeder sechste von 18.000 Studierenden nicht einmal ein Notquartier beziehen. 3.000 haben am Wochenende gegen Spekulanten, Mietwucher und die Zerstörung von Wohnraum demonstriert, nachdem ein besetztes Haus von der Polizei geräumt worden ist. Die Beamten haben Tränengas und Wasserwerfer eingesetzt, die Besetzer mit Blumentöpfen, Flaschen und Steinen geworfen. In einem anderen besetzten Haus rüsten sich die Bewohner unter der Regie von Daniel Cohn-Bendit zur Verteidigung. Doch Frankfurts sozialdemokratischer Oberbürgermeister Walter Möller will vorerst nicht mehr räumen lassen: „Die Gesundheit der Polizisten ist zu schade, um aufs Spiel gesetzt zu werden, wenn Hauseigentümer ihre sozialen Verpflichtungen aus ihrem Eigentum entscheidend vernachlässigen.“

Auch in Essen hat man Verständnis, als Studenten und spanische „Gastarbeiter“-Familien ein Haus besetzen. Das gehört dem Straßenbauamt und soll für eine Straßenerweiterung abgerissen werden, steht jedoch schon seit zwei Jahren ungenutzt leer. Nun versichert der Behördenleiter den Besetzern seine „uneingeschränkte Sympathie“, weil sie auf die Wohnungsmisere aufmerksam machten.

Arminias seltsamer Anwalt

„Jetzt hetzt Bayern die Schalker", titelt der „Kicker", denn die Münchner haben 2:1 in Bremen gewonnen, die Schalker dagegen nur 0:0 in Braunschweig gespielt. Das torlose Unentschieden sichert der souveräne Klaus Fichtel, der auch schon im Länderspiel gegen Polen stark aufgetreten ist. Libuda ist wieder dabei, aber ihm misslingen die meisten Dribblings. Vier Spiele hat er gefehlt, angeblich wegen muskulärer Probleme erst im rechten, dann im linken Oberschenkel und schließlich wegen „einer verschleppten infektiösen Erkrankung".

Bei den Bayern gelingt Gerd Müller endlich wieder ein Treffer, und das sogar per Kopf. Noch beim letzten Heimspiel, dem 2:2 gegen Stuttgart, hat ihn das eigene Publikum mal wieder ausgepfiffen, als er einen Elfer zu schwach schoss. Auch im Spiel gegen Werder bleibt er farb- und lustlos, trotz des Tores. Die Medien spekulieren darüber, dass die Münchner Pfiffe den sensiblen Torjäger in seinen Abwanderungsplänen bestärkt haben. „Ich will weg von Bayern", soll er erklärt haben. In Berlin behauptet man wieder einmal, er habe bei Hertha angeklopft.

Bayerns Bester in Bremen heißt Uli Hoeneß. Er absolviert im Mittelfeld ein unermüdliches Laufpensum, schlägt kluge Pässe und besorgt den zweiten Treffer. Nun liegen die Bayern wieder nur einen Punkt hinter Spitzenreiter Schalke 04. Auch Verfolger Mönchengladbach kann mit einem 6:2 über Eintracht Frankfurt überzeugen, und das, obwohl seine Stars Netzer und Vogts verletzt fehlen. Der starke Auftritt ist nur ein Vorgeschmack auf die Gala, die eine Woche später folgen wird.

★ ★ ★

Die zweite große Schlagzeile der Montagsausgabe des „Kicker" lautet: „Da wurde sogar Kindermann blass". Der Chefermittler selbst beteuert, all dies übersteige „die ethische Phantasie", und die „WAZ" spricht gar von einer „Atombombe". Denn in der Bestechungsaffäre gibt es neue Enthüllungen. Rupert Schreiner, ein Bielefelder Geschäftsmann und Arminia-Mäzen, hat kalte Füße bekommen und sich mit Horst-Gregorio Canellas in Verbindung gesetzt. Der Offenbacher reist auf der Stelle nach Bielefeld.

Schreiner beichtet ihm, er habe sich von den Bielefelder Arminia-Bossen als Geldgeber und Boten dafür einspannen lassen, am letzten Spieltag der vergangenen Saison das Spiel von Eintracht Braunschweig gegen Arminias direkte Abstiegskonkurrenten Rot-Weiß Oberhausen zu beeinflussen. Mehrfach sei er mit seiner Privatmaschine nach Braunschweig geflogen, um den Spielern Geld zu übergeben. Insgesamt geht es um 170.000 Mark, die von den Eintracht-Spielern als „Siegprämie" verlangt werden. 100.000 Mark habe er, Schreiner, selbst vorgestreckt, die restlichen Geldbündel seien von Arminia-Präsident Stute gekommen, eingewickelt ins Packpapier aus dessen Buchhandlung „Gehner & Stute".

Ein Teil des Geldes, 80.000, wird vor dem Spiel gegen Oberhausen hinterlegt, die Quittung dafür unterschreibt unter anderem Nationalspieler Max Lorenz. Doch die Braunschweiger schaffen dann lediglich ein Unentschieden, Schreiner verlangt daher die 80.000 zurück und bekommt sie zunächst auch ausgehändigt. Als er am Braunschweiger Flughafen damit in seine Maschine steigen will, kommt plötzlich Max Lorenz angebraust und fordert seinerseits das Geld zurück. Man habe sich schließlich um einen Sieg bemüht. Und: „Die Spieler wollen doch in die Ferien." Es kommt zu einer Auseinandersetzung. Am Ende zieht Lorenz mit 40.000 Mark davon und verteilt sie an die Mannschaft.

Über Braunschweiger Feilschereien wird vor dem DFB-Gericht schon länger verhandelt, zwei Spieler sind bereits gesperrt. Doch Schreiners Aussage bringt neuen Zündstoff. Sie passt zu Aussagen, die Canellas auf Tonband festgehalten hat, als er zum Schein mit

Braunschweiger Spielern verhandelt hat. Dabei ist ihm versichert worden: „Wir waren schon in Bielefeld und haben über Siegprämien verhandelt." Nun zeigt sich, dass nicht nur gefeilscht, sondern tatsächlich hohe Summen gezahlt wurden – was von den Bielefeldern bisher strikt geleugnet wurde. In seiner Beichte gegenüber Canellas deutet Schreiner überdies an, ähnliche Aktionen der Arminia habe es gegenüber Spielern von VfB Stuttgart und Eintracht Frankfurt gegeben. Mit 60.000 Mark, die Richtung Stuttgart flossen, habe man sich den 1:0-Heimsieg im Mai 1971 erkauft; damit bestätigt Schreiner das Geständnis des VfB-Spielers Hans Arnold, der allerdings nur von 45.000 Mark gesprochen hat.

Als Canellas wenig später nicht-öffentlich von Kindermanns DFB-Kontrollausschuss vernommen wird, reicht er einige brisante Informationen nach: Ein Dr. Lamker habe dem reuigen Schwarzgeld-Spender Schreiner damit gedroht, pikante Details aus dessen Privatleben auszuplaudern, um ihn zum Schweigen zu bringen: „Wenn Sie nicht Ruhe geben, werden wir Ihr Techtelmechtel in Travemünde aufs Tapet bringen. Das wird Ihrer Frau wohl nicht recht sein!" Und: „Wenn Ihnen Frau und Kind lieb sind, dann halten Sie den Mund." Und: Er werde Schreiner notfalls „in einem weißen Auto in die Heilanstalt" bringen lassen.

In einer krimireifen Abhöraktion, so berichtet Canellas dem DFB, habe er die Konfrontation in Schreiners Wohnzimmer heimlich belauschen können. Dr. Lamker habe zugegeben, die Aktion „im Auftrag von Arminia getan (zu haben), deren Anwalt er gegen Honorar ist". Canellas beschreibt die Stimmungslage der Schreiners nach Lamkers Auftritt so: „Frau Schreiner machte mir einen gebrochenen Eindruck, während ich bei Herrn Schreiner mehr das Gefühl hatte, einem innerlich sehr erregten Menschen gegenüberzustehen." Schreiner selbst sagt: „Ich habe mein Schweigen gebrochen, weil ich regelrecht erpresst und seit Monaten auf mich und meine Familie Druck ausgeübt wurde."

★ ★ ★

Der 58-jährige Rechtsanwalt Dr. Karl Lamker, der sich da so ruppig gebärdet haben soll, ist ein Mann mit einer höchst zweifelhaften Vergangenheit. Bald nach Hitlers Machtübernahme trat er in die NSDAP ein – genauer: am 1. Mai 1933 – und blieb Parteimitglied bis zum Zusammenbruch der NS-Herrlichkeit. Und keineswegs nur als Opportunist. Als er während des Krieges zum Leutnant befördert wurde, hoben seine Vorgesetzten hervor, der damals 31-jährige Lamker sei „mit dem NS-Gedankengut vertraut, lebt nach den Erkenntnissen des Nationalsozialismus und vermag diese an Untergebene zu vermitteln. Aktivist des Zuges." Folgerichtig wurde er als „Nationalsozialistischer Führungsoffizier" empfohlen, der die Truppe beglücken soll mit Schulungsheften wie „Der Jude als Parasit".

Im Entnazifizierungsverfahren nach dem Krieg spielte Lamker seine Nazi-Werbeaktionen als jugendliche Verirrung herunter und stilisierte sich gar als NS-Gegner: An einem Schulungsabend des NS-Studentenbundes im Jahr 1936, so behauptete er, „habe ich unmissverständlich Stellung gegen den NSDStB und den Schulungsleiter genommen". Leider gelte der Zeuge für diesen Widerstandsakt seit dem Frankreichfeldzug als vermisst …

Mit seinen fadenscheinigen Relativierungen kam Lamker durch, wie so viele andere NSDAP-Mitglieder auch. Er wurde als „Mitläufer" eingestuft und konnte unbehelligt als Jurist weiterarbeiten, zunächst im Staatsdienst, dann als Anwalt. Karriere machte er auch als Sportfunktionär: Zwischen 1955 und 1960 amtierte er als Vereinsvorsitzender von Arminia Bielefeld. Seine Nazi-Vergangenheit war dafür kein Hindernis. Der Deutsche Sportclub Arminia, nur wenige Jahre zuvor ein eifriger Hitler-Follower, der seine jüdischen Mitglieder inklusive eines langjährigen Präsidenten rausgeworfen hat, ließ das alles lieber im Dunkeln. Politisch zog es Lamker bald wieder zu den alten Kameraden. 1964 wurde er Mitbegründer der rechtsextremen NPD und fungierte von 1967 bis 1969 als deren NRW-Landesvorsitzender sowie stellvertretender Bundesvorsitzender. Der „Spiegel" nannte ihn bereits 1967 den „NPD-Rechtswahrer", die „Zeit" einen „NPD-Staranwalt".

Selbst seine neuerlichen rechtsextremen Aktivitäten schaden Lamkers Beziehungen zur Arminia offenbar nicht. Vor dem DFB-Gericht vertritt er jedenfalls Beschuldigte des Vereins. Und wiederholt auch dort seine rüden Methoden gegenüber Canellas' Kronzeugen Rupert Schreiner: Der sei psychisch labil und habe „schon zwei Jahre wegen Geisteskrankheit in einer Heilanstalt verbracht", weil er nach Paragraf 51 für unzurechnungsfähig erklärt worden sei. Canellas kontert: „Wenn der Lamker mit NPD-Stiefeln poltert, werde ich die ihm schon zart von den Füßen ziehen."

Aus Lamkers Prozessstrategie wird dann auch nicht viel. Die Zeugen, mit denen er Canellas nachweisen will, für passende Aussagen bezahlt zu haben, kommen nicht oder existieren gar nicht; Lamker selbst lässt sich für weitere Verhandlungen mit ärztlichem Attest entschuldigen.

★ ★ ★

Auch Schalke 04 kommt in den Verhandlungen vor den DFB-Gerichten wieder ins Gespräch, erneut wegen angeblicher Bestechungsgelder aus Bielefeld. In Gelsenkirchen will man nichts davon wissen, der Vereinsvorstand lässt sich von allen Spielern eidesstattlich bestätigen, dass sie kein Geld angenommen haben.

Lieber träumt man heimlich von der Meisterschaft. Siebert: „Kaum stehen wir an der Spitze, da werden schon bei vielen Leuten, vor allem bei den Älteren, Erinnerungen wach an die Zeit, als Szepan und Kuzorra noch spielten. Das ist wirklich ein Phänomen!" Allerdings mahnen nüchterne Beobachter, dass den Schalkern für den ganz großen Coup noch ein Spielmacher eben des Formats Szepan/Kuzorra fehlt. Trainer Horvat orakelt über die Titelchancen: „Das wäre vielleicht noch etwas zu früh. Aber unmöglich ist es natürlich nicht bei diesen Burschen." Und: „Bei uns ist eine wunderbare Ruhe im Verein."

★ ★ ★

Je bekannter Ton Steine Scherben werden, desto intensiver interessiert sich die Polizei für sie. Das liegt am politischen Ruf der Scherben selbst, aber auch an den vielen Gästen in ihrer offenen Wohnung. „Spiegel"-Autor Michael Sontheimer: „Ständig kamen Trebegänger und Heimkinder, die abgehauen oder woanders rausgeflogen waren. ‚Die Kurzen', wie die Scherben sie nannten, stellten alles Mögliche an, klauten, brachten ständig Polizei ins Haus."

Die polizeiliche Fürsorge bemerken die Scherben nicht nur an den nächtlichen Hausbesuchen, die so häufig sind, dass Rio sich an seinem Hochbett den Personalausweis zurechtlegt. Sie sind auch davon überzeugt, dass man sie am T-Ufer belauscht. Bassist Kai Sichtermann sieht eindeutige Indizien: „Wir bekamen öfter Mahnungen wegen Strom und Gas und haben sie dann gerade noch rechtzeitig bezahlt, aber wegen der Telefonrechnung haben wir nie Mahnungen gekriegt, weil sie das Telefon abhören wollten."

Auch wenn sie unterwegs sind, wie in diesem Monat mit einem ausrangierten Mercedes-Postbus auf Tour durch Norddeutschland, sehen sie die Staatsmacht auf ihren Fersen. Sichtermann: Die Scherben „waren bei der Polizei gut bekannt. Oft lauerten die Bullen ihnen auf, wenn sie zu einem Konzert fuhren oder wenn sie mit ihren Gigs fertig waren. Ihre Autos wurden angehalten, und sie wurden mit vorgehaltenen MGs gezwungen, auszusteigen und die Hände aufs Autodach zu legen. Dann wurden sie nach Waffen durchsucht und ihre Ausweise kontrolliert. Meistens konnten sie danach weiterfahren, denn die Polizei fand so gut wie nie etwas bei ihnen, obwohl sie eigentlich immer Shit und manchmal auch andere Drogen bei sich hatten. Aber das war's wohl nicht, wonach bei diesen Kontrollen gesucht wurde."

★ ★ ★

Das Programm der (zum Beispiel) Münchner Lichtspieltheater umfasst in dieser Woche neben gewichtigen Werken wie Godards

„Weekend", Viscontis „Tod in Venedig", Pasolinis „Decamerone", Bunuels „Milchstraße" und Romy Schneiders „Geliebte des anderen", neben dem Western „Spiel mir das Lied vom Tod" und der Edelschnulze „Love Story" vor allem die folgenden Titel: „Hausfrauen-Report" (17. Woche), „Der neue Schulmädchen-Report, Teil 2" (8. Woche), „Sex im Frauengefängnis", „Urlaubs-Sex-Report", „Die lüsternen Töchter der Fanny Hill", „Sex-Lehrer-Report", „Obszönitäten", „Das Porno-Motel", „Priester, du sollst nicht ohne Liebe leben" und „Die Porno-Bestie". Da hat sich was angestaut.

Die „Bild"-Zeitung, die ohne den täglichen Blickfang eines entblößten Frauen-Torsos nicht mehr auskommt, will derweil wissen, wie nach den Hausfrauen, Schulmädchen, Lehrern, Priestern und anderen Pornobestien nun die Fußballer mit dieser zwischenmenschlichen Dimension klarkommen. An mehrere Trainer und Spieler richtet sie die Frage: „Schadet die Sexwelle der Leistung der Spieler?" Hannovers Coach Johannsen urteilt liberal („Unsere Zeit sieht diese Dinge besser als früher"), Berlins Kronsbein eher verkniffen („Ich glaube nicht, dass Fußballer auf diesem Gebiet ausschweifend werden"). In Gladbach kontert man mit Ironie. Trainer Weisweiler meint: „Soviel ich weiß, ist die Sexwelle schon vorüber. Keine Geschädigten unter meinen Spielern." Und sein Regisseur Netzer: „Die Sexwelle ist spurlos an mir vorbeigegangen." Vermutlich findet er die Frage bescheuert. Anders sein Mittelfeldkollege Hanjo Weller von Hannover 96, der den Reportern treuherzig eröffnet: „Ich habe nur samstags und sonntags Geschlechtsverkehr." Da ist wohl wirklich etwas spurlos vorbeigegangen.

7:1 und eine Dose

Schalkes Torhüter Norbert Nigbur stellt einen neuen Rekord auf: Nach dem satten 4:0 gegen Rot-Weiß Oberhausen ist er nun seit sechs Spielen bzw. 551 Minuten ohne Gegentreffer. Der bisherige Rekordhalter hieß Hans Tilkowski, der sein Gehäuse in Dortmund 547 Minuten sauber hielt. Das aber ist nun fast sechs Jahre her.

Die Schalker spielen mindestens eine Stunde überwältigend schön und versetzen die 30.000 in der Glückauf-Kampfbahn in helles Entzücken. Die ersten drei Treffer erzielt zwischen der 2. und 24. Minute Klaus Fischer, alle per Kopf. Der Goalgetter bedankt sich bei seinen Mitspielern: „Das liegt natürlich auch daran, dass wir jetzt eine erstklassige Mannschaft haben, dass von beiden Seiten die Flanken kommen und dass ich vom Mittelfeld aus richtig geschickt werde." Die Presse spricht von „Zauber in Königsblau", „Feuerwerk" und „blauweißem Wirbel", die „WAZ" attestiert Libuda „meisterliche Form". Und der „Kicker" verleiht Aki Lütkebohmert die Note 1, allen anderen Schalkern eine „2".

Auch Verfolger Bayern München gewinnt, mit 3:1 bei Hannover 96. Vor dem 96er Strafraum ziehen die Bayern eine Art „Scheiberl-Spiel" auf, Uli Hoeneß agiert überragend, und Gerd Müller gelingen endlich wieder zwei Treffer für seinen Verein. „Ich wusste immer, dass der Knoten wieder platzen würde", kommentiert er. In der aktuellen Torschützenliste rangiert Müller allerdings noch unter ferner liefen. Zweitbester Schütze hinter Klaus Fischer ist bisher der ewige Uwe Seeler. Der reißt seine Mitspieler nach 0:2-Rückstand gegen den VfL Bochum kämpferisch mit, schlägt zweimal zu und rettet so den 3:2-Sieg. Trainer Ochs weiß: „Uwe ist vorerst für uns unersetzlich." Noch in der Woche zuvor, am 10. Spieltag, hat er auf der Bielefelder Alm sein 500. Pflicht-spieltor für den HSV erzielt. Nun folgen also Nr. 501 und 502.

Gladbachs Trainer Hennes Weisweiler ist dagegen stinkesauer, nachdem seine Elf in Dortmund nur 0:0 gespielt hat. Er schimpft aber weniger über die eigenen Spieler als über den gegnerischen Trainer: „Dortmund hat doch junge Kräfte mit spielerischem Ver-mögen, mit denen man auch anders auftreten könnte. Mit solch defensiver Einstellung kann man auf Dauer nicht Fußball spielen, da werden am Ende selbst die eigenen Zuschauer nicht mehr mit-machen."

★ ★ ★

Die Verantwortlichen der ARD blamieren sich in historischen Dimensionen. 60.000 Mark wollen sie für die Übertragung des Spiels im Europapokal der Landesmeister zwischen Borussia Mönchengladbach und Inter Mailand zahlen. Als die Gladbacher elf Prozent Mehrwertsteuer obendrauf verlangen, also 6.600 Mark, mauert der Fernsehsender, der ansonsten mehr als das Zehnfache für eine einzige Vico-Torriani-Show hinblättert. Seine Zuschauer verpassen damit ein legendäres Spiel. Und Borussia verliert nicht nur die zusätzliche Einnahme, sondern muss völlig nutzlos noch 10.000 Mark an Eintracht Braunschweig überweisen. Das ist der Preis dafür, dass die Niedersachsen ihr Europapokalspiel ver-schieben – für eine Übertragung vom Bökelberg, die nun ausfällt. „12 Millionen Fans wurden betrogen", schimpft balkendick die „Bild" über die ARD-Entscheidung.

Das Gladbacher Stadion ist seit Tagen ausverkauft, obwohl man das Fassungsvermögen von 25.000 auf 27.500 erhöht hat. Inter wird als Favorit angesehen, auch wenn seine Stars wie Fac-chetti, Burgnich oder Boninsegna nicht mehr die Jüngsten sind. Doch von Anfang an sehen die Zuschauer einen fortwährenden Sturmlauf der Fohlen, von dem die Catenaccio-Experten aus Mai-land überrannt werden. Dass Fernsehbilder von dem Spiel nicht existieren, mag zur späteren Stilisierung als Jahrhundertepos beigetragen haben. Doch die Stimmen direkt nach dem Spiel bestätigen alle Hymnen. Von „Fußball-Furioso" und „Sternstunde" spricht die „Westdeutsche Zeitung", die „Süddeutsche Zeitung" sieht „eine der großen Fußballsensationen der letzten Jahre", für die „Bild" ist es „das größte Spiel, das es wohl je auf deutschem Boden gab", und der „Kicker" ruft euphorisch: „Ein Traumspiel. Schöner, besser, konstruktiver, begeisternder und erfolgreicher kann man gar nicht mehr spielen." Das denkt auch Gladbachs Trainer Hennes Weisweiler: „Besser kann man eigentlich nicht mehr spielen." Die italienische „La Stampa" hingegen mag von Spielästhetik nichts wissen, sondern wähnt die Mailänder „von einem Nibelungenangriff buchstäblich vernichtet".

Acht Tore fallen in diesem Spiel, sieben davon erzielen die Gladbacher, eines schöner als das andere. In der siebten Minute passt Netzer herrlich zu Heynckes, der setzt sich gegen zwei Mailänder durch und schießt aus spitzem Winkel ein. Dass Mailand zehn Minuten später durch einen direkten Freistoß ausgleichen kann, ist nicht mehr als ein lästiges Intermezzo. Vor der Pause schlagen die Borussen noch viermal zu: zweimal Le Fevre per Kopf, dann Netzer per Freistoß, dann Heynckes zum 5:1-Pausenstand. Sieloff wird später einen Elfmeter zum Endstand verwandeln, doch vorher sehen die Zuschauer noch die „Krönung" („Kicker"), das 6:1 durch Netzer. Wie er das erlebt hat, beschreibt Jahre später in einer Vereinschronik Gladbach-Fan Holger Jenrich: „Allein die 53. Minute hat sich für immer unauslöschlich in die Herzen und Hirne der Augenzeugen eingebrannt. Ein Augenblick voller Magie, ein Moment erfolgreicher Auflehnung, ein Wimpernschlag voll Protest und Pop und Politik, ein Hauch von Raserei und Radikalität und Religion – nach Doppelpass mit Heynckes schlenzte Netzer, mit weiten Schritten von hinten kommend, das Leder aus spitzem Winkel mit dem rechen Außenrist über den zur Pause neu eingewechselten Keeper Bordon hinweg ins linke obere Tordreieck."

Netzer selbst schreibt später über diesen Abend: „Wir spielten, wie wir nie zuvor gespielt hatten. In diesem kurzen Moment eines Europapokalspiels wurde alles Wirklichkeit, was sich die Phantasie jemals über die Schönheit eines Fußballspiels ausgedacht hatte." In der 83. Minute geht er vom Platz, von Ovationen begleitet, so Jenrich: „ein Fußballgott, ein Heiland in Unschuldsweiß, ein Erlöser aller Underdogs und Außenseiter". Nun ja.

★ ★ ★

Wer sich am folgenden Morgen den „Kicker" mit dem Spielbericht kauft, überliest in dem langen, euphorischen Spielbericht möglicherweise diesen unscheinbaren Absatz: „In der 28. Minute gab es eine Rempelei an der Seitenlinie vor der Tribüne. Plötzlich wurde Boninsegna von einer Bierdose am Kopf getroffen und musste gegen Ghio ausgewechselt werden. Nach fünf Minuten Unterbrechung ging das Spiel weiter, aber Inter spielte nur noch unter Protest."

★ ★ ★

Willy Brandt erhält den Friedensnobelpreis. Er ist der fünfte Deutsche, der mit der hohen Ehrung ausgezeichnet wird. Vor ihm waren es der Politiker Gustav Stresemann, der Pazifist Ludwig Quidde, der Publizist Carl von Ossietzky sowie der Arzt und Pazifist Albert Schweitzer. Die Nachricht platzt am 20. Oktober in eine scharfe Haushaltsdebatte im Bundestag. Die Fraktionen von SPD und FDP spenden spontan stehenden Applaus, während CDU/CSU bis auf wenige Ausnahmen in eisigem Schweigen verharren. Oppositionsführer Rainer Barzel geht zu Brandt, um ihm kurz zu gratulieren, und setzt sich dann demonstrativ wieder hin. Sein Stellvertreter, Manfred Wörner, giftet in Richtung der SPD-Abgeordneten: „Wenn ihr damit Politik macht, fallt ihr auf die Schnauze."

Die rechte Opposition attackiert den Bundeskanzler und seine Ostpolitik mit wachsender Härte. Brandts Politik „stärkt die Hegemonie der Sowjets in Europa", heißt es. Vor wenigen Tagen erst hat Franz Josef Strauß auf dem CSU-Parteitag die nahende Gefahr „sozialistischer Verhältnisse", wenn nicht einer „Räterepublik" beschworen, während vor dem Tagungssaal Demonstranten Schilder hochhalten: „Brandt verrät Deutschland".

Rainer Barzel, seit Anfang Oktober neuer CDU-Vorsitzender, ist entschlossen, den sozialdemokratischen Regierungschef zu stürzen. Mit der CSU will er dafür eine, wie er es nennt, „unverbrüchliche Kampfgemeinschaft" schmieden. Dabei kann er auf die Unterstützung des mächtigen Axel-Springer-Verlages rechnen. Dessen Zeitungen – vor allem „Bild" und „Welt" – verbreiten mit einer Gesamtauflage von fast 18 Millionen emsig Häme über Willy Brandt und werfen ihm den „Ausverkauf des Vaterlandes" vor. Axel Springer denkt dabei an ein ziemlich großes Vaterland, denn er schreibt: „Ich will auch nicht auf Schlesien und nicht auf Pommern und nicht auf Ostpreußen, auf gar nichts verzichten."

Der Schriftsteller Günter Grass spricht von einem „Goebbels-Stil", den „Bild"-Chefredakteur Peter Boehnisch pflege. Und Regierungssprecher Conrad Ahlers nennt die Springer-Medien eine „Kampfpresse", die „Nachrichten verfälscht" und „blanken Hass gegen diesen Bundeskanzler" verbreite. Die Nachricht vom Nobelpreis ist der „Welt" nur eine knappe Meldung wert.

Willy Brandt hat von der Auszeichnung bereits am Morgen erfahren. Als sein Büroleiter ihm die vertrauliche Mitteilung überbringt, sitzt er am Schreibtisch und murmelt: „So, so." Dann beugt er sich wieder über seine Unterlagen. Im Bundestag nimmt er die Glückwünsche mit versteinertem Gesichtsausdruck entgegen. Es ist nicht nur Freude, die Brandt empfindet. Am Tag darauf offenbart er in einer Bundestagsrede noch andere Emotionen: „Ich weiß selbst – ich bin nicht der Einzige, der das weiß –, was Entstellungen und Verleumdungen und Verteufelungen bedeuten. Ich weiß das."

An Eides statt

In der Nacht zum 23. Oktober fährt eine Zivilstreife mit dem Polizeibeamten Norbert Schmid sowie einem Kollegen Patrouille im Hamburger Villenviertel Poppenbüttel. Eine Passantin kommt ihnen verdächtig vor, sie sprechen sie an. Die Frau flüchtet. Als die Polizisten aus dem Wagen springen und sie verfolgen, werden sie beschossen. Norbert Schmid, 32 Jahre alt, Vater von zwei Kindern, wird von vier Kugeln getroffen und stirbt.

Wenig später wird in einer nahe gelegenen Telefonzelle Margrit Schiller festgenommen, die als RAF-Mitglied gesuchte Tochter eines Oberstleutnants des militärischen Geheimdienstes MAD. Sie trägt eine Pistole bei sich, aus der allerdings nicht geschossen worden ist. Schiller wird der Presse vorgeführt und wehrt sich verbissen dagegen. Die Hamburger FDP-Abgeordnete Helga Schuchardt rügt die Polizei für dieses „makabre Schauspiel".

Nicht gefasst werden Ulrike Meinhof und Gerhard Müller, die unerkannt auf der gegenüberliegenden Straßenseite gestanden haben und mit dem verlassenen Polizeiauto verschwinden können. Zunächst hält man Müller für den Todesschützen, mehrere Zeugen sagen gegen ihn aus, auch Margrit Schiller. Erst als Müller sich später, nach seiner Festnahme im Juni 1972, der Bundesanwaltschaft als Kronzeuge zur Verfügung stellt, wird die Mordanklage gegen ihn fallen gelassen.

★ ★ ★

Wenige Stunden vor dem Drama in Hamburg ist der zwölfte Spieltag der Bundesliga angepfiffen worden, doch die Meldungen über den Polizistenmord überlagern am Morgen danach das Interesse am wenig bedeutsamen Freitagsspiel. Vermutlich mit Ausnahme der beteiligten Vereine, angesichts des Ergebnisses: Auf dem Betzenberg erlebt Borussia Dortmund eine erneute Demütigung. Zwar mauert sich die Mannschaft hinten ein, doch das Bollwerk hält nur eine Halbzeit lang. In den zweiten 45 Minuten fallen sechs Tore – alle für den 1. FC Kaiserslautern.

Noch ein Tor mehr gibt's am Samstag auf einem anderen Berg, dem in Mönchengladbach. Dort will Schalkes Torhüter Nigbur auch im siebten Spiel hintereinander den Kasten sauber halten – stattdessen kassiert er vor den Augen von Bundestrainer Schön sieben Treffer. Denn die Fohlen setzen ihren Sturmlauf, den sie gegen Inter gezeigt haben, auch gegen den Bundesliga-Spitzenreiter fort und überrollen die konsternierten Königsblauen. Deren Trainer Horvat sieht „eine Lehrstunde" für sein junges Team, bei dem allerdings auch die Routiniers Fichtel und Libuda untergehen. Kurz vor dem Spiel, so heißt es hinterher, seien Gerüchte in die Schalker Mannschaftskabine gelangt: Beim DFB lägen neue Hinweise auf Bestechungen vor, in die auch Schalke 04 verwickelt sei. Alles andere als Doping für die Gelsenkirchener.

Bei den Gladbachern glänzt wieder einmal das Mittelfeld mit Hacki Wimmer und vor allem Günter Netzer. Ihm bescheinigt man die „Form seines Lebens"; Schalkes Coach spricht neidlos von „Weltklasse". Auch Mittelstürmer Jupp Heynckes spielt überragend und kann zweimal zuschlagen. Schon nach 36 Minuten steht es 5:0, danach lassen es die Gladbacher ruhiger angehen. Le Fevre erzielt das göttliche 6:0: Im Schalker Strafraum ergattert er den Ball, hebt ihn elegant, ohne dass er den Boden berührt, erst über einen, dann einen zweiten Gegenspieler und drischt ihn schließlich volley ins Netz. Als am Ende des Jahres das ARD-„Sportschau"-Publikum erstmals ein „Tor des Jahres" wählt, fällt die Wahl auf diesen Treffer. Die Zuschauer auf dem Bökelberg kreieren voller Freude und Stolz den hämischen Sprechchor „Hiha-ho, Schalke ist k. o.", worauf die Schalker Auswärtsfans trotzig kontern: „Der Eff-Ce Schalke wird nicht untergehen." Derlei Treue im Angesicht der 0:7-Klatsche findet wiederum der Gladbacher Support so erstaunlich, dass er den Gästen Beifall klatscht.

Auch Trainer Horvat ist gerührt: „Mit solch einem Anhang im Rücken lässt sich gut weitermachen im Kampf um die Spitze." Tabellenführer ist nun jedoch Bayern München, das den MSV Duisburg mit 5:1 überrannt hat. Die ersten beiden Treffer erzielt binnen zwei Minuten Gerd Müller; beim 2:0 kann er MSV-Keeper Danner geradezu elegant ausspielen. Eine wesentliche Stärke der Bayern – neben ihrer individuellen Klasse – ist ihre Fähigkeit, rasch und konzentriert von Defensive auf Angriff umzuschalten. Das überfordert manche gegnerischen Spieler und führt nicht selten zu Toren. In der Regel ist es der Kaiser, der den Rhythmus des Münchner Umschaltspiels vorgibt.

Udo Lattek philosophiert darüber, welche Spieler ihm diese Taktik ermöglichen: „Das Idealziel ist für einen Trainer, dass er jeden seiner Feldspieler auf jeder beliebigen Position einsetzen kann. Wir sind auf diesem Weg schon recht weit fortgeschritten." Beweis: die zahlreichen Tore durch Defensivkräfte wie Beckenbauer, Breitner und Hansen.

★ ★ ★

Rupert Schreiner, der Bielefelder Geschäftsmann, den sein Gewissen plagt und der inzwischen seinen Geschäftsführerjob bei einer Bielefelder Immobilienfirma verloren hat, packt weiter aus. Als es vor dem DFB-Gericht um Bestechungsgelder geht, die von der Arminia Richtung Hertha BSC geflossen sein sollen, macht er klare Aussagen: Von Bielefeld aus sei – mit Wissen auch von Vereinspräsident Wilhelm Stute und Trainer Egon Piechaczek – der Spieler Jürgen Neumann als Geldbriefträger mit 150.000 Mark losgeschickt worden. Aus Berlin kam sein Rückruf: „Hertha" habe gefordert, noch mal 100.000 „draufzulegen". Prompt wurde auch dieser Betrag auf den Weg gebracht, zusammen also 250.000 Mark. Wie schon beim (vorgetäuschten) Offenbacher Bestechungsversuch gaben Tasso Wild und Bernd Patzke die Mittelsmänner der Herthaner. Dafür werden sie vom DFB-Gericht auf

Lebenszeit gesperrt. Ebenso der Geldbote Jürgen Neumann, bei dem noch 15.000 Mark Strafe dazukommen. Chefermittler Hans Kindermann kündigt weitere Ermittlungen an.

Auf der Jahreshauptversammlung der Arminia in Bielefeld kommt nichts von alledem zur Sprache. Der Versammlungsleiter, ein altgedienter Armine, versichert den 352 ratlosen Mitgliedern: „Unsere Situation ist nicht so, wie sie die Boulevardblätter hinausschreien. Dagegen setzen wir uns mit vollem Recht zur Wehr. Ich habe keinen Anlass, dem Vorstand Vorhaltungen zu machen." Daher wolle er die Tagesordnung komplett absetzen, auch den Punkt Neuwahl des Vorstandes. Vereinskamerad Lamker, der alte Nationalsozialist, hält noch eine knappe Durchhalterede, dann folgen die verblüfften Mitglieder dem Antrag, woraufhin Präsident Stute aufsteht und verkündet: „Die Sitzung ist beendet."

Doch das Possenspiel ist bald vorbei, Stute zieht die Notbremse. Nur wenige Tage später tritt er zurück und legt ein kleinlautes Geständnis ab: Er sei von Anfang an eingeweiht gewesen. 250.000 Mark seien Richtung Berlin gegangen, 80.000 nach Braunschweig, 70.000 nach Stuttgart und 70.000 nach Schalke. Der Leiter der Arminia-Fußballabteilung, Wilhelm Pieper, habe die Bestechungen von Spielern initiiert, er selbst habe Gelder dazugegeben. Wilhelm Pieper, der zuvor alles mit „Ehrenwort" ins „Land der Fabeln" verwiesen hat, erklärt jetzt, allein er wisse von zehn bis zwölf Vereinen, deren Spieler in Bestechungen verwickelt seien. Bei Schalke seien es „etwa sechs Mann". Namen wolle er nicht nennen.

Der Schriftsteller und Arminen-Fan Wolfgang Hädecke hat das Drama kommen sehen. Kurz zuvor auf einer Pressekonferenz, als alles noch geleugnet wird, erlebt er den Präsidenten Stute noch als „kühl abwägenden Mann, freilich auch ehrgeizig" („Und dieser Ehrgeiz wurde ihm zum Verhängnis"), und den Funktionär Pieper als höchst unsicher („Sein Blick verrät Angst, bittet um Verständnis"). Nun, als das Geständnis auf dem Tisch liegt, fühlt er sich von den Arminia-Männern „sozusagen belogen. Ich verüble das nicht, denn ich verstand: Sie hingen im Netzwerk übermächtiger, nur teilweise von ihnen, hauptsächlich aber von einem kranken System geschaffener Strukturen." Wie sich zeigen wird, sehen das die meisten Arminia-Fans ähnlich milde.

★ ★ ★

Aber die Ermittlungen gehen auch auf anderen Ebenen weiter. Bei einer Durchsuchung, die die Bielefelder Staatsanwaltschaft in den Geschäftsräumen der Arminia durchgeführt hat, wird auch eine Quittung über 40.000 Mark gefunden, auf die ein Unbekannter „Schalke 04" geschrieben hat. Eine Unterschrift fehlt jedoch darauf. Schalkes Präsident Siebert zürnt: „Solche Quittungen kann man haufenweise vorlegen!" Und schließlich hätten seine Spieler „ehrenwörtlich und schriftlich" versichert, dass sie keine Bestechungsgelder angenommen haben. Mit Libudas eidesstattlicher Erklärung in der Hand lässt sich Siebert nun öffentlichkeitswirksam auf der Tribüne der Glückauf-Kampfbahn ablichten. In dem Text heißt es: „Ich erkläre hiermit an eidesstatt (sic), dass mir von keiner Seite Geld geboten bzw. mir gegeben wurde dafür, dass wir unser Meisterschaftsspiel gegen Arminia Bielefeld am 17.4.71 zugunsten von Arminia Bielefeld manipulieren würden. Reinhard Libuda".

Doch in den Zeitungen und auf den Rängen gibt es inzwischen immer wildere Spekulationen. Nichts in diesem Skandalsumpf scheint mehr unmöglich. Auch über den FC Bayern verbreiten sich neue Gerüchte. Bei seinem 7:0-Kantersieg gegen den 1. FC Köln am 31. Spieltag der vergangenen Saison soll es nicht mit rechten Dingen zugegangen sein. Damals lagen die Bayern punktgleich, aber mit dem schlechteren Torverhältnis hinter Mönchengladbach. Weder Zeugen noch Indizien bestätigen irgendwelche Schummeleien, doch das Geraune verstummt nicht – zu viel hat sich bewahrheitet, was zunächst energisch abgestritten wurde.

Der alte Sportpublizist Richard Kirn kommentiert die Situation: „Die Affäre ist furchterregend geworden. Aber Samstag auf Samstag wird gespielt, als wäre nichts geschehen. Spieler, die sich die Taschen vollgestopft haben, Spieler, die gelogen haben, mit und ohne Unterschrift, kicken weiter den Ball, als wäre nichts gewesen. (…) Man stelle sich vor, dies alles wäre in Peru oder in Guatemala passiert, hätte jeder gesagt: ‚Na ja, Südamerika, man weiß es längst, dort ist doch alles möglich.‘ Aber dann waren wir es selber, bei denen es geschah, und Canellas hat möglich gemacht, dass Millionen es mit eigenen Ohren hören konnten."

Münchner Damenliga

Bundesliga, 13. Spieltag +++ 29./30. Oktober 1971

„Mitternachtsstunde von Donnerstag auf Freitag im modern-feudalen Hotel ‚Du Rhone‘ in Genf. In der großen Halle bemüht sich der Pianist redlich, die Gäste bei Laune zu halten. Sie hören ihm nur halb zu – viel mehr ist man an den meisten Tischen damit beschäftigt, erst einmal aufzunehmen, was soeben geschehen ist. Den drei Vorstandsherren von Borussia Mönchengladbach kommt diese Mitternachts- wirklich als Geisterstunde vor. ‚Das gibt es doch gar nicht!‘ – sie wiederholen es noch oft. Und immer schließt sich die bange Frage an: ‚Wie sagen wir das unseren Spielern?‘ Man spricht von den Möglichkeiten einer Berufung und ihren Aussichten. Sir Matt Busby gesellt sich dazu. Der heutige Manchester-United-Direktor klopft ihnen auf die Schultern: ‚Packt sie halt noch einmal‘, sagt der erfahrene Engländer."

So anschaulich schildert der „Kicker" die Düsternis, die nach dem UEFA-Urteilsspruch über die Gladbacher kommt. Ihr großartiger 7:1-Triumph über Inter Mailand – weggewischt und annulliert. Ihr Stadion – für das Wiederholungsspiel gesperrt. Ihre Einnahmen – ausgedünnt durch eine Geldstrafe von 10.000 Franken.

Begründung: der Protest von Inter wegen des Büchsenwurfs. Dabei hatte der trostreiche Matt Busby, der für die UEFA als Beobachter im Bökelberg-Stadion saß, den Vorfall in seinem Bericht gar nicht erwähnt. Egal, alles ist wieder auf null gestellt. Nun kommt erst das Spiel in Mailand, dann die Wiederholung auf neutralem Boden.

Die ominöse Dose – Cola, nicht Bier –, die unbestritten Boninsegnas Kopf getroffen hat, ist inzwischen ein großes Thema geworden. Ein Verdächtiger wird ermittelt, streitet aber alles ab. In Gladbach sieht man ohnehin die Übeltäter auf der anderen Seite. Boninsegna, so wird kolportiert, habe gleich wieder aufstehen wollen, doch Trainer Invernizzi habe ihn auf den Rasen zurückgedrückt und auf einer Bahre abtransportieren lassen. Später spricht der italienische Nationalspieler dunkel von einer Ohnmacht, die wahlweise 15 Sekunden (auf dem Platz) oder aber 15 Minuten (in der Kabine) gedauert haben soll. Auch „eine hübsche Beule" habe er davongetragen, worauf er bis heute besteht. (Und fairerweise muss man zugeben: Restlos aufgeklärt wird der Fall wohl nie.)

Einige Scherzbolde schlagen Boninsegna aufgrund seiner schauspielerischen Leistung für den Oscar vor. Nach dem Urteilsspruch der UEFA ist allerdings niemand mehr zum Lachen zumute.

★ ★ ★

Bayern München bestätigt seine Tabellenführung mit einem 4:1 über den Hamburger SV. Damit haben die Münchner den Startrekord der Gladbacher Rivalen eingestellt: Die blieben in der Vorsaison ebenfalls die ersten 13 Spieltage ohne Niederlage. Eine Woche später werden die Bayern diesen Rekord sogar überbieten.

Gerd Müller hat gegen den HSV unterstrichen, dass er wieder zu alter Hochform findet. Binnen elf Minuten erzielt er alle Tore zur 3:0-Führung. Nun führt er mit elf Saisontreffern auch die aktuelle Torjägerliste an. Dass er aus München „wegwill", scheint momentan vergessen.

Seine Mannschaft überzeugt auf fast allen Positionen – und erneut durch ihre raschen Positionswechsel, die die Hamburger ebenso überfordern wie die Tempowechsel und das schnelle Umschaltspiel der Bayern. Uwe Seeler und Co. sehen alt dagegen aus. Das enttäuschte Publikum im Volkspark pfeift gellend, wirft mit Sitzkissen und verbrennt HSV-Flaggen.

Schalke 04 hat sich von der 0:7-Pleite in Gladbach erholt und siegt, wenn auch glanzlos, mit 3:0 über Kaiserslautern. Im Duell zweier Abstiegskandidaten kann Borussia Dortmund durchatmen: Es besiegt mutlose Arminen aus Bielefeld mit 1:0. Hoffnungslos scheint dagegen die Lage bei Hannover 96: Nach einer Niederlage beim MSV Duisburg rangieren die Niedersachsen mit einem Punktekonto von 5:21 am Tabellenende.

Während in Hamburg 62.000 Zuschauer die Bayern sehen wollen, herrscht in den meisten anderen Stadien große Leere: 12.000 in Dortmund, 17.000 in Köln, 12.000 in Duisburg und gar nur 9.600 in Braunschweig beim Nord-Derby gegen Werder und bei bestem Wetter. Selbst zum Schlager Fortuna Düsseldorf gegen Borussia Mönchengladbach erscheinen nur 25.000 Zuschauer, darunter etliche Gladbach-Fans. Einige von ihnen bewerfen Fortuna-Keeper Woyke mit Steinen, das Spiel muss unterbrochen werden. In Dortmund hat es auch ein bisschen Randale gegeben, als Arminen-Fans die Fahnen abgenommen und verbrannt werden.

Der maue Besuch ist für die damalige Zeit nichts Ungewöhnliches. Am Ende der Hinrunde wird man 3.264.398 verkaufte Eintrittskarten zählen, das sind sogar 7.000 mehr als in der Hinrunde 1970/71. Den allseits prophezeiten Zuschauerschwund als Reaktion auf den Skandal gibt es bisher nur bei Hertha, wo sich der Schnitt fast halbiert hat und der Verein daher kurz vor der Zahlungsunfähigkeit steht.

★ ★ ★

Bestechungen wie in der vergangenen Saison werden durch das derzeitige Ligasystem geradezu provoziert, mahnen diverse Experten. Denn die Bundesliga besitzt noch keinen „Unterbau". Wer absteigt, fällt ins Elend, in eine der fünf Regionalligen. Rot-Weiss Essen, Absteiger der vorigen Saison, muss jetzt statt gegen Bayern München gegen die Spielvereinigung Erkenschwick antreten, Kickers Offenbach gegen den VfR Heilbronn. Insgesamt können 83 Vereine für sich das Prädikat Zweitklassigkeit in Anspruch nehmen. Doch die wirtschaftlichen Bedingungen dort sind ziemlich mau. Die Kluft zur Bundesliga ist riesig, für Auf- wie für Absteiger bedeutet der Übergang eine gewaltige Herausforderung. Während man in der Bundesliga durchschnittlich drei Millionen Mark umsetzt, ist es in der Regionalliga gerade ein Zehntel davon. In panischer Angst vor einem Sturz ins Bodenlose verfällt der eine oder andere Vereinsfunktionär auf krumme Touren.

Ohne Mäzene ist in der Regionalliga kein Auskommen. Doch die wollen Gegenleistungen sehen. Als erster Verein kommt der VfR Frankenthal, beheimatet in der Regionalliga Südwest, auf die Idee, den Sponsoren- zum Vereinsnamen zu machen. Glück ist ihm damit nicht beschieden, denn das Fernsehen hält den neuen Namen VfR Pegulan Frankenthal für Schleichwerbung und boykottiert ihn. Erbost schreibt die Pegulan-Geschäftsführung an die TV-Anstalten: „Die ARD und das ZDF übergehen in ihren Sportsendungen den Namen ‚Pegulan' und bezeichnen uns lediglich als VfR Frankenthal. Falls die beiden Anstalten am kommenden Wochenende wiederum den vollen Vereinsnamen übergehen, wird der VfR Pegulan Frankenthal mit einer Feststellungsklage vor ein ordentliches Gericht gehen." Die Angelegenheit erledigt sich bald, denn am Ende der Saison wird der VfR absteigen und damit ohnehin von den Bildschirmen verschwinden.

Wegen der akuten Nöte vieler Regionalligisten und als Lehre aus den Bestechungen soll unterhalb der ersten Bundesliga eine zweite geschaffen werden. Seit Monaten schon wird an Modellen dafür gebastelt und gehofft, dass der DFB-Bundestag Ende Oktober den Weg freimacht. Doch der kann sich zu keiner eindeutigen Entscheidung durchringen und verschiebt die Sache aufs nächste Jahr.

★★★

Zumindest einer der Berliner Sünder leidet an den Skandalfolgen besonders heftig. Am 1. November 1971 meldet der „Kicker": „Von heute ab bekommen Wild und Patzke [von ihrem Verein Hertha BSC, Anm. d. A.] kein Grundgehalt mehr. Über Tasso Wild brach alles herein. Erst starb sein Vater, dann musste er vor die DFB-Gerichte, und jetzt ist in Nürnberg sein jüngerer Bruder tödlich verunglückt."

Wild, der mittlerweile als Aushilfskraft in der Bäckerei seines älteren Bruders arbeitet, bleibt nicht der einzige der Skandalsünder, der schon bald alles heftig bereuen dürfte. Es ist ja nicht wirklich kriminelle Energie gewesen, die sie die Hand aufhalten ließ, sondern eher Naivität: zu glauben, dass man als Berufsspieler nun mal mitverdienen dürfe in dieser neuen Fußballwelt Bundesliga und dass die Beschränkungen, die irgendwelche Paragrafen setzen, nicht so ernst zu nehmen seien. Schließlich sind es ehrenwerte Funktionäre, die ihnen da schnelles Geld anbieten. Und ohnehin ist es üblich, dass die Vereine die offiziell erlaubten Gehaltsgrenzen ihrer Spieler auf allerlei Wegen zu umgehen wissen. Oder dass ein Noch-Amateur wie Uli Hoeneß 20.000 Mark als „Handgeld" zugesteckt bekommt, wie er später berichtet. Einige Journalisten wollen just zu dem Zeitpunkt, als der Nachwuchsstar Richtung Bayern wechselte, einen nagelneuen BMW 2002 vor dessen Haustür gesehen haben. Es läuft da so einiges, was nicht in den Statuten steht. Man muss nur clever genug sein, sich nicht erwischen zu lassen.

★★★

„Im Kampf, der unter Einsatz letzter Kräfte mit Verbissenheit und Zähigkeit geführt wird, verschwindet die Anmut der weiblichen Beweglichkeit, erleiden Körper und Seele der Frau unweigerlich Schaden." So besorgt gab sich anno 1955 der damalige DFB-Bundestag, um zu begründen, warum er allen Mitgliedsvereinen verbot, auf ihren Plätzen Frauenfußball zuzulassen. Das lag international im Trend. Von einer Frauen-WM redete damals niemand und redet auch eineinhalb Jahrzehnte später noch niemand. Bei den bevorstehenden Olympischen Spielen in München ist Frauenfußball natürlich nicht vorgesehen.

Immerhin wird 1970 unter dem Druck gesellschaftlicher Veränderungen das Frauenverbot aufgehoben, allerdings nur halbherzig: Regionale oder gar nationale Meisterschaften gibt es zunächst keine, auch Auswahlteams bleiben verboten. Wegen ihrer „schwächeren Natur" müssen die Frauen eine viermonatige Winterpause einhalten. Zudem dürfen sie keine Stollenschuhe tragen, und die Spielzeit ist auf zweimal 30 Minuten begrenzt.

Ein Jahr später spielen schon 73.000 Frauen bei den DFB-Vereinen, Tendenz stark steigend. Auch beim FC Bayern gibt es nun eine Frauenmannschaft, über die sich die „Süddeutsche Zeitung" so auslässt: „Wer nun glaubt, es erscheinen vierschrötige Mannweiber zum Training, der irrt sich. Es sind hübsche, schlanke Mädchen zwischen 15 und 26 Jahren, denen man ihre ‚ungewöhnliche Neigung' nicht ansieht." Weil überregionale Titelkämpfe untersagt sind, kicken die Bayerinnen in einer neu gegründeten „Münchner Damenliga". In diesem Herbst beispielsweise bezwingen sie die Konkurrenz vom TSV 1860 mit 9:0. Die Begegnung findet als Vorspiel vor dem Bundesligakick der Bayern-Männer statt. Im November ist die erste Saison vorbei, das Bayern-Team wird dann 28:0 Punkte und 114:2 Tore auf dem Konto haben.

Beim diesjährigen DFB-Bundestag Ende Oktober fällt endlich das Verbot, Meisterschaften auszutragen. Von einer deutschen Meisterschaft ist allerdings noch nicht die Rede. Vorerst geht es nur darum, dass die 16 Landesverbände regionale Titel ausspielen dürfen. Wenn sie denn wollen. Viele wollen nicht.

Vorurteile gegen Frauen am Ball bleiben ohnehin. „Bild" stellt im Januar 1972 ein Frauen-Fußballteam mit den Worten vor: „Wer hat da gesagt: Frauenfußball ist nicht schön? (…) Franz Beckenbauer hat bestimmt nicht so schöne Beine, Günter Netzer gewiss nicht so eine Oberweite." Und sabbert in der zugehörigen Bildunterzeile: „Wer möchte nicht gerne in der Umkleidekabine helfen?"

Wen wundert es, dass es im Fußballvolk oftmals ähnlich klingt? Eine Stimme aus dem vielköpfigen Chor, vorgetragen von einem gewissen Alfred Traudt aus Solingen, in einem Leserbrief Mitte Juli 1971 im „Kicker": „Es tut dem Fußball Abbruch, wenn Frauen über Fußball reden." Schon das Mitreden schadet, ganz zu schweigen vom Mitspielen.

Der wackere Herr Traudt fühlt sich vermutlich bestärkt durch den „Kicker"-Autor Martin Maier, der in seiner Kolumne „Ja+Nein" gerne gegen den Frauenfußball stänkert. Statt verbissen dem Ball hinterherzurennen, empfiehlt Maier, sollten die jungen Damen bedenken: „Es gibt nichts Wichtigeres, als seinem Liebsten zu gefallen." Daher: „Lasst den Fußball fahren und eilt zu eurem Silvio!" Als sich im Herbst daraufhin ein Shitstorm in Form wütender Leserinnenbriefe über ihn ergießt („Sie Dreckfink"), gockelt er weiter: „Ich hätte angenommen, wir könnten darüber debattieren, ob der Fußball für die Fräuleins taugt. Wir können es nicht. Sie fordern ihn als Symbol für die Gleichberechtigung. Mädchen, Frauen, Damen! An alle Fräuleins, die mich verprügeln möchten: Geht hin und spielt in Frieden. Der Tag, da ihr um euren Silvio weinen werdet, dieser Tag kommt sicher!"

Von verschiedenen Fußballgrößen ist Anfang der siebziger Jahre nichts Besseres zu hören. Uwe Witt, Kapitän bei Hertha, gibt sich in „Bild" so kompromisslos wie auf dem Rasen: „Wenn meine Frau spielt – Scheidung!" Ein wenig sanfter meint Berti Vogts: „An sich bin ich gegen Damenfußball. Es gibt so viele schöne

Sportarten. Warum ausgerechnet Fußball für die Dame?" Schon gar nicht mag er mit seiner künftigen Ehefrau über Fußball reden, da weiß er bessere Verwendungszwecke für sie: „Kochen muss sie natürlich können, überhaupt muss sie die perfekte Hausfrau sein." Diesen Qualitätsmaßstab legt auch Franz Beckenbauer an: „Meine Frau kocht sehr gut, und wenn echte bayerische Hausmannskost durch die Küche duftet, dann habe ich die vielen Steaks, mit denen wir uns im Sport beschäftigen müssen, schnell vergessen."

Ganz eindeutig legt sich Kollege Gerd Müller fest: „Frauen gehören doch hinter den Kochtopf. Meiner Frau würde ich nicht erlauben, Fußball zu spielen." Rudi Gutendorf kennt noch eine schönere Alternative: „Im Bett kann eine Frau so herrlich sein. Auf dem Fußballplatz wird sie mir aber immer schrecklich vorkommen." Und zu der Frage, wie man Frauenfußball populär mache könne, hat Franz Beckenbauer einen ganz ausgefuchsten Tipp: „Die Mädchen brauchen einen Designer, der sie sexy und körperbetont kleidet, damit es nimmer so flattert." Der Kaiser will etwas geboten haben, und das ist kein Fußball. Da ist er ganz bei der „Bild".

NOVEMBER 71

*„Das Amt des Vorsitzenden kann ich nur meinem
ärgsten Feind wünschen."*

Dr. WALTER KLIEMT, BVB-Präsident in schweren Zeiten

„But we won the war!"

Ein frustrierter Fan des FC Liverpool nach der Niederlage
seines Vereins im Europapokal beim FC Bayern München

*„In diesen Wochen habe ich viele Briefe bekommen, aus allen
Teilen der Welt. (…) Unter den ersten Briefen war der einer
Dame, die es nicht leicht gehabt hat. Sie erinnerte mich an
die Geschichte vom Indianerjungen, der den Vater fragt, als
sie aus dem Kino kommen: „Do we never win?"*

WILLY BRANDT über Reaktionen auf seine Nobelpreis-Auszeichnung

Latteks Küken

In Italien verliert Borussia Mönchengladbach mit 2:4. Inter brennt auf Revanche für die 1:7-Demütigung und spielt überaus hart; in der Halbzeitpause bittet Hacki Wimmer seinen Trainer: „Wechseln Sie mich aus, die treten mich sonst tot." Er muss weiterspielen und überlebt, ebenso wie seine von Mailänder Tritten heftig geschundenen Kollegen. Dennoch ist der Sieg von Inter verdient.

Das italienische Fernsehen zahlt für die Übertragungsrechte umgerechnet 200.000 Mark. Zuvor sind die Gladbacher Spieler freundlich empfangen worden. 2.000 Inter-Fans klatschen Beifall beim Probetraining, obwohl die italienischen Zeitungen die Falschmeldung verbreiten, Netzer habe aus Frust seinen Ferrari verkauft. Ein Mailänder Journalist glaubt: „Günter Netzer ist in Italien zur Zeit populärer als Franz Beckenbauer."

Der Kaiser ist am selben Abend im Cup der Pokalsieger eine Runde weitergekommen: Im Rückspiel gegen den FC Liverpool treibt er seine Bayern im Grünwalder Stadion zu einem großartigen Sturmlauf und 3:1-Sieg. Vor dem Gästetor agieren Gerd Müller und Uli Hoeneß kongenial als Partner und erzielen alle drei Treffer. Beim 3:1 in der 57. Minute hämmert Hoeneß den Ball in vollem Lauf aus spitzem Winkel ins Netz.

Noch im Hinspiel eine Woche zuvor sind die Bayern für ihre strikte Defensivtaktik kritisiert worden, sogar Gerd Müller ist ins Mittelfeld zurückbeordert worden. 43.000 Zuschauer an der Anfield Road pfeifen, die englische Presse spricht von einer Berliner Mauer, und Liverpools Trainer Bill Shankly ist empört. Allerdings sind die Bayern angeschlagen ins Spiel gegangen, Müller, Hoeneß und Roth plagen sich mit Blessuren. Lob erhält nur Torhüter Maier, den die Engländer „Super Sepp" taufen.

Jetzt, beim Rückspiel in München, sind alle wieder fit und können sich überzeugend rehabilitieren, vor allem „Latteks Küken" Breitner, Hoeneß und Zobel. Der Erfolg über den starken FC Liverpool wird als Sensation gefeiert, denn der Pokalsieger-Cup gilt als englische Domäne. Manchester City und FC Chelsea standen zuletzt auf der Siegerliste. Und noch eine Saison zuvor haben die Bayern gegen Liverpool im Messepokal glatt verloren. Jetzt haben sich die Gewichte auf den Kontinent verschoben. Ein frustrierter Liverpool-Fan springt gegen Ende der Münchner Partie auf und schreit: „But we won the war!"

★ ★ ★

Im anschließenden Bundesliga-Alltag quälen sich die Bayern in Köln zu einem 1:1. Beim Geißbock-FC zieht Regisseur Wolfgang Overath wieder einmal souverän die Fäden; sein Gegenspieler Bulle Roth bekommt kaum einen Stich. Bundestrainer Helmut Schön schaut zu und ist begeistert: „Der Wolfgang spielte frisch, ging auch weit in des Gegners Hälfte, bot sich an, war immer in Bewegung und schlug seine weiten Pässe." Er plant ihn für das kommende Länderspiel gegen Polen ein.

Gladbach muss nach dem Spiel in Mailand ein Lazarett an Verletzten ersetzen, vier Nationalspieler fehlen: Berti Vogts, Luggi Müller und Hartwig Bleidick laufen mit eingegipstem Bein herum, Günter Netzer mit einem bandagierten Knöchel. Die alten Fohlen werden durch frische ersetzt. Ein Schwung 18-Jähriger stürmt gegen Hertha BSC auf dem Bökelberg zum 5:2-Erfolg. Auch Netzer wird durch einen Youngster bestens vertreten, den 20-jährigen Dietmar Danner. Der spielte vor ein paar Monaten noch beim Regionalliga-Absteiger VfR Mannheim.

Die Bielefelder Alm ist gegen Schalke 04 mit 28.000 Zuschauern fast ausverkauft. Die Fans wollen ihre Treue zur Arminia demonstrieren, obwohl sie ahnen, dass ein Zwangsabstieg ihres Vereins kaum noch zu verhindern ist. Als allerdings der Stadionsprecher erklärt, die Zuschauer hätten ein Anrecht auf ehrliche Spiele, erntet er ein tatsächlich ehrliches Gelächter.

Die Unentwegten auf der Alm sehen ein 1:1-Unentschieden und ein engagiertes Spiel ihrer Elf, deren Trainer Piechaczek lobt: „Meine Mannschaft ließ diesmal nichts vom Skandal-Ballast erkennen. Den hatte sie abgeschüttelt."

Den Schalkern gelingt das weniger, sie spielen mit Blei in den Schuhen, nur die Abwehr steht einigermaßen. Gerade hier in Bielefeld ist es wohl schwer für sie, unangenehme Erinnerungen und Ängste zu verdrängen.

★ ★ ★

Die wieder mal allerneueste Enthüllung folgt vier Tage nach dem Spiel auf der Alm. Jürgen Neumann, der Geldbote der Arminia, packt aus und belastet alle Schalker Spieler, die in dem ominösen Spiel dabei waren, das Arminia in der Vorsaison, am 17. April 1971, in der Glückauf-Kampfbahn unerwartet gewonnen hat. Alle hätten dafür Geld angenommen, bis auf Torhüter Dieter Burdenski, der den damals verletzten Nigbur vertrat und „hielt wie ein Weltmeister" („Bild"). Alle anderen aber spielten im Schongang.

Es sei Waldemar Slomiany gewesen, ein 1970 von Schalke nach Bielefeld gewechselter Spieler, der den Kontakt hergestellt und das Geld verteilt habe: insgesamt 40.000 Mark. Jedenfalls will es Neumann so von Slomiany erfahren haben und erzählt es seinerseits der „Bild". Die Zeitung, die zunächst alle Schmiergeld-„Gauner" im Gefängnis sehen wollte, beginnt mit dem Sünder Neumann nun eine groß aufgemachte und vermutlich gut honorierte Serie: „Ich schwöre – Das ist die Wahrheit über den Bundesliga-Skandal."

Bei Schalke gibt man sich empört. Rolf Rüssmann: „Eine Unverschämtheit!" Aki Lütkebohmert: „So ein Blödsinn!" Präsident Siebert fragt bei jedem Einzelnen noch einmal nach: „Alle wiesen diese Anschuldigungen von Neumann entschieden zurück und wollen einzeln gegen ihn klagen." Die Verwirrung ist komplett, als Slomiany dementiert: „Der Neumann spinnt." Er habe kein Geld nach Gelsenkirchen gebracht, und sein „Geständnis" sei nur ein Flachs gewesen.

Auch in Berlin ist man wütend auf den „Kronzeugen" Neumann. Denn der bestätigt erneut den Verdacht, dass von Arminia insgesamt 250.000 Mark Bestechungsgelder an Hertha-Spieler gezahlt worden seien. Übergeben habe er sie Jürgen Rumor, doch eingeweiht sei eine Reihe weiterer Kicker gewesen, und zwar nicht nur die bereits verurteilten Patzke und Wild. Rumor antwortet mit einem eigenen Geständnis. Er habe von Neumann Geld erhalten, aber nur 165.000 Mark. Das habe er auch nicht an seine Mitspieler verteilt, sondern auf ein Auslandskonto gepackt. Rumor wird bei Hertha fristlos gefeuert; die übrigen von Neumann beschuldigten Spieler künden Klagen gegen den Kronzeugen an. Doch der klagt selbst: gegen Rumor, wegen Unterschlagung der Differenz von 85.000 Mark.

Andere Manipulationsfälle sind eindeutiger. Es kommt zu weiteren Verurteilungen, so gegen den geständigen Stuttgarter Spieler Hans Arnold, der von den Bestechungsgeldern aus Bielefeld 15.000 Mark für sich behalten hat und nun die gleiche Summe als Strafe blechen muss. Schlimmer noch für ihn: Er wird lebenslang gesperrt.

★ ★ ★

Torhüter Willi Ertz hat einen Rekord geschafft, der Tilkowski und Nigbur in den Schatten stellt: Seit elf Spielen ist der Mann im Kasten des Regionalligisten Borussia Neunkirchen nun ohne Gegentor. Abzüglich einer Halbzeit, die er verletzt fehlte, macht das 945 Minuten. Nun haben die Medien den 28-Jährigen entdeckt, der als „Neinkeijer Bub" seinem Stammverein stets die Treue gehalten hat. Auch der „Spiegel" widmet ihm einen Artikel, der am 8. November 1971 erscheint. Leider ist die Meldung da schon überholt, denn einen Tag zuvor ist es passiert: Gegen die

SpVgg Andernach gewinnen die Borussen zwar, doch schon in der fünften Minute muss Ertz einen Gegentreffer hinnehmen. Auch wenn sein 950-Minuten-Rekord in der Zweitklassigkeit aufgestellt wurde: Es bleibt ihm die Genugtuung, dass es in der Bundesliga bis heute niemand geschafft hat, diese Marke zu knacken. (Am nächsten dran kommt Timo Hildebrand mit 884 Minuten im Jahre 2003.)

„Montenegrinische Hammeldiebe"

Bundesliga, 15. Spieltag +++ 12./13. November 1971
Länderspiel gegen Polen +++ 17. November 1971

Die Bayern erleiden ihre erste Niederlage. 64.000 Zuschauer jubeln im Frankfurter Waldstadion über einen 3:2-Erfolg ihrer Eintracht. Unermüdlich klatschen und schreien sie die Schlappekicker nach vorne, auch als die Bayern durch zwei Müller-Tore (binnen zwei Minuten!) mit 2:1 in Führung gehen. Die Eintracht kämpft wild, obwohl ihr Bester, Jürgen Grabowski, durch eine verschleppte Grippe gehandicapt ist. Den Ausschlag geben am Ende die Torhüter: auf der einen Seite der heute schwache Sepp Maier, auf der anderen Seite der promovierte Zahnarzt und Kontaktlinsenträger Peter Kunter, der einige „Unmögliche" pariert.

Eintracht Frankfurt ist zu Hause eine Macht, wird am Ende der Saison kein einziges Heimspiel verloren, dafür aber 14 von 17 gewonnen haben. Auswärts spielt die launische Diva dagegen imagegetreu unstet, sie gewinnt gegen die Bremer „Millionenelf" und versagt gegen die Dortmunder Gurkentruppe. Das liegt auch am häufigen Ausfall ihres Taktgebers Grabowski: Schwere Bänderdehnung erst im linken, dann im rechten Fuß – dem „Grabi" wird in dieser Saison das Pech an den Stiefeln kleben.

★ ★ ★

Borussia Dortmund taumelt nach einer 0:4-Heimpleite gegen den VfB Stuttgart weiter den Abstiegsrängen entgegen. Die indiskutable Leistung wird mit einer Woche Sonderurlaub belohnt. BVB-Trainer Horst Witzler über seine ungewöhnliche Maßnahme: „Die Spieler sollen einfach mal abschalten." Allerdings ist für alle unübersehbar, dass die junge Truppe überfordert und am Ende ihrer Kraft ist. Der sportliche Misserfolg wird begleitet von einem wachsenden Millionenloch in der Vereinskasse. Auf der Jahreshauptversammlung, zu der gerade mal 234 frustrierte Mitglieder erscheinen, sieht der ratlose Vorstand als Ausweg nur „die Hoffnung, dass doch noch alles zu einem guten Ende führt".

An der Tabellenspitze steht nun wieder Schalke 04, das sich von seinem Bielefelder Durchhänger erholt hat und den VfL Bochum mit 4:1 besiegt. 30.000 feiern selig in der Glückauf-Kampfbahn. Vor allem die Flügelzange Erwin Kremers / Libuda überzeugt mit Glanztaten, und Klaus Fischer kommt nach langer Verletzung wieder in Form.

Selbstbewusstsein demonstrieren die Schalker auch in Sachen Bundesligaskandal. Libuda, Fichtel, Rüssmann, Sobieray, Lütkebomert, Fischer und van Haaren reichen gegen den Bielefelder „Kronzeugen" Jürgen Neumann beim Landgericht Essen Klagen auf Unterlassung ein. „Wir wollen erreichen, dass Neumann so etwas nicht mehr behaupten darf", sagt Libuda. „Er beschmutzt unseren guten Ruf. Ich kann mir als Nationalspieler solche Dinge nicht gefallen lassen." Und van Haaren schimpft: „Mir hängen diese Anschuldigungen gegen unsere Mannschaft zum Hals heraus. Bei uns ist absolut nichts krumm gelaufen. Das würde ich beschwören. Deshalb bin ich sicher: Der Neumann wird sich noch wundern." Geldbote Neumann wird von Dr. Karl Lamker vertreten, dem ziemlich zweifelhaften Arminia-Rechtsanwalt.

Auch Präsident Siebert ist sich mal wieder sicher, „dass wir uns nichts haben zuschulden kommen lassen". Abgesehen davon hält er eine Bestechung schon deshalb für ausgeschlossen, weil es sich bei 40.000 DM um einen „lächerlichen Betrag" handele: „In Berlin zahlten die Bielefelder schließlich ganz andere Summen."

★ ★ ★

Hannover 96 fährt an diesem 15. Spieltag seine zwölfte Niederlage ein (1:3 gegen Köln) und steht ziemlich einsam am Tabellenende, mit einem Trainer, den die Mannschaft nicht mag. Helmut Johannsen wird folgerichtig hinauskomplimentiert, sein Nachfolger Hans Hipp wenig charmant hineinkomplimentiert. Denn nachdem Max Merkel und Fiffi Kronsbein abgewunken haben, erklärt 96-Funktionär Werner Bock vor der Presse die Auswahl so: „Herr Hipp war leider der einzige Trainer, der frei war."

★ ★ ★

Mit seiner guten Leistung gegen Bochum rutscht Libuda im letzten Moment in die Startelf beim Länderspiel gegen Polen. Im Volksparkstadion empfangen ihn 62.000 Zuschauer überaus freundlich, denn in Hamburg erinnert man sich gut seiner Glanztaten zwei Jahre zuvor, als er mit einer grandiosen Leistung der DFB-Elf den Weg zur WM in Mexiko ebnete und ein wunderbares Tor erzielte. Damals erlebte der Stan einen jener Momente, für die er Fußball spielt: „Das Hamburger Publikum raste – herrlich!"

Jetzt, erneut bei einem entscheidenden Qualifikationsspiel, feuern ihn die Zuschauer mit lauten „Li-bu-da"-Sprechchören an, wie sonst nur ihren Liebling Uwe. Doch bald werden die Rufe leiser. Der Rechtsaußen spielt schlecht, dribbelt sich immer wieder fest. Allzu oft versucht er es mit seinem Matthew-Trick, doch sein polnischer Gegenspieler kennt den Haken. Und wenn Libuda mal an ihm vorbeikommt, hat er so viel Zeit vertändelt, dass die polnische Abwehr sich in der Mitte formieren kann und seine Flanken keine Wirkung haben. Er resigniert zusehends.

Mit ihm spielt die ganze deutsche Mannschaft miserabel. Overath kann den verletzten Netzer nicht ersetzen, Müller sieht sich von zwei Gegenspielern zugestellt und wird sie nicht los. Zwar kann Beckenbauer, weil hinten oft beschäftigungslos, einige Vorstöße wagen, aber seinen Goalgetter erreicht auch er nicht. Über den „Bomber der Nation" stellt nach dem Spiel der polnische Journalist Tadeusz Maliszewski einige Überlegungen an: „Ich habe in meinen langen Fußballjahren schon ähnliche Spielertypen wie Gerd Müller erlebt und konnte mich mit ihrer Spielauffassung nicht ganz befreunden. Das Lauern auf Gelegenheiten ist vielleicht bequem, ob jedoch für die Mitspieler immer praktisch? Und was dann, wenn sich die Gelegenheiten nicht ergeben, wie eben in Hamburg? Dann spielt die Mannschaft eigentlich bloß mit neun Feldspielern. Der zehnte hält Ausschau und wartet."

Am Ende ruft das Hamburger Publikum erst „Aufhören" und dann doch wieder nach ihrem „Uwe, Uwe", der freilich längst nicht mehr im Nationaltrikot spielt. Aber Polen kann die Schwächen der DFB-Elf nicht nutzen. Es bleibt beim lahmen 0:0, das den Deutschen reicht: Sie stehen im Viertelfinale der Europameisterschaft.

★ ★ ★

Der Anblick langer Männerhaare löst noch immer verstörende Assoziationen an Flöhe und Rebellion aus. Und nun laufen sogar Polizeibeamte so herum. Eine um Hilfe rufende Frau, berichtet Kölns Polizeidirektor Leineweber, sei geflüchtet, als ein Streifenwagen mit langhaarigen Beamten kam. Und einem anderen Polizisten sei ein Fünfmarkstück zugeworfen worden mit der Bemerkung, er möge zum Frisör gehen. Der Herr Leineweber zieht daraus die Konsequenz, solcherlei Beamte nur noch für den Innendienst einzusetzen. Und sein oberster Dienstherr, NRW-Innenminister Willi Weyer, dekretiert, das Nackenhaar dürfe fortan „Rock- und Mantelkragen nicht überdecken". „Lächerlich", schimpft die Gewerkschaft der Polizei. Als der Chef der NRW-Bereitschaftspolizei wenig später sogar anordnet: „Polizisten, die einen Backen- oder Kinnbart tragen, sind anzuhalten, diesen zu entfernen", kommentiert die Gewerkschaft ÖTV ironisch: „Da ist dann wohl nur noch der hochgezwirbelte Lippenbart à la Kaiser Wilhelm erlaubt."

Auch die Haarpracht der Fußballer erregt Ärgernis und drängt so manchen Wutbürger zur Aktion. Mangels Internet schreibt man Briefe, die vorsichtshalber anonym verschickt werden. Beispielsweise an Bundestrainer Helmut Schön, der viele davon sorgsam archiviert:

„Einige Ihrer Herren möchten sich die Haare schneiden lassen; die sehen furchtbar aus." (irgendwann 1971)

„Es ist für mich furchtbar, wenn ich die Spieler der Nationalelf im Fernsehen sehe, mit was für Mähnen die Spieler aufs Feld laufen und spielen." (11. Juni 1971)

„Es ist bedauerlich, dass bis in Italien über unsere langhaarigen und ungepflegten Köpfe unserer Nationalspieler gesprochen wird." (23. Juni 1971)

„Wenn Sie und Ihre Spieler mehr Zuschauer haben wollen, dann schicken Sie Ihre zugewachsenen Affen zunächst zum Frisör und dann in die Badewanne." (25. März 1971)

„Viele [Spieler, Anm. d. A.], tragen schon das Negativ-Mal der Dekadenz und laufen mit wallender Haarpracht in die Stadien ein. Interessant zu wissen wäre, ob ihnen die Mähne arg zu schaffen macht beim Spiel; kaum anzunehmen ist eine Steigerung der Leistung. (…) Dem jungen Mann (Breitner) wäre zu wünschen, dass ihm statt seiner zu vielen Haare etwas mehr Gehirn nachwachsen würde." (28. Juli 1971)

„Sehen aus wie montenegrische (sic) Hammeldiebe, deren Häuptling Müller sein könnte. Sehen aus wie Strolche und nicht wie Deutschland vertretende Nationalmannschaft. Runter mit den Wegelagerer-Frisuren!" (Datum unbekannt)

„Wenn wir Netzer sehen … dann schmeckt uns das Abendbrot nicht mehr, der hat ja wohl Haar-Geschmacksverirrung. Ebenso Breitner, der aussieht wie ein Uran-Utan (sic). (…) Können Sie nicht einen Haarerlass anbringen?" (Datum unbekannt)

„Diese Haare sehen nach Gammlern aus und man nennt ihn ja auch den Gammlerschnitt. (…) Allein schon aus Gründen der Hygiene sollten die Spieler nur kurz u. normal geschnitten antreten." Unterschrift: „Ein alter Fußballer, der immer am Bildschirm mit dabei ist, und der im Hinblick auf meine Bitte sich zum Sprecher unzähliger Zuschauer macht." (21. Februar 1972)

Auch die Spieler selbst, die seinerzeit noch recht offen mit ihren Privatadressen umgehen, bekommen solche Briefe. Franz Beckenbauer beispielsweise erinnert sich an folgenden freundlichen Bescheid: „Seit Fußballer in Untermenschen-Aufmachung auf dem Spielfeld erscheinen, schaut sich unsere Familie kein Spiel mehr an."

Die drastischsten Pöbeleien werden im Schutz der Anonymität eingesandt. Im „Kicker", der nur namentlich ausgewiesene Leserbriefe akzeptiert, fallen die Formulierungen etwas harmloser aus. Am 17. April 1972 beispielsweise schreibt ein „A. Friedrich, Attendorn": „Als eifriger Leser möchte ich besonders für die letzte Ausgabe danken. Sie zeigen hier unsere Weltmeisterelf von 1954. So eine schnittige Mannschaft mit dem schönen Haarschnitt bekommt man heute leider nicht mehr zu sehen. Heute sieht man leider nur noch größtenteils Langhaarige in der Bundesliga."

Andere Leser mögen das nicht so stehen lassen. Einer versucht es mit Überzeugungsarbeit: „Die Degradierung eines Fußballers wegen seines längeren Haarschnitts scheint mir völlig absurd, da dieser weder Rückschlüsse auf die Leistung noch auf den Charakter des Spielers zulässt."

Ein anderer gibt dem Herrn Friedrich eine schlaue Empfehlung: „Wenn Ihnen die Langhaarigen nicht passen, dann gehen Sie doch zu Spielen von Alt-Herren-Mannschaften."

11:1 und ein Hackebeil

Aufgeregt berichtet die „Bild"-Zeitung, Schalkes Präsident Günter Siebert und Schatzmeister Heinz Aldenhoven seien an den Bestechungen um das Spiel gegen Bielefeld beteiligt gewesen. Sie beruft sich auf Bielefelds Funktionär Wilhelm Pieper, der behauptet, er sei bei der Geldübergabe an die Schalker Spieler dabei gewesen – ebenso wie Aldenhoven und Siebert, der aber dann weggegangen sei. Beide Schalker klagen auf Unterlassung. Siebert will „Bild"-Reporter nicht mehr auf dem Vereinsgelände sehen, „weil sie sowieso alles verdrehen".

Die Klage wird wenige Tage später abgewiesen, allerdings hat „Bild" zuvor erklärt, man werde die Behauptung nicht wiederholen, weshalb das Gericht keinen Klagegrund mehr sieht.

Dennoch macht sich Siebert allmählich mit dem Gedanken vertraut, dass an den Vorwürfen gegen seine Spieler etwas dran sein könnte: „Sollte sich herausstellen, dass einige unserer Jungs tatsächlich eine solche Dummheit gemacht hätten, dann bleibt uns nichts anderes übrig, als sie hart zu bestrafen. Denn der Name FC Schalke 04 darf nicht beschmutzt werden."

In Berlin dagegen versichert Hertha-Präsident Wolfgang Holst auf einer Mitgliederversammlung noch einmal lautstark, seine Spieler würden zu Unrecht verdächtigt, und er werde Beweise dafür bringen, dass es im Spiel gegen Arminia Bielefeld korrekt zugegangen sei. Die Vereinsmitglieder klatschen heftig gegen ihre Zweifel an.

★ ★ ★

„Ein Tor müsste ich schießen, damit wir wenigstens nicht zu null verlieren." Die Bitte des Dortmunder Flügelstürmers Manfred Ritschel, geäußert vor dem Spiel bei Bayern München, klingt durchaus bescheiden. Vielleicht ist sie auch als Scherz gemeint gewesen, doch nach dem Spiel ist daraus bittere Ironie geworden. Denn seiner Mannschaft gelingt an der Grünwalder Straße zwar tatsächlich ein Tor, den Bayern jedoch deutlich mehr. Die alte Anzeigetafel, bei der noch Zahlenschildchen das Ergebnis ausweisen, reicht nicht aus, um das Ergebnis zu präsentieren: Zweistellig ist nicht vorgesehen. Um eine 11 hinzukriegen, muss die zweite 1 mit einer Stange hochgehalten werden.

11:1 also besiegt Bayern München vor gerade mal 17.000 Zuschauern einen erbarmungswürdigen BVB. Kaum ein Dortmunder Spieler zeigt Bundesliga-Niveau, während die Münchner munter drauflosspielen. Hoeneß, Breitner, Roth, Beckenbauer, Hoffmann ... alle dürfen mal einschießen, Gerd Müller gleich viermal. BVB-Trainer Horst Witzler ist hinterher geschafft: „13 Jahre bin ich jetzt Trainer, aber so eine Katastrophe habe ich noch nie erlebt." Die Dortmunder „Westfälische Rundschau" schreibt von einer „Hinrichtung", dem „jüngsten Gericht" und dem „schwärzesten Tag in der Vereinsgeschichte"; „Bild" sieht den „Untergang einer Fußball-Elf". Nach dem Schlusspfiff stürmen zwei Borussen-Fans aufs Spielfeld – nicht um ihre Spieler zu beschimpfen, sondern um ihnen Trost zu spenden.

★ ★ ★

Beim VfB Stuttgart sichert sich Schalke mit einer stabilen Abwehrleistung den 1:0-Auswärtssieg und die weitere Tabellenführung. Libuda wird in den Spielberichten als Totalausfall geschildert; Klaus Fischer ist kaum besser, trotz seines Tores.

Libudas Formschwankungen bleiben notorisch und werden durch die Aufklärungen zum Bundesligaskandal sicherlich noch verstärkt. Der sensible Stürmer befürchtet das Schlimmste. Sein Biograf Norbert Kozicki vermutet: „Das war Libudas Angst. Die schöne Wohnung, das große Auto, Pelz und Schmuck für die Frau, Geld auf der Bank und der nationale sowie internationale Ruhm, alles wäre infrage gestellt, und die Blamage in der Öffentlichkeit, ein Betrüger, ein Schieber zu sein." Seine Vorsorge für die Zeit nach der Profilaufbahn, der Bau eines Mietshauses für 17 Familien im gutsituierten Stadtteil Tossehof, hängt von der Kreditzusage seines Vereins ab. Dessen Wirtschaftsrat will das Darlehen stoppen, bis die Vorwürfe geklärt sind.

Es sind aber nicht nur existenzielle Ängste, die Libuda umtreiben. Er braucht die Geborgenheit der Familie, hängt an seinem nun sechsjährigen Sohn, den er seinen „einzigen richtigen Freund" nennt, und er kämpft um den Fortbestand seiner Ehe. Ehefrau Gisela, die laut „Zeit" als „schönste Frau von Schalke" und lebenshungrig gilt, leidet unter seiner Eifersucht und den Anfeindungen von Schalke-Fans. Nach schwachen Auftritten ihres Mannes erhält sie anonyme Schmähbriefe und sogar Morddrohungen, weil man sie für die wahre Schuldige hält. Sie träumt sich fort aus der Stadt und aus der Mietwohnung, an einen besseren Ort. Wie sie in einem Interview mit der Zeitschrift „Jasmin" gesteht, wünscht sie sich, „dass mein Mann uns ein Haus im Grünen kauft, einen Bungalow vielleicht", und sie würde gerne eine Herrenboutique eröffnen.

Der Stan, so kann man vermuten, träumt davon, dass ihn die Realität nicht einholt.

★ ★ ★

Borussia Mönchengladbach ist aus dem Europapokal ausgeschieden. Das Wiederholungsspiel gegen Inter Mailand findet im Berliner Olympiastadion statt; 70 Chartermaschinen haben 10.000 westdeutsche und 4.000 italienische Fans in die Insel-Stadt gebracht; der Schwarzhandel vor dem Stadion floriert. Diesmal sendet die ARD live, und 14 Länder schließen sich der Direktübertragung an.

„Am grünen Tisch hat man gelogen und uns um 7:1 betrogen – 1, 2, 3, 4, 5, 6, 7, Inter kriegt noch einmal sieben", reimen einige

Zuschauer zuversichtlich, doch dann sehen sie nur ein enttäuschendes 0:0. Erneut kommen die Gladbacher mit dem harten Tackling der Italiener nicht klar, das Mittelfeld um Netzer und Wimmer bleibt meist wirkungslos, zudem vergibt Sieloff bereits in der 18. Minute einen Elfmeter. Bundestrainer Helmut Schön sieht bei Inter eine „schmutzige Spielweise", und Hennes Weisweiler herrscht den englischen Schiedsrichter Taylor an: „Was haben Sie dafür von Inter Mailand kassiert?" „Bild" erregt sich seitenlang, beginnend mit der balkendicken Schlagzeile auf Seite eins: „Luggi Müller kann nie wieder Fußball spielen." Ein Tritt ausgerechnet des Dosen-Schauspielers Boninsegna hat ihm Schien- und Wadenbein zerbrochen. (Der Abwehrrecke muss neun Monate pausieren, bestreitet dann aber noch 97 Bundesligaspiele.)

Von den 85.000 frustrierten Zuschauern werden die Mailänder ausgepfiffen, „Schieber"-Sprechchöre sind zu hören. Gladbachs 7:1 existiert nun offiziell nicht mehr, aber vielleicht gerade deshalb bleibt es ein berühmter Eintrag in den Geschichtsbüchern des Fußballs: Mit solcher Fußballkunst ist zuvor noch keiner gescheitert.

★ ★ ★

Uli Hoeneß fühlt sich bei den Bayern unterbezahlt. Noch läuft er freiwillig als Amateur, weil er beim olympischen Turnier 1972 dabei sein will. Die Deutsche Sporthilfe zahlt ihm dafür, wie allen Olympioniken, monatlich 700 Mark. Anders als andere Amateure muss er damit aber nicht auskommen. Offiziell verdingt er sich für 2.000 Mark in der Bayern-Geschäftsstelle, wo er „für die Frankiermaschine verantwortlich" ist, wie sein Präsident Willi Neudecker witzelt. Doch für die Zukunft fordert Hoeneß das gleiche Lohnniveau, das seine etablierteren Kollegen bereits erreicht haben. Aus deren Kreis gibt's dafür einen Anranzer von Sepp Maier: „Uli Hoeneß ist sicher ein ungeheuer begabter Spieler, aber er soll mit seinen 19 Jahren auf dem Boden der Tatsachen bleiben. Meine

Meinung ist, dass Hoeneß und auch Breitner froh sein können, bei uns zu spielen. In einer anderen Mannschaft wären sie sehr wahrscheinlich nicht so groß."

Die beiden Youngster Uli Hoeneß und Paul Breitner spielen und reden sich immer stärker in den Fokus der Medien. Der „Kicker", mit 2,2 Millionen Lesern seinerzeit unangefochtenes Sportmitteilungsblatt für die Fußballnation, stellt die beiden unter dem Titel „Zwei Raketen für wenig Moneten" in einem Doppelporträt vor. Sie sind die Senkrechtstarter in der Bayern-Elf, im Sommer 1970 als No-Names gekommen und auf Anhieb zu Stammspielern avanciert. Breitner hat bereits in der Nationalelf debütiert, Hoeneß steht kurz davor. Auch sonst sind die beiden ungewöhnliche Vertreter ihrer Zunft. Beide haben ein Abitur in der Tasche und wollen studieren, Breitner Sonderpädagogik und Hoeneß Englisch, denn: „Ich brauche neben der körperlichen auch geistige Betätigung."

Anfangs lebten beide als Neu-Münchner in einer Art Wohngemeinschaft, schon als Jugendnationalspieler haben sie in einem Zimmer gewohnt und sich den Ruf der „siamesischen Zwillinge" eingehandelt. Breitner gibt mit seiner Afrofrisur auch äußerlich den Rebellen, und der „Kicker"-Reporter klärt seine Leser auf: „Privat rechnet er sich eher den Linksaußen zu. Einst nannten ihn seine Freunde ‚Che', nach Che Guevara, dem bolivianischen Freiheitskämpfer. Paul Breitner macht keinen Hehl aus seiner politischen Einstellung und scheute auch eine Diskussion mit seinem Präsidenten Wilhelm Neudecker über Sozialismus nicht, als der FC Bayern im Europacup durch die CSSR zum Gegner Skoda Pilsen fuhr. Derzeit marschiert Soldat Breitner, die Frisur mittels Haarnetz gebändigt, in der Uniform der Bundeswehr. Im Frühjahr wird er entlassen."

Anderen Journalisten offenbart Breitner sein Politikverständnis genauer und definiert die Bundesrepublik als Scheindemokratie: „Man kann bei uns zwar sagen, was man will, aber man ändert dadurch nichts. (…) Man gibt den Arbeitern ledig-

lich das Gefühl, ihre Kritik würde zählen." Die Bundesliga hält er
für „Kapitalismus in Reinkultur" und einen „modernen Zirkus".
Ordentlich mitverdienen aber will er schon. Das verbindet ihn
mit Kumpel Uli, der politisch allerdings rechts steht. Gemeinsam
posieren und kassieren die beiden als Models für Badehosen. Und
Hoeneß wird ein Jahr später versuchen, seine Hochzeit mit Braut
Susi zu vermarkten. Das wird nicht so recht klappen, dafür kommt
CSU-Chef Franz Josef Strauß als Ehrengast.

★ ★ ★

Ton Steine Scherben sind vom WDR eingeladen worden. In der
Diskussionssendung „Ende offen" will man sich mit dem Thema:
„Pop und Co – Die andere Musik zwischen Protest und Markt"
befassen. Die Band überlegt, wen sie schicken soll. Zu ihrem
Kern aus Rio, Lanrue und Kai Sichtermann gehören neben wech-
selnden Schlagzeugern noch Jörg Schlotterer, der Flötist und
religiöse Berater, und Nikel Pallat, ein gelernter Finanzinspektor.
Der hat sein Erweckungserlebnis 1970 beim Rockfestival auf Feh-
marn gehabt, als er in der Menge steht und die Scherben bei ihrem
ersten großen Auftritt hört. Anschließend stellt er sich ihnen am
T-Ufer vor, wo er aus dem Stand ein selbstgebasteltes Lied vorträgt.
Die Scherben lachen sich halbtot, über seinen Gesang und über so
viel Chuzpe. Dann engagieren sie ihn, nicht als Musiker, sondern
als Manager. Und weil er der Eloquenteste von ihnen ist, soll er die
Scherben im Fernsehen vertreten.

In einem eleganten Jackett erscheint der bärtige Nikel am
3. Dezember im Kölner WDR-Studio und setzt sich zu den anderen
Diskussionsteilnehmern an den Tisch: dem Musikproduzenten
Rolf-Ulrich Kaiser sowie einer Musikerin, einem Soziologen
und einem Journalisten. Wie damals üblich, wird die Sache live
übertragen. Hitzige Wortgefechte erleben die Fernsehzuschauer
vor allem zwischen Kaiser und Nikel, der dem Produzenten vorwirft, nur ein progressives Image zu pflegen, aber an den gesell-

schaftlichen Problemen nichts zu ändern. Schließlich holt der Scherben-Mann zum großen Rundumschlag aus und klingt dabei ein bisschen so wie Paul Breitner, allerdings mit handfesteren Konsequenzen: „Das Fernsehen macht hier so eine scheißliberale Sendung. Wir haben die Möglichkeit, sozialistisch zu quatschen; einige können evolutionär reden und einige dürfen revolutionär reden, ja, und was passiert objektiv? An der Unterdrückung ändert sich überhaupt nichts. Das Fernsehen ist ein Unterdrückungsinstrument in dieser Massengesellschaft. Und deswegen ist es ganz klar: Wenn überhaupt noch etwas passieren soll hier, muss man sich gegen den Unterdrücker stellen. Man muss parteiisch sein und hier nicht einfach reden. Und deshalb mach' ich jetzt mal diesen Tisch hier kaputt, ja, damit du mal genau Bescheid weißt!"

Spricht's und holt unter seinem schicken Jackett ein Beil hervor. Vor seinen erschrockenen Mitdiskutanten beginnt er, wie ein Berserker auf den hölzernen Tisch einzuschlagen. Das Möbelstück erweist sich als harter Knochen, der den Beilhieben weitgehend standhält, lediglich Flaschen und Gläser gehen kaputt. Ansonsten bleibt es im Studio erstaunlich ruhig. Kaiser und die übrige Diskussionsrunde bringen sich zögernd in Sicherheit, die ratlosen Techniker lassen die Kameras laufen. Erst als Nikel damit beginnt, die Mikrofone abzumontieren („Die kann ich gut brauchen für eine Knastband in Plötzensee"), wird die Sendung unterbrochen. Bis zu diesem Punkt ist die Szene noch heute bei Youtube zu bewundern.

Nikels TV-Auftritt, mit seinen Musikern zuvor grob abgestimmt, erlangt einen gewissen Kultstatus, trägt aber auch dazu bei, dass die Scherben im Radio oder Fernsehen praktisch nicht zu hören sind. Das ändert sich erst 15 Jahre später, mit dem „König von Deutschland".

★ ★ ★

In München laufen die Vorbereitungen für die Olympischen Spiele, die dort im Spätsommer 1972 stattfinden sollen. Olympiapark und Olympiadorf entstehen als komplette Neubauten auf dem Oberwiesenfeld, und die neuen Straßen will man nach deutschen Sportgrößen benennen. Als es um eine „Carl-Diem-Straße" geht, wird offensichtlich, dass die NS-Vergangenheit des deutschen Sports noch kaum aufgearbeitet wurde und manche braune Untiefe dort verborgen ist. Carl Diem war Cheforganisator der Olympischen Spiele von 1936, kein erklärter Nazi, aber einer, der seinerzeit schwadronierte: „Der Krieg ist der vornehmste, ursprünglichste Sport." Als dieser „vornehmste Sport" Europa in Schutt und Asche gelegt hatte, schadete seine NS-konforme Haltung einer neuen Karriere nicht: Nach 1945 wurde Diem Rektor der Deutschen Sporthochschule in Köln. Ein Straßenschild mit seinem Namen soll es im Olympiadorf nun nicht geben, was bei den westdeutschen Sportverbänden keineswegs auf Verständnis stößt. Die Zeitschrift „Leichtathletik" sieht üble Mächte am Werk: Diem sei ein „Verfolgter der Ost-Berliner Agit/Prop-Fälscher". Auch die Zeitung „deutsches turnen" vermutet kommunistische Umtriebe: „Noch bevor ihre Athleten in die Kampfbahn ziehen, haben die Polit-Strategen der DDR den ersten Sieg davongetragen."

Doch allmählich wird zumindest außerhalb der Verbände einigen Historikern und Journalisten klar, dass die NS-Vergangenheit des deutschen Sports nicht mehr ignoriert werden kann. Auch einige Fußballer werden – ohne Beihilfe durch den DFB – nun erstmals genauer betrachtet. Beispielsweise Tull Harder, der einst, in den zwanziger Jahren, beim Hamburger SV zum Idol aufstieg. „Die Fortsetzung seiner Geschichte las das Fußballvolk nie – jedenfalls nicht in der Bundesrepublik", schreibt der „Spiegel" im Herbst 1971 und berichtet auch, wohin diese Fortsetzung führte. Harder wurde als SS-Hauptscharführer KZ-Kommandant in Hannover-Ahlem und saß als Kriegsverbrecher in Haft. Nach seiner vorzeitigen Entlassung 1951 feierte man ihn begeistert auf dem HSV-Platz am Rothenbaum.

Dass dem Fußballvolk solche Vergangenheiten gänzlich unbekannt sind, wie der „Spiegel"‘ meint, ist nicht ganz richtig: Er selbst hatte bereits 1947 über Harders Inhaftierung berichtet. Vielmehr handelt es sich um ein Vergeben und Vergessen, das aus Verdrängung resultiert. So ist es auch bei Rudi Gramlich, in den dreißiger Jahren gefeierter Held bei Eintracht Frankfurt und Kapitän der Nationalmannschaft bei den Olympischen Spielen 1936 von Berlin. Er trat im gleichen Jahr der SS bei und marschierte im Krieg mit dem 8. SS-Totenkopf-Regiment gen Osten. Unmittelbar nach Kriegsende, im August 1945, berichtete die „Frankfurter Rundschau" in ihrer allerersten Ausgabe, Gramlich sei wahrscheinlich an der Ermordung von Zivilisten beteiligt gewesen; im beschlagnahmten SS-Archiv fanden sich Fotos, die ihn mit einem Erschießungskommando zeigen. Weil ihm schwere Kriegsverbrechen nicht nachgewiesen werden können, lassen ihn die Alliierten nach zweieinhalbjähriger Internierung als „Minderbelasteten" frei. Im Nachkriegsdeutschland gilt das nahezu als Persilschein. (Erst im Januar 2020, 32 Jahre nach seinem Tod, entzieht ihm Eintracht Frankfurt die Ehrenpräsidentschaft, weil ein Gutachten die Mitgliedschaft in der Waffen-SS bestätigt und zudem darlegt, seine Lederfabrik habe zuvor jüdischen Kaufleuten gehört, die von den Nazis deportiert und umgebracht wurden. Das Bundesverdienstkreuz 1. Klasse dagegen ist ihm bis heute nicht aberkannt worden.)

Zu Gramlichs Lebzeiten bildet seine Vergangenheit kein Thema und schon gar kein Hindernis für die weitere Karriere. Der ehemalige SS-Mann steigt 1955 zum Präsidenten seiner Eintracht auf, zieht ins Präsidium des DFB ein und amtiert im Jahr 1971 als einflussreicher Vorsitzender des DFB-Bundesligaausschusses. Er zählt, wie berichtet, zu den Funktionären, die Canellas vorab von seinen Erkenntnissen informiert hat, doch ist Gramlich laut „Spiegel" emsig bemüht, im Ligaskandal „die Ermittlungen abzustoppen".

Auch dieser deutsche Olympionike erhält also im Olympischen Dorf kein Straßenschild, dafür aber Werner Seelenbinder, mehrfacher deutscher Ringermeister und Vierter bei den Olympischen Spielen 1936. Als kommunistischer Widerständler wurde er 1944 von den Nazis guillotiniert.

DEZEMBER 71

*„Die von Spielern empfangenen Bestechungsgelder
sind grundsätzlich einkommensteuerpflichtig. Die
Bundesregierung hat in dieser Frage Einvernehmen mit den
Finanzbehörden der Länder hergestellt."*

Der Staatssekretär im Bundesfinanzministerium,
HANS HERMSDORF, am 17. Dezember im Bundestag

*„Ein Berliner Landgericht hat die vom DFB über den Ungarn
Varga verhängte Sperre aufgehoben. Darf man daraus
schließen, dass das Landgericht Charlottenburg IV künftig
auch für Elfmeter zuständig ist?"*

Der Sportpublizist RICHARD KIRN am 22. Dezember
über ein Gerichtsurteil zugunsten des in den Skandal
verwickelten Hertha-Spielers Zoltan Varga

*„Der Fall Varga zeigt, dass DFB-Führung und DFB-Gerichte
sich, was kein Bürger wagen könnte, über die Urteile solcher
Gerichte hinwegsetzen."*

Der Autor WOLFGANG HÄDECKE zum gleichen Fall,
nachdem der DFB die Entscheidung des Landesgerichts
ignoriert und Vargas Sperre bestätigt hat

„Der Mariannenplatz war blau"

„Ohne Zweifel Deutschlands bester Linksaußen", rein fußballerisch gesehen, ist für den „Kicker" Erwin Kremers. Der hat soeben
gegen Hertha BSC eine Glanzleistung abgeliefert. Schalke 04
gewinnt das Erstrunden-Match im DFB-Pokal mit 3:1. Eine
Runde weiter sind die Schalker damit nicht, nach dem damaligen
Modus muss noch ein Rückspiel ausgetragen werden.

Titelverteidiger FC Bayern erlebt beim Regionalligisten Fortuna Köln eine unangenehme 1:2-Niederlage, Borussia Dortmund
hofft nach einem 1:1 bei Kickers Offenbach auf ein Weiterkommen,
ansonsten setzen sich überall die Favoriten durch. Der 1. FC Köln
gewinnt 9:1 beim Bezirksligisten Essener Fußballverein 1912, der
von gegnerischen (oder unzufriedenen eigenen) Anhängern auch
„Kappes" geschimpft wird. Auf eigenem Platz dürfen die Essener
Amateure die Kölner Profis nicht empfangen – die DFB-Statuten
schreiben für die Hauptrunde Rasenplätze vor, und der FV 1912
verfügt nur über einen Ascheplatz. So spielt man an der Hafenstraße, vor immerhin 15.000 Besuchern. Als der Essener Ehrentreffer fällt, ruft einer von ihnen: „Jetzt bin ich eine Woche lang
besoffen!" (Die Teilnahme an dieser Pokal-Hauptrunde ist der
einzige überregionale Erfolg, den „Kappes" in seiner Geschichte
vorweisen kann. 1998 wird er sich dem von griechischen Immi-
granten gegründeten FC Saloniki Essen anschließen.)

Während die Essener Amateure ihre Klatsche beziehen, unter-
liegen auch ihre Profi-Kollegen von Rot-Weiss Essen: mit einer
Schadensersatzklage gegen den DFB. Da man aufgrund der
Manipulationen widerrechtlich abgestiegen sei, verlangt man
einen Ausgleich für die entgangenen Einnahmen. Vorerst 50.000
Mark, aber letztlich geht der Verein von einer Million aus, die als
Schaden entstanden sei. Das Frankfurter Landgericht erklärt sich

für nicht zuständig, und der DFB kontert mit einer interessanten Behauptung: Durch den Abstieg in die Regionalliga sei gar kein finanzieller Schaden entstanden.

★ ★ ★

In Westberlin kommt es am Abend dieses 4. Dezember zu einem folgenschweren Ereignis. Der 24-jährige Georg von Rauch, seit Monaten auf den Fahndungslisten, wird im Bezirk Schöneberg von Zivilfahndern beobachtet, als er einen gestohlenen Ford Transit umparken will. Bei ihm sind sein Freund Michael „Bommi" Baumann und zwei weitere Genossen. Als die Polizei zugreift, kommt es zu einer Schießerei. Eine der 25 Kugeln trifft Georg von Rauch am Kopf. Er stirbt, während die anderen entkommen.

Georg von Rauch hat sich vor allem wegen des Vietnamkriegs radikalisiert. Zusammen mit seinen Freunden Bommi Baumann und Thomas „Tommy" Weisbecker gründet er die Stadtguerilla-Gruppe „Zentralrat für umherschweifende Haschrebellen", die ein bisschen freakig daherkommt, aber nicht ganz so lustig agiert, wie es ihr Name verheißt. Georg von Rauch wird im Februar 1970 verhaftet, nachdem er zusammen mit Bommi Baumann und Thomas Weisbecker einen Journalisten zusammengeschlagen hat. Bei der Gerichtsverhandlung am 8. Juli 1971 kommt es zu einer Posse: Von Rauch und sein deutlich weniger belasteter Mitangeklagter Weisbecker tauschen die Rollen. Gericht und Staatsanwalt fällt das nicht auf, und als Weisbecker Haftverschonung gewährt wird, spaziert von Rauch in dessen Identität aus dem Saal und taucht unter. Bis er am 4. Dezember in eine Großrazzia der Berliner Polizei gerät. Die Berliner Boulevardzeitung „B.Z." raunt, die Fahndung gelte „der gefährlichsten Verbrechergruppe, die seit langem im gesamten Bundesgebiet gesucht wird. Der ‚Baader-Meinhof-Bande'."

Rauchs Tod löst in der linken Szene Berlins eine wütende Protestwelle aus. Zumal die Beobachtung die Runde macht, er habe noch kurz vor seiner Erschießung mit erhobenen Armen an einer Hauswand gestanden und sei von einem Beamten erfolglos nach einer Waffe durchsucht worden. Nun sehen ihn viele als Opfer willkürlicher Staatsgewalt. Auch liberale Zeitungen äußern Zweifel. Die „Frankfurter Rundschau" schreibt sarkastisch: „Ein Toter wirft die Knarre weg und besinnt sich dann erst auf seine Pflichten als Leiche." Im „Spiegel" nennt der Schriftsteller Erich Fried das Vorgehen der Polizei einen „Vorbeugemord", wird dafür vom Berliner Polizeipräsidenten angezeigt (und später vom Gericht freigesprochen).

Rio Reiser von den Scherben hat eigene Ansichten zu der Tragödie und erzählt in seiner Autobiografie: „Anne und ich fuhren in den Nächten durch Kreuzberg und besprühten die Häuserwände mit ‚Georg lebt'. Das war unsere Variante der verbreiteten Meinung, ‚schon wieder einer der Unsrigen von den Schweinen ermordet'. Wir wollten weg von dem Märtyrertrip."

★ ★ ★

Vier Tage später, am 8. Dezember, spielen die Scherben wieder einmal im Audimax der TU. Bei dem Teach-in geht es vor allem um Rauchs Tod. Und wieder fordert Rio am Ende die Besucher auf, ein Haus zu besetzen. Ein paar Hundert Leute ziehen zum Mariannenplatz vor das ehemalige Schwesternhaus des leerstehenden Bethanien-Krankenhauses. Gegen halb zehn rückt ein Großaufgebot der Polizei an, um die Sache zu unterbinden. Doch es ist zu spät, schon sind Dutzende Besetzer in dem Gebäude. Die Aktion ist gut vorbereitet; man hat sogar den Hausmeister des Bethanien, einen alten Kommunisten, dafür gewinnen können, die Heizung anzuwerfen. Und man hat die Besetzung so terminiert, dass der als linker Sozialdemokrat bekannte Erwin Beck, als Stadtrat zuständig für die Jugendpolitik in Kreuzberg, noch nicht in den geplanten Urlaub entschwunden ist.

Später erzählt eine der Besetzerinnen: „Wir saßen alle auf der Treppe und warteten auf den Stadtrat Beck. Hinter mir saßen die Scherben, und (…) mir fiel auf, dass jemand etwas aufschrieb: Rio hatte immer ein Heft dabei. So ist der Anfang des Rauchhaus-Songs entstanden: ‚Der Mariannenplatz war blau, so viel Bullen waren da, und Mensch Meier musste heulen, das war wohl das Tränengas. Und er fragte irgendeinen, sag mal, ist das heut' 'n Fest? So was Ähnliches, sagte einer, das Bethanien wird besetzt!'"

Mit Stadtrat Beck wird in tagelangen Verhandlungen eine Legalisierung der Besetzung vereinbart. Das ehemalige Martha-Maria-Haus mutiert zum Georg-von-Rauch-Haus: einem selbstverwalteten Wohnkollektiv, das vor allem in den ersten Jahren als Anlaufstelle obdachloser Jugendlicher bekannt wird. (Noch heute wohnen dort rund 40 Menschen, die auch regelmäßig Veranstaltungen organisieren. Der nahe gelegene Heinrich-Platz, gewidmet einem der Preußen-Prinzen, wird 2020 offiziell in Rio-Reiser-Platz umbenannt.)

★ ★ ★

Von der Bielefelder Alm wird ebenfalls jugendliches Aufbegehren gemeldet; „Rebellion" nennt es der „Kicker", „Meuterei" die „Bild". Die Spieler der Arminia haben über ihren Trainer abgestimmt. Von 21 votieren 19 gegen Egon Piechaczek. Sie werfen ihm „taktische Fehler und fehlendes menschliches Einfühlungsvermögen" vor. Der Trainer nennt seine Spieler „hinterhältig und gemein": „Jedesmal, wenn ich weit genug weg war, schmiedeten sie hinter meinem Rücken ein Komplott." Zwar beteuert der Vorstand: „Wir lassen uns von der Mannschaft nicht unter Druck setzen", doch nur wenige Tage später hat die Revolte Erfolg. Piechaczek muss gehen.

★ ★ ★

Und auch in Baden-Württemberg wird revoltiert: Dort läuft ein erbitterter Streik der Metallarbeiter. Nachdem die Arbeitgeber einen Schlichterspruch abgelehnt haben, der eine Lohnerhöhung von 7,5 Prozent vorsah, sind die Fronten verhärtet. 110.000 Beschäftigte treten in den Streik, 360.000 werden von ihren Unternehmen ausgesperrt. Auch Betriebe und Beschäftigte in anderen Regionen sind betroffen, weil die Zulieferung ausbleibt. Schließlich müssen VW, Opel, Ford, Daimler und BMW ihre gesamte Fahrzeugproduktion einstellen, auch davon sind Hunderttausende Beschäftigte betroffen. Erst nach über vier Wochen endet der Arbeitskampf. Es bleibt bei den ursprünglichen 7,5 Prozent, lediglich die Laufzeit wird leicht erhöht. Da die Preissteigerungsrate im Dezember 5,8 Prozent beträgt, bleibt den Beschäftigten kein großes Plus in der Lohntüte.

Als die Metallarbeiter in ihre Fabriken zurückkehren, herrscht wieder Vollbeschäftigung in der Bundesrepublik. Die amtliche Statistik weist eine Arbeitslosenquote von 0,7 Prozent aus. In den Belegschaften und den Gewerkschaften besitzt die SPD eine zuverlässige politische Basis. Dies liegt nicht nur an ihrer Vollbeschäftigungspolitik, sondern vor allem an ihren Vorhaben, die Rechte der Betriebsräte zu stärken und die Mitbestimmung der Arbeitnehmer in großen Kapitalgesellschaften auszubauen. (Das eine wird 1972 umgesetzt, das andere vier Jahre später.)

Schalker Feuer

Bundesliga, 17. Spieltag +++ 10./11. Dezember 1971

Schalke im Fußballfieber. Die 38.862 Eintrittskarten für das letzte Hinrundenspiel sind seit zwei Wochen schon vergriffen, nach Schätzungen des Kassierers hätte man 80.000 verkaufen können. Einige von denen, die keine Karten ergattert haben, zerrupfen den Sichtschutz aus Stroh, der um die Kampfbahn Glückauf gezogen ist, um einen Blick aufs Geschehen werfen zu können. Zu Gast ist der Verfolger Bayern München. Als die Begegnung abgepfiffen wird, rast die Kampfbahn vor Freude. Königsblau hat die Bayern mit 1:0 besiegt und ist Herbstmeister geworden, mit drei Punkten Vorsprung.

In dem hochklassigen Spiel zeigen die Münchner sich ebenbürtig und nur einmal eine Schwäche: als Sepp Maier auf glitschignassem Rasen einen 30-Meter-Aufsetzer von Heinz van Haaren durchlässt. Norbert Nigbur auf der anderen Seite vollbringt eine fehlerlose Leistung, ebenso wie Rolf Rüssmann, der als Vorstopper Gerd Müller ausschaltet, und wie Mittelfeld-Mann Aki Lütkebohmert, der nach dem Spiel sagt: „Es war mit das Schönste, was ich bisher mitgemacht habe."

Im Schalker Spiel wirkt eine unbekümmerte Dynamik, aber die junge Elf agiert auch abgeklärt, gerade in der Abwehr. Zum ersten Mal in dieser Saison bleiben die Bayern ohne eigenen Treffer, und der „Kicker" beruft vier Schalker in seine „Elf des Tages", neben Nigbur und Lütkebohmert noch Sobieray und Libuda. Lob kommt auch vom Bundestrainer: „In der Elf steckt Feuer, Temperament, Sinn für Kombinationen, blitzartiges Aufrücken von der eisernen Deckung zum ungestümen Stürmen."

Die Königsblauen haben bisher alle ihre neun Heimspiele gewonnen und dabei nur drei Gegentreffer kassiert. Auf den Rängen entzünden die Fans tausendfach Feuerzeuge und rufen: „Glaubt nicht an Spuk und böse Geister, Schalke 04 wird Deutscher Meister."

Einige Tage vor dem Spiel sind Fichtel, Libuda und Nigbur vom DFB-Chefermittler Kindermann vernommen worden. Dort wiederholen sie ihre bisherigen Aussagen: Kein Geld wurde angeboten, keines angenommen, alles war sauber.

Noch richtet sich der Zorn des Fußballvolks weniger gegen sie als gegen den Ankläger, dem die Rolle des „bösen Geistes" zufällt. Hans Kindermann berichtet von Droh-Anrufen („Morgen brennt Ihr Haus, Sie Schwein!") und anonymen Briefen („Jetzt hab ich mich auf Sie eingeschossen, Ihre Frau wird Sie bald nicht mehr lebend wiedersehen"). Natürlich ermittelt er weiter. Als die treibenden Kräfte der Schiebereien sieht er weniger die Spieler als übermotivierte Klubfunktionäre und einen nur halbgar organisierten Profibetrieb: „Dieser Skandal hätte jeden Verein treffen können, weil die Situation des Berufsfußballs einfach reif war für das Aufplatzen dieses Geschwürs."

★ ★ ★

In der Familie Brandt ist der jüngste Sohn, der zehnjährige Matthias, der anerkannte Fußballexperte. Er schaut regelmäßig die ARD-„Sportschau", kickt im Garten mit den Leibwächtern und in der Jungen-Mannschaft des SSV Plittersdorf, aber einen Vater, der an der Seitenlinie herumtobt, hat er (zum Glück) nicht. Willy Brandt bekennt freimütig, dass es ihm „nahezu vollständig an sportlichem Basiswissen" fehle. Als Neunjähriger habe er in der Kindergruppe eines Lübecker Arbeitersportvereins „ein bisschen Fußball gespielt, aber schlecht". Sohn Matthias rückblickend: „Mein Vater hat sich nicht besonders für Fußball interessiert. Er hat schon mal hingeguckt, wenn ein wichtiges Spiel im Fernsehen lief, aber meiner Meinung nach überhaupt nichts verstanden."

Am Vorabend des Schalker Triumphes sitzt der kleine Matthias vor dem Fernseher und verfolgt die Liveübertragung der Nobelpreisverleihung in Oslo. Er wartet darauf, dass seine Mutter Rut sich ostentativ am Ohr zupft. Denn das ist als geheimer Gruß an den Jüngsten zu Hause verabredet. Als die Geste tatsächlich kommt, freut er sich, danach verliert er das Interesse an der Zeremonie.

Die Ehrung seines Vaters wird durch die Vorsitzende des Nobelkomitees, Aase Lionaes, vorgenommen. In ihrer Laudatio nennt sie Brandt „Deutschlands großen Friedens- und Versöhnungskanzler". In seiner Ostpolitik sieht sie den Versuch, „den Hass zu begraben und im Geiste des guten Willens Versöhnung über die Massengräber des Krieges hinaus zu finden". Brandt antwortet mit Blick auf seine eigene Biografie: „Der junge Mann, der seinerzeit verfolgt, nach Norwegen verschlagen und ausgebürgert wurde, der spricht heute hier nicht nur allgemein für den europäischen Frieden, sondern auch ganz besonders für diejenigen, denen die Vergangenheit hartes Lehrgeld abverlangte." Ihnen gelte sein besonderer Respekt: „Ich grüße die ehemalige Résistance in allen Ländern."

Während seines Besuchs in Oslo trifft Willy Brandt alte Weggefährten aus seiner Zeit im norwegischen Exil. Darunter eine Frau, die ihm 1940 ohne Rücksicht auf die eigene Gefährdung bei der Flucht vor deutschen Truppen geholfen hat. Sie wollte ihn im Auto in den Norden des Landes bringen, doch die Deutschen waren schneller. Als die Situation aussichtslos erschien, überließ ein Unbekannter (der sich später als René Gauguin erweist, ein Enkel des Malers Paul Gauguin) dem Exilanten seine norwegische Uniform. So kam der als deutscher NS-Gegner gesuchte Brandt nun als „Norweger" in Kriegsgefangenschaft und konnte später nach Schweden fliehen.

Brandts älterem Sohn Lars, der zur Preisverleihung mitkommt, fällt auf, wie ungezwungen sich sein Vater in der einstigen Exilheimat bewegt: „In Oslo spürte ich dann stärker als je zuvor, wie sehr es *sein* Milieu war, seine Freunde, zu denen er natürlich auch in ihrer Sprache redete, als er den Preis entgegennahm."

Am Rande der Zeremonie taucht unverhofft ein vergilbtes Foto aus dem Jahr 1939 auf, das Willy Brandt tatsächlich als Fußballer zeigt. Mit wilder Haartolle und strahlendem Lächeln steht der damals 25-Jährige im Kreise seiner Mitspieler eines norwegischen Ferienlagers. Angeblich versuchte er sich seinerzeit als Halbstürmer. Auf dem Foto links vor ihm ist ein junger Mannschaftskollege platziert, den er nun in Oslo wiedersieht, erneut als Kollegen: Es ist Trygve Bratteli, Norwegens sozialdemokratischer Ministerpräsident.

Der gefährliche Herr Böll

In den Rückspielen des DFB-Pokals sind Überraschungen ausge-
blieben, fast überall haben sich die Bundesligisten durchgesetzt.
Der FC Bayern rächt sich gegen Fortuna Köln mit einem 6:0 für
die 1:2-Niederlage im Hinspiel, und die FC-Kölner vertrimmen
den Essener FV nochmals mit 5:0. Nur die schwachen Dortmunder scheitern nun doch am Regionalligisten Kickers Offenbach: In der Roten Erde unterliegen sie 0:3. Für die Kickers kickt
ein ehemaliger Dortmunder Held, der auch so heißt, aber Sigi
genannt wird.

Schalke 04 verliert sein Rückspiel 0:3 bei Hertha BSC; Fischer,
Libuda und Erwin Kremers werden vom Reporter als Totalaus-
fälle registriert, auch Nigbur schwächelt. Nach dem 3:1-Erfolg im
Hinspiel ist Schalke aufgrund des Torverhältnisses ausgeschieden.
Doch die Berliner sind mit Zoltan Varga angetreten, einem der
mutmaßlichen Skandalsünder, gegen den der DFB bereits eine
vorsorgliche Sperre verhängt hat. Dagegen haben die Berliner
beim Landgericht eine einstweilige Verfügung und damit seine
Spielberechtigung erwirkt.

Das juristische Tauziehen geht nach dem Spiel weiter. Zunächst
legt Schalke 04 Protest gegen Vargas Mitwirken ein, dann ficht der
DFB die einstweilige Verfügung an, unterliegt aber vor dem Landgericht Berlin: Varga durfte und darf weiterhin spielen, der DFB
dagegen kein faktisches Berufsverbot aussprechen. DFB-Anwalt
Winrich Pürschel widerspricht originell: Von einem Berufsverbot könne keine Rede sein, denn den Beruf eines Fußballers
gebe es gar nicht. Also lässt sich das DFB-Sportgericht von der
bürgerlichen Gerichtsbarkeit nicht beeindrucken: Es gibt dem
Schalker Protest statt, das Spiel wird als 0:2-Niederlage für Hertha
gewertet, plus 3.000 Mark Strafe für die alte Dame. Damit stehen

die Königsblauen im Achtelfinale. Präsident Siebert hat so etwas schon vor dem Spiel geahnt, da ist er in die Kabine seiner Spieler gestürmt und hat verkündet: „Jungs, wir haben gegen Hertha schon gewonnen, die lassen den Varga mitspielen." Vielleicht haben seine Jungs gerade deshalb anschließend so mau gespielt.

★ ★ ★

Der Bundesligaskandal verwirrt den westdeutschen Fußball bis hinunter in die Kreisklasse. Im Dezember verurteilt die Mittelrhein-Verbandsspruchkammer den Vereinsfunktionär Hans-Josef Bosbach zu 50 Mark Strafe. Was ist passiert? Der Mann hat im Sommer die Partie seines Rot-Weiß Olpe gegen den Kreisklassen-Konkurrenten Union Rösrath beobachtet. Die Olper befinden sich in akuter Abstiegsnot, und Bosbach macht den Rösrathern ein unmoralisches Angebot: 100 Mark, wenn sie seine Olper gewinnen lassen; später erhöht er sein Angebot um 50 Mark. So beteuern es jedenfalls die Rösrather, während er selbst lediglich gebettelt haben will: „Lasst uns die Punkte, ihr braucht sie ja nicht mehr."

Der Torhüter der Rösrather weiß jedenfalls nicht mehr, wie er sich verhalten soll: einen Haltbaren reinlassen oder nicht? „Was soll ich machen?", fragt er verunsichert seinen Obmann. Die Antwort: „Es läuft nichts." Also gewinnen die Rösrather, Olpe muss am Ende der Saison absteigen und der Funktionär Bosbach sein Strafgeld zahlen.

★ ★ ★

Auf dem jüdischen Friedhof von Stuttgart werden am 18. Dezember 20 Grabsteine umgeworfen und mit NS-Symbolen beschmiert. Das ist kein Einzelfall, sondern Teil einer Kette, die noch aus der Nazizeit in die Gegenwart hineinreicht. Auch zwischen Juni 1971 und August 1972, also ungefähr im Zeitraum der Saison 1971/72, kommt es nach Recherchen des Buchautors Ronen Steinke in der

Bundesrepublik zu 18 ähnlichen Anschlägen auf jüdische Friedhöfe (plus sechs auf dem Gebiet der DDR). In der Regel sind Rechtsextremisten die Täter. Doch auch unter der militanten Linken gibt es Kräfte, die Gewalttaten gegen Juden in Deutschland befürworten. Sie rechtfertigen dies als Solidaritätsaktion mit den Palästinensern und als Kampf gegen den (so die Zeitschrift „Agit 883") „us-zionistischen imperialismus". Heinz Galinski beispielsweise, Vorsitzender der jüdischen Gemeinde zu Berlin, wird 1969 und 1977 gleich zweimal das Ziel von Anschlagsversuchen und -plänen antisemitischer Linksextremisten.

★ ★ ★

22. Dezember: Vor einer Filiale der Bayerischen Hypotheken- und Wechselbank in Kaiserslautern parkt ein weinroter VW-Bus. Zwei Männer und eine Frau in grünen Parkas steigen aus, rennen ins Bankgebäude. In der Schalterhalle schreien sie: „Überfall! Alles an die Wand! Hände über den Kopf!"

Zur gleichen Zeit kommt Polizeiobermeister Herbert Schoner vorbei, dem der Kleinbus auffällt, weil er im Halteverbot steht. Als er den Fahrer ansprechen will, schießt dieser unvermittelt. Der verletzte Beamte schleppt sich zum Bankeingang, wo er den herausstürmenden Räubern in die Quere kommt. Auch die schießen sofort, treffen zweimal, der Mann stirbt. Die Täter können mit 134.000 Mark Beute flüchten.

Zunächst ist die Identität der Mörder nicht klar, die Polizei mutmaßt nur vorsichtig, dass die RAF im Spiel sein könnte. Die „Bild"-Zeitung will am nächsten Tag schon Genaueres wissen und behauptet per Schlagzeile: „Baader-Meinhof-Bande mordet weiter". In der gleichen Ausgabe wird die Tat einer Liste zugeordnet, die überschrieben ist: „Die Opfer der Baader-Meinhof-Bande." Zu dieser Art vorverurteilender Berichterstattung veröffentlicht der Schriftsteller Heinrich Böll am 10. Januar einen kritischen Essay im „Spiegel":

„Das ist nicht mehr kryptofaschistisch, nicht mehr faschistoid, das ist nackter Faschismus. Verhetzung, Lüge, Dreck. Diese Form der Demagogie wäre nicht einmal gerechtfertigt, wenn sich die Vermutungen der Kaiserslauterer Polizei als zutreffend herausstellen sollten. In jeder Erscheinungsform vom Rechtsstaat hat jeder Verdächtige ein Recht, dass, wenn man schon einen bloßen Verdacht publizieren darf, betont wird, dass er nur verdächtigt wird. Die Überschrift ‚Baader-Meinhof-Gruppe mordet weiter' ist eine Aufforderung zur Lynchjustiz. Millionen, für die ‚Bild' die einzige Informationsquelle ist, werden auf diese Weise mit verfälschten Informationen versorgt."

Dieser Text mit dem Titel „Will Ulrike Gnade oder freies Geleit?" trägt Böll in konservativen Kreisen den Ruf eines geistigen Brandstifters ein; in den Medien wird er scharf angegriffen. Die kritisierte „Bild" sieht in dem „pöbelhaften Artikel" ein „Plädoyer für Gewalttäter" und vergleicht den Autor mit Josef Goebbels und dem DDR-Grobpolemiker Karl-Eduard von Schnitzler. Für den ZDF-Journalisten Gerhard Löwenthal (Schnitzlers westliches Gegenstück) ist Böll ein „Sympathisant dieses Linksfaschismus" und „nicht ein Deut besser als die geistigen Schrittmacher der Nazis". Die Zeitschrift „Quick" schreibt: „Die Bölls sind gefährlicher als Baader-Meinhof." Der CSU-Politiker Franz Josef Strauß nennt Böll einen „geistigen Urheber des Linksterrorismus", der CDU-Bundestagsabgeordnete Friedrich Vogel einen „ideologischen Helfershelfer des Terrors". Zwar hofft Böll in seinem Essay noch, dass „die Theorien [der RAF, Anm. d. A.] weitaus gewalttätiger klingen, als ihre Praxis ist" – was sich in den folgenden Monaten als Illusion herausstellen wird. Aber er findet auch die zeitlos treffenden Worte: „Es ist inzwischen ein Krieg von sechs gegen sechzig Millionen. Ein sinnloser Krieg."

Wochen später kann die Polizei die Tat von Kaiserslautern dann doch RAF-Mitgliedern zurechnen; ungeklärt bleibt, wer die tödlichen Schüsse abgab. Herbert Schoner ist das zweite Mordopfer der RAF. Zum Zeitpunkt seines Todes ist er 32 Jahre alt und hinterlässt eine Frau und zwei Kinder.

Die neue, brutalere Vorgehensweise der RAF lässt die Scherben-Mitglieder an ihrer bisherigen Sympathie zweifeln. Kai Sichtermann: „Das hat mich schockiert. Mir wurde klar, dass das hier keine romantischen Räuber-und-Gendarm-Spiele waren, sondern blutiger Ernst." Er ist froh, die Gitarre behalten und die Knarre zurückgewiesen zu haben. Rio Reiser erinnert in seiner Autobiografie an die damaligen Überlegungen: „Darf man jemanden, der das gar nicht will, in seinen Todes- oder Verzweiflungsrausch mitnehmen? Meine Räusche lebe ich dann schon lieber als Musiker aus." Andererseits: „Wie sollte Revolution ohne Waffen gehen?" Mit seinen Zweifeln sieht er sich zwischen allen Stühlen: „Ich hab gedacht, wenn du ständig ein schlechtes Gewissen hast, weil du noch nicht schreiend mit der MP losrennst, kann das nicht das Wahre sein. Die einen haben sich aufgeregt, dass wir den Kampf propagiert haben, die anderen, dass wir es nicht genug getan haben."

Schaffers Reisen

Freundschaftsspiel Israel gegen Borussia Mönchengladbach +++ 21. Dezember 1971

Die Mannschaft von Borussia Mönchengladbach ist zu einem Trainingslager nach Israel geflogen. Die Gladbacher wiederholen damit ihre Besuche vom Vorjahr und setzen erneut ein Zeichen der Aussöhnung zwischen Deutschen und Juden.

Die Kontakte gehen zurück auf die Bekanntschaft zwischen Gladbach-Trainer Hennes Weisweiler und dem israelischen Nationaltrainer Emanuel „Eddy" Schaffer, der bei Weisweiler eine Ausbildung zum Fußballlehrer an der Sportuni Köln absolviert hatte. Schaffer ist ein Überlebender des Holocaust. Er wuchs im

Ruhrgebiet auf, bis seine Familie nach Hitlers Machtübernahme in die ursprüngliche polnische Heimat zurückging. Als Wehrmacht und Nazis auch dorthin kamen, flüchtete der damals 18-jährige Schaffer und gelangte später auf vielen Umwegen nach Israel. Seine Eltern und seine drei Schwestern wurden von den Nazis ermordet.

Trotz dieser bitteren Erlebnisse setzt sich Schaffer für eine Aussöhnung und sportliche Begegnungen mit dem Land der Täter ein. So kurz nach der Erfahrung des Völkermords an sechs Millionen Juden ist das nicht unbedingt eine populäre Idee im jungen Staat Israel. Dessen Außenminister erlässt zunächst eine Direktive, der zufolge Treffen mit deutschen Sportlern nur dann erlaubt sind, wenn sie im Rahmen internationaler Wettkämpfe stattfinden.

Doch mit den Jahren ändert sich das. 1969 kommt Schaffer mit seiner Nationalmannschaft zu einem Freundschaftsspiel auf den Bökelberg; es wird der Beginn einer langjährigen Beziehung. Ein halbes Jahr später reisen die Gladbacher als erste deutsche Spitzenmannschaft nach Israel – eine heikle Mission, zum einen wegen der deutschen NS-Vergangenheit, zum anderen angesichts der häufigen Terroranschläge gegen Israel, wozu seinerzeit auch Flugzeugentführungen zählen. Aus Sicherheitsgründen fliegt Borussias Tross im Februar 1970 mit einer Maschine der Bundeswehr, deren Hoheitszeichen überklebt sind. Der Empfang in Israel ist überaus freundlich. Vor 30.000 Zuschauern besiegen Netzer, Vogts und Co. die israelische Elf mit 6:0 und werden für ihre berauschende Spielweise, wie sich der dreifache Torschütze Herbert Laumen erinnert, „mit stehenden Ovationen verabschiedet".

Bereits im Dezember 1970 gibt es den nächsten Besuch der Gladbacher, und im Oktober 1971 folgt sogar die Fußballmannschaft des deutschen Bundestages ihren Spuren. Die Parlamentarier spielen gegen eine israelische Prominentenelf, bei der auch Emanuel Schaffer mitkickt.

Jetzt, im Dezember 1971, bleiben die Gladbacher neun Tage lang in Israel. Sportlicher Höhepunkt ist erneut ein Spiel gegen die israelische Nationalelf. Dieses Mal schauen in Tel Aviv 15.000 Israelis zu und freuen sich, als ihre Mannschaft gegen die berühmte Borussia mit 2:0 in Führung geht. Allerdings können die Gladbacher das Spiel noch drehen, und die Israelis verlieren am Ende mit 2:3. Den freundschaftlichen Beziehungen tut das keinen Abbruch. Weisweiler ist vom starken Abwehrspieler Shmuel Rosenthal beeindruckt. Auf Vermittlung von Schaffer kann die Borussia ihn verpflichten. Rosenthal ist in Israel geboren, sein Vater hat ähnlich unter dem Holocaust gelitten wie Schaffer: Seine jüdisch-litauische Familie ist von den Deutschen ermordet worden, er selbst der einzige Überlebende. „Warum musst du ausgerechnet in Deutschland spielen", fragt er nun seinen Sohn. Doch am Ende gibt er ihm den Segen. Shmuel Rosenthal wird im Sommer 1972 der erste Israeli sein, der in der Bundesliga aufläuft.

Auch einen deutschen Botschafter des Sports treffen die Gladbacher auf ihrer Reise: beim Spiel gegen Hapoel Haifa, denn diese Elf wird von Uwe Klimaschefski trainiert. Der ehemalige Klempner und 159-fache Bundesligaspieler, zu Hause „Klima" gerufen, hat bei Weisweiler seinen Trainerschein gemacht und arbeitet seit Juli 1971 in Haifa. Auch dieses Engagement geht auf Schaffers Initiative zurück. Klimaschefski kann berichten, er habe in Israel keinerlei Ressentiments erleben müssen.

★ ★ ★

Während die Gladbacher sich im Nahen Osten wärmen und der HSV durch Südostasien tingelt, touren die Bayern in der Winterpause zu Turnieren: erst nach Wien, dann weiter nach Griechenland, Casablanca und Berlin. Ein wenig neidisch schaut der Rest der Liga zu; für die meisten Vereine geht's nicht weiter als in die Sportschulen von Duisburg-Wedau (Borussia Dortmund, VfL Bochum) oder Kaiserau (MSV, Schalke 04, Hannover 96). Die finanziell klammen Kölner bleiben ganz zu Hause und haben vorweihnachtlichen Ärger. Die FC-Spieler sind sauer, weil ihnen das

Weihnachtsgeld gestrichen worden ist. Durch den Umzug in die kleine Radrennbahn fehlen dem Verein Zuschauereinnahmen, und es wird beim Personal gespart. Wolfgang Overath klagt: „Wir gehören zu den Kleinverdienern der Bundesliga."

Wenig erfreut sind auch die Dortmunder Borussen über die Ansage ihres neuen Trainers Herbert „Budde" Burdenski, der den glücklosen Horst Witzler abgelöst hat und sich als Übungsleiter von altem Schrot und Korn zeigt. Seiner bisher so enttäuschenden Mannschaft verbietet er vorerst Alkohol sowie den nächtlichen Besuch von Bars und Kneipen. „Sollte ich einen erwischen, ist er bei mir absolut weg vom Fenster." Dass der Mann auch noch eingefleischter Schalker ist – er wurde als Teil des „Schalker Kreisels" zweimal Deutscher Meister –, stört dagegen kaum jemanden in Dortmund.

★ ★ ★

„Das ist neu in Deutschland: Bürger setzen sich zur Wehr. Der Untertan begehrt auf. Es heißt nicht mehr: Kleiner Mann, was nun?, sondern: Kleiner Mann, was tun?" So beschreibt die „Süddeutsche Zeitung" im Rückblick auf das Jahr 1971 einen politischen Trend in der Bundesrepublik. Der Artikel blickt auf Initiativen gegen Wohnraumzerstörung, Luftverschmutzung und übertriebene Betonpisten. In München gibt's Proteste gegen einen neuen Großflughafen, in Duisburg gegen ein Chemiewerk, in Hamburg gegen die Zerstörung eines Naherholungsgebietes. Häuser werden besetzt, Plakate geklebt, Demonstrationen organisiert, Straßenbahnschienen besetzt, Obdachlosenhilfen ins Leben gerufen. Und unliebsame Trainer, so könnte man ergänzen, werden wie in Bielefeld oder Hannover von den Spielern gestürzt. Die „Süddeutsche" resümiert: „Was die Studenten in den Jahren 1968 und 1969 vormachten, greifen die Bürger auf."

Zwischen Radikalismus im linken Milieu und verkrusteter Reaktion des „Establishment" keimt eine vielfarbige Bewegung von Menschen, die für mehr Demokratie und Mitbestimmungsrechte eintreten oder gegen Kriege und soziale Ungerechtigkeiten protestieren. In den neuen Umweltinitiativen verbindet sich der Konservativismus traditioneller Naturbewahrung mit gesellschaftlicher Kritik am industriellen Raubbau. Mancherorts entstehen bisher undenkbare Bündnisse. In Dortmund legen Jugendliche und Hoesch-Stahlarbeiter zwei Wochen lang die Straßenbahn lahm, um eine Tariferhöhung zu verhindern. Ihr Motto beschwört gleichermaßen Fußball und Politik: „Borussia rauf, Fahrpreise runter!" Leider passiert dann genau das Gegenteil.

★ ★ ★

Der Begriff „aufmüpfig" leitet sich etymologisch ab vom Verb „muhen", eine bereits im 15. Jahrhundert bezeugte, lautmalerisch den Kühen nachempfundene Umschreibung für „laut brüllen". Aus dem Verb bildet sich im Verlauf der Jahrhunderte das Adjektiv „müpfig", das im Süddeutschen zu „aufmüpfig" wird, ohne dass sich an der Bedeutung etwas ändert: Gemeint ist eine „aufsässige" bzw. „widersetzliche" Haltung. In den sechziger Jahren, vor allem im Zusammenhang mit der 68er-Bewegung und der neuen Jugendkultur, sickert der Begriff nach und nach in den Sprachgebrauch der gesamten Bundesrepublik, wird populär, auch in Wiesbaden, wo die Gesellschaft für Deutsche Sprache ihren Sitz hat. Und deren Germanisten gefällt „aufmüpfig" so gut, dass sie es zum Wort des Jahres 1971 erheben. Es ist das erste Mal überhaupt, dass eine solche Wahl erfolgt, und es bleibt für einige Jahre auch das letzte Mal. Erst 1977 gibt es wieder ein „Wort des Jahres", von da an regelmäßig im Jahresrhythmus.

Auch so gesehen, steht der Begriff „aufmüpfig" nicht nur für das Jahr 1971, sondern für eine ganze Ära.

JANUAR 72

*„Hier ist der Scheideweg erreicht, an dem sich die Zukunft
unseres Fußballs und seiner Spitzenklasse entscheidet:
als Sport – oder als sportlich garniertes Spektakel."*

DFB-Chefermittler HANS KINDERMANN über den Bundesligaskandal
in dem Anfang 1972 erschienenen „Fußball-Jahrbuch"

*„Durch die Vorgänge in der Bundesliga sind sich Toto
und Lotto eigentlich recht nahegekommen."*

Der Fernsehmoderator ROBERT LEMKE, ebenfalls über
den Bundesligaskandal, zitiert in „Konkret" Nr. 4/1972

*„England ist bereit für die dritte Schlacht
gegen Westdeutschland."*

Die „Daily Mail" am 13. Januar nach der Auslosung des
EM-Viertelfinals. Mit den bisherigen „Schlachten" sind das
WM-Finale 1966 und das WM-Viertelfinale 1970 gemeint
und ausnahmsweise nicht die beiden Weltkriege.

Müller will weg. Maier auch.
Breitner auch. Hoeneß auch

„Die Show gehört zum Geschäft." Schalke-Präsident Günter Siebert weiß, wie moderner Fußball funktioniert. Und das, obwohl er in Schalke zu den Helden der Vergangenheit zählt, als Mitglied der letzten Meistermannschaft 1958. Doch während seine alten Mitspieler sich nach der aktiven Zeit mit einem Tabakladen oder einer Tankstelle durchschlagen, verfolgt Siebert ehrgeizigere Pläne: Zwar beginnt auch er mit einem Kiosk, aber bald besitzt er eine ganze Kette davon, und Lebensmittelläden kommen dazu. Dort wird preiswert direkt aus den Verpackungskartons verkauft, weshalb sie „grauer Markt" getauft werden. Den Vater von sieben Kindern nennen alle bald nur noch „Oskar", nach einer damals populären Comicfigur, die es allerdings nur auf fünf Nachkommen bringt. 1967 beerbt der erfolgreiche und selbstbewusste Geschäftsmann die Vereinsikone Fritz Szepan als Schalke-Präsident und führt S04 in die Moderne. Auf Schalke wie bei anderen Spitzenklubs beginnt eine zwei Jahrzehnte während Transformationsphase. Aus den patriarchisch strukturierten, regional verwurzelten Vereinen entstehen gut geölte Maschinen der Unterhaltungsindustrie, die aus dem Spiel ein glamouröses Event machen und auf einen zunächst nationalen, später auch globalen Markt zielen.

Noch sind die Anfänge bescheiden, doch die Richtung ist eindeutig. Die „Show", die sich Siebert zum Auftakt der Rückrunde ausgedacht hat, besteht aus tausend knallig leuchtenden, blauweißen Schals, die er produzieren und für zwölf Mark verkaufen lässt. Vom präsidialen Farbenrausch beflügelt, startet seine Elf grandios in die zweite Saisonhälfte: 5:0 über Hannover 96. Allein Klaus Scheer trifft dreimal und setzt dazu noch einen Elfmeter an den Pfosten; auch Klaus Fischer lässt ein paar gute Chancen liegen. Das interessiert keinen, bei dem Ergebnis. Vor allem das

Schalker Mittelfeld mit Lütkebohmert und van Haaren sowie die „fürchterliche Flügelzange Libuda/Kremers" („Bild") können überzeugen. Die Gegner aus Niedersachsen ergeben sich schon nach dem zweiten Gegentreffer in ihr Schicksal.

★ ★ ★

Das prominenteste Gesicht der Mannschaft, Stan Libuda, hat der „Kicker" zuvor auf seine Titelseite gerückt und dem stillen Star eine Geschichte gewidmet: „Er ist die ‚Sphinx' unter unseren Nationalspielern. Kein Gegner weiß, woran er bei ihm ist, doch seine Trainer und Mitspieler sind oft in der gleichen Lage. An einem guten Tag ist der Schalker der beste Rechtsaußen der Welt, dann kann er ein Spiel beinahe ganz allein entscheiden." Aber er könne einen Tag später auch bestenfalls Mittelmaß zeigen.

Die „guten Tage" sind meistens Heimspiele, wenn von den Rängen keine Pfiffe zu hören sind, sondern Aufmunterung. Selbst in der Glückauf-Kampfbahn wollen Mitspieler erkannt haben, dass er in der Halbzeit besser ist, in der er auf der Tribünenseite spielt, denn da sitzen seine treuesten Fans. Beständig aber ist letztlich nur seine Unbeständigkeit.

Libuda selbst weiß das: „Wenn ich meine gute Form habe und in Laune bin, brauche ich niemanden in Deutschland zu fürchten. Dann spiele ich notfalls alleine gegen eine ganze Abwehr." Aber: „Ich lebe unheimlich vom Gefühl und bin sehr anfällig für irgendwelche Stimmungen. Ich merke oft schon nach fünf Minuten, ob ein Spiel gut oder schlecht läuft. Ich weiß genau, dass das meine Schwäche ist, aber ich kann mich nicht ändern. Ich bin, wie ich bin."

Rätselhaft bleibt, was seine Stimmung in solchen Momenten so entscheidend beeinflusst. Vielleicht ist es der erste Ballkontakt, dessen Gelingen über die weiteren 90 Minuten entscheidet. Oder die Härte seines Gegenspielers. Oder dessen Skrupellosigkeit. Unter Verteidigern kursiert der Ratschlag, den Stan während des

Spiels auf vermeintliche Seitensprünge seiner Frau anzusprechen: „Die liegt doch jetzt mit 'nem anderen im Bett." Libuda behauptet, der eisenfüßige und schwerfällige Otto Rehhagel, derzeit in Kaiserslauterns Abwehr zu Hause, habe mit derlei Sprüchen angefangen, „als er sich bei meinen Dribblings nicht mehr anders zu helfen wusste, weil ich ihn schwindlig gespielt hatte".

★ ★ ★

Bei den Bayern rumort es. Zwar kann man dank eines Müller-Tores und eines 1:0 über Fortuna Düsseldorf in der Tabelle den Anschluss halten, doch mindestens drei prominente Spieler pokern offen um bessere Dotierungen.

Allen voran der Torjäger selbst. Gerd Müller stellt sich in der damals beliebten „Kicker"-Rubrik „Sportstars im Kreuzverhör" den Leserfragen. Zu den Spielregeln gehört, dass die Antworten spontan gegeben und über drei Ausgaben als kleine Serie unverfälscht abgedruckt werden. Und so liest man Bekenntnisse wie diese: „Der 1. FC Nürnberg war mein Lieblingsklub, als ich noch ein Bub war." – „Ich finde lange Haare, wenn sie gepflegt sind, sehr schön." – „Ich gehe nicht in die Kirche, ich bin aber deshalb kein Feind der Kirche." – „Meine Adresse ist 8021 Straßlach, Ludwig-Thoma-Straße 12." – „Ich fahre einen Mercedes 350 SL. Meine Autonummer ist WOR-M 99."

Über seinen Abwanderungswillen fort von den Bayern lässt er wenig Zweifel: „Mit achtzigprozentiger Sicherheit werde ich den FC Bayern verlassen." – „Wenn ich es mir aussuchen könnte, ginge ich am liebsten zu Borussia Mönchengladbach." – „Ich würde zu Hertha BSC gehen, wenn mir der Verein ein Angebot machen würde." – „Wenn ich ein gutes Angebot bekäme, würde ich auch zum VfB Stuttgart gehen." – „Ich gehe auch ins Ausland, wenn der Vertrag sehr gut ist."

Bei anderer Gelegenheit, im vermutlich ebenso ungefilterten Telefoninterview mit der „Braunschweiger Zeitung", legt Müller kurz darauf nach: „Auf jeden Fall" werde er gehen. „Es ist für mich die letzte Chance, ganz großes Geld verdienen zu können." Der Verein versucht, die Hürden für einen Abgang hoch zu halten: „Wer Müller haben will, muss 1,5 Millionen Mark Ablöse bezahlen, weil der Vertrag noch bis 1973 läuft." Angeblich ist Feyenoord Rotterdam bereit, so viel hinzublättern; Müller bestätigt Verhandlungen mit den Niederländern, behauptet sogar: „In den nächsten 14 Tagen unterschreibe ich bei Feyenoord." Das Problem der Bayern: Ihr Spiel ist auf die Weltklasse-Achse Beckenbauer/Müller zugeschnitten. Trainer Lattek weiß: „Die gesamte Spielanlage müsste geändert werden, wenn beispielsweise Uli Hoeneß Mittelstürmer wäre."

Auch das dritte Glied dieser Achse, Torhüter Sepp Maier, ist mit seinem Grundgehalt von 2.000 Mark unzufrieden; 3.500 Mark, so meint er, seien für einen Nationaltorhüter angemessen. Sein wütender Vereinsboss Wilhelm Neudecker veröffentlicht daraufhin Maiers Lohnzettel. Darauf summieren sich Grundgehalt und Prämien zu einem monatlichen Betrag von rund 9.500 Mark. Das Durchschnittseinkommen bundesdeutscher Beschäftigter beträgt 1.250 Mark, Maier verdient also das 7,6-Fache. (Auf heutige Verhältnisse und einen Durchschnittslohn von 2.800 Euro bezogen, hieße das: Manuel Neuer müsste sich mit monatlichen 21.280 Euro zufrieden geben.)

Über einen Arbeitsplatzwechsel denkt auch Paul Breitner nach: „Ich möchte wenigstens das verdienen, was ich anderswo innerhalb von zehn Minuten aushandeln kann." Seit einer Woche verhandele er „ständig mit anderen Vereinen", und: „Ich erwarte noch in dieser Woche den entscheidenden Anruf meines Interessenten." Vorsichtshalber lobt der Verein auch für ihn eine Ablösesumme aus: Breitner ist ihm halb so viel wert wie Müller, nämlich 750.000 Mark. Außerdem macht man dem Jungstar ein neues Angebot. Doch Breitner motzt: „Mein Entschluss steht fest."

Kumpel Uli Hoeneß schließlich sinniert ebenfalls über einen Abschied von den Bayern: „Wenn der Paul geht, dann gehe ich auch." Die Medien spekulieren, die beiden hätten sich gemeinsam bereits einen neuen Verein gesucht. 200.000 Mark Handgeld sollen sie angeblich fordern, für jeden und netto. Öffentlich versichert Hoeneß noch einmal, er wolle bis zu den Olympischen Spielen im Sommer Amateur bleiben, und verlangt von den Bayern Garantien, dass er danach einen Profivertrag erhält. Einen gut dotierten, versteht sich.

★ ★ ★

Gefeilscht wird auch um Bundestagsabgeordnete. Die parlamentarische Mehrheit der SPD/FDP-Koalition schwindet. Seit Beginn der Legislaturperiode sind bereits drei FDP-Abgeordnete zur CDU/CSU-Fraktion übergelaufen. Nun hat auch der Vertriebenenfunktionär Herbert Hupka aus Protest gegen Brandts Ostpolitik die SPD-Fraktion verlassen und will sich der CDU anschließen. Rainer Barzel, energischer Chef der Unionsfraktion, lockt weitere Überläufer: mit dem Versprechen sicherer Listenplätze, mit Aussichten auf „Beraterverträge" und ähnlichen Wohltaten. Mittlerweile fehlen nur noch zwei oder drei Stimmen an einer Mehrheit gegen die Ostpolitik. In seinen „Erinnerungen" wird Willy Brandt lapidar festhalten: „Geld war im Spiel, nicht erst '72."

Die regierende SPD-FDP-Koalition hält dagegen und setzt ihrerseits zweifelhafte Methoden ein, um wankelmütige Abgeordnete zu halten. Der Journalist Peter Merseburger schreibt: „Verdient unscheinbare Hinterbänkler begrenzten politischen Verstandes rücken da plötzlich ins historische Rampenlicht, um jede einzelne Seele wird gerungen." Von Geldversprechungen ist die Rede und von politischen Zugeständnissen in der Wirtschaftspolitik.

Zwei Kernstücke der Ostpolitik, der Warschauer und der Moskauer Vertrag, sollen noch im Frühjahr den Bundestag passieren. In ihnen sollen die Nachkriegsgrenzen Polens und der Sowjetunion festgeschrieben und die Entspannungspolitik vertieft werden. Bei einem Scheitern wäre die Kanzlerschaft Willy Brandts zu Ende.

★ ★ ★

„Es ist an der Zeit, im behördlichen Sprachgebrauch der Gleichstellung von Mann und Frau und dem zeitgemäßen Selbstverständnis der Frau von ihrer Stellung in der Gesellschaft Rechnung zu tragen. Somit ist es nicht länger angebracht, bei der Anrede weiblicher Erwachsener im behördlichen Sprachgebrauch anders zu verfahren, als es bei männlichen Erwachsenen seit jeher üblich ist. (…) Im behördlichen Sprachgebrauch ist daher für jede weibliche Erwachsene die Anrede ‚Frau‘ zu verwenden."

Anordnung des Bundesinnenministers Hans-Dietrich Genscher vom 16. Januar 1972, mit der ein Gebrauch der bislang üblichen Anrede „Fräulein" für unverheiratete Frauen abgeschafft wird.

★ ★ ★

Heinrich Böll verzweifelt an den heftigen Reaktionen, die sein „Spiegel"-Essay zu Ulrike Meinhof hervorgerufen hat. An Willy Brandt schreibt er Ende Januar: „Ich gebe zu, dass ich das Ausmaß der Demagogie, das ich heraufbeschwören würde, nicht ermessen habe." Der Bundeskanzler, der selbst schon mehrfach Opfer von Diffamierungskampagnen geworden ist, rät dem Schriftsteller: „Resignieren sollten Sie nicht. Ich habe es auch nicht getan."

Doch Böll reagiert verbittert. Dem Südwestfunk, dessen Kommentator ihn einen „salonfaschistischen Sympathisanten" der RAF nannte, kündigt er die Mitarbeit. Den Axel-Springer-Verlag, „der mich via Verlagskonzentration und via Zweitrecht aus einem harmlosen Ullstein-Autor zu einem Springer-Ullstein-Autor gemacht hat" und in dem er „Verleumder und offenbar manische

Demagogen" am Werk sieht, bittet er um Auflösung der Autorenverträge. Für deutsche Institute im Ausland will er künftig nicht mehr als „Kulturexport" zur Verfügung stehen. Und den ZDF-Kommentator Gerhard Löwenthal, der ihn einen „Sympathisanten des Linksfaschismus" schimpfte, will er verklagen.

Manche dieser Ansagen relativiert er später, sein Schriftstellerkollege Günter Grass bittet ihn, „die Bundesrepublik nicht mit der Springerpresse gleichzusetzen". Böll antwortet ihm: „Wie Sie wissen, ist es sehr anstrengend, in einer Kläranlage zu schwimmen und Luft zu bekommen, besonders, wenn man von leseunkundigen Christen umstellt ist." Er leidet tief unter den Anwürfen. In einem Fernsehinterview sagt er: „Ich kann in diesem Land, in diesem gegenwärtigen Hetzklima, nicht arbeiten. Und in einem Land, in dem ich nicht arbeiten kann, kann ich auch nicht leben." Für einige Zeit zieht er sich nach Irland zurück. Die „Bild", die den Schriftsteller seit dessen „Spiegel"-Essay regelmäßig ins Visier nimmt, hämt: „Weinerlicher, wehleidiger, melodramatischer geht's nun nicht mehr. Jeder blamiert sich, so gut er kann."

An seinen Schriftstellerkollegen Lew Kopelew, der in der Sowjetunion als Dissident gilt und Repressalien ausgesetzt ist, schreibt Böll, er sei von den Vorgängen „erschöpft, erschöpft". Kopelew antwortet ihm: „Die Hexenjagd in den 70er Jahren unterscheidet sich von derjenigen aus den Zeiten der Inquisition etwa so wie die Atombombe von den damaligen Kanonen. Du hast die modernen Hexenjäger und Teufelsvertreiber angegriffen. Sie werden es Dir nie verzeihen, aber anders konntest du nicht handeln."

★ ★ ★

Irgendwann im Winter 1971/72 schreiben Rio und Lanrue „Keine Macht für Niemand", eines der bekanntesten Stücke von Ton Steine Scherben. Über die Entstehung des Songs existieren mysteriöse Geschichten. Rio selbst erzählt in seiner Biografie, eines Tages sei eine entfernte Bekannte am T-Ufer aufgetaucht: „Flüsternd und konspirativ bestellte sie eine Hymne für den bewaffneten Kampf, die dringendst gebraucht werde." Dahinter habe die „Firma RAF" gesteckt, doch deren „Kommandoebene" habe das fertige Lied „als Blödsinn, irrelevant und für den antiimperialistischen Kampf unbrauchbar" abgetan.

Rio-Biograf Hollow Skai dagegen hält das Lied für eine „Auftragsproduktion der Bewegung 2. Juni", schildert aber auch, Jörg Schlotterer, der religiöse Berater der Scherben, habe in Frankfurt Holger Meins und Andreas Baader getroffen, „die ihn aufforderten, ‚mal ein zünftiges Lied für die RAF' zu machen". Bassist Kai Sichtermann bestätigt, es habe sich um eine „Auftragsproduktion mit dem Arbeitstitel ‚Hymne für den bewaffneten Kampf'" gehandelt, lässt aber offen, wer dahintergesteckt habe. Ein weiterer Rio-Biograf, Wolfgang Haberl, schließlich zitiert Zeitgenossen, die das Gerücht vom geheimnisvollen Auftraggeber für Unsinn halten. Der berühmte Titel des Songs sei in Wahrheit einem damals veröffentlichten Anarcho-Comic entnommen worden. Was über einen möglichen Auftrag allerdings nichts aussagt.

Wie auch immer, „Keine Macht für Niemand" ist musikalisch eines der besten Scherben-Stücke und textlich ein ebenso schlichtes wie authentisches Zeitdokument. Abgrenzungen gegenüber der als feindlich empfundenen Umwelt wie: „Ich bin nicht frei und kann nur wählen / welche Diebe mich bestehlen, welche Mörder mir befehlen", stehen neben Appellen zur Solidarität: „Reißen wir die Mauern ein, die uns trennen / Kommt zusammen, Leute, lernt euch kennen". In solchen Formulierungen sieht eine oppositionelle Jugend ihr Lebensgefühl ausgedrückt: Frustrationen, Liebe, Hoffnungen – und tanzen kann man auch gut dazu.

Dass die politische Zielsetzung des Liedtextes reichlich vage bleibt, erweist sich eher als Vorteil: Linke aller Stilrichtungen singen gerne mit, Zentralkomitees und andere Kommandoebenen ausgenommen. Bei Konzerten der Scherben wird „Keine Macht für Niemand" bald zum Höhepunkt des Abends. (Noch

2018 eröffnen die populären Indie-Rocker „Kraftklub" ihren Auftritt damit, dass sie das alte Scherben-Stück original vom Band dröhnen lassen. Und beenden ihn mit einem gecoverten „Junimond", einem von Rios Solo-Stücken.)

Theater um Charly

Bundesliga, 19. Spieltag +++ 29. Januar 1972

Die Zuschauerzahlen im weitläufigen Stuttgarter Neckarstadion nähern sich schleichend denen bei Scherben-Konzerten an. Ganze 4.500 wollen ihren VfB gegen Eintracht Braunschweig spielen sehen. Mit der beginnenden Rückrunde zeigt sich nun doch, dass der Skandal das Publikum abschreckt. Stärker noch als die Stuttgarter ist ihr Gegner aus Braunschweig davon betroffen. Lothar Ulsaß und Max Lorenz, zwei ihrer wichtigsten Spieler, fehlen, denn das DFB-Bundesgericht hat gegen sie mittlerweile eine zweijährige Sperre verhängt. Für die Spieler bedeutet dies faktisch das Ende ihrer Laufbahn, denn beide sind schon über 30 Jahre. Grund ist das Bielefelder Schmiergeld beim Spiel gegen Oberhausen.

Die verbliebenen Braunschweiger Spieler müssen sich an leere Ränge im eigenen Stadion gewöhnen. Bei den vorherigen Heimspielen kamen nur 6.000 gegen Bielefeld und 7.000 gegen Bochum. Auch Hertha BSC ist vom Zuschauer-Boykott betroffen: Weniger als 12.000 verloren sich vergangene Woche im großen Olympiastadion, wo sie ein 2:1 über den VfB sahen. Inzwischen sind nach Patzke und Wild drei weitere Hertha-Spieler wegen des manipulierten Spiels gegen Arminia Bielefeld vom DFB-Bundesgericht lebenslang gesperrt: Zoltan Varga, Jürgen Rumor und der 36-fache rumänische Nationalspieler Laszlo Gergely.

Dass die Berliner zur Rückrunde überhaupt antreten können, verdanken sie einem unbekannten Gönner: Als der hoch verschuldete Klub die Januar-Gehälter seiner Spieler nicht zahlen kann, besorgt der Mann binnen Stunden einen 150.000-Mark-Kredit, den die Hertha selbst nie bekommen hätte.

★ ★ ★

Tabellenführer Schalke 04 blamiert sich mit einer 0:2-Niederlage beim MSV Duisburg. In 90 Minuten erspielt man sich nicht eine einzige Torchance. Reinhard Libuda ist ein Totalausfall. In der ersten Halbzeit ist er nur viermal am Ball und verstolpert jedes Mal, danach wird er ausgewechselt. Ganz offensichtlich kommt er mit den winterlichen Bedingungen nicht zurecht; der hart gefrorene Boden im Wedaustadion ist mit Eis und Schnee bedeckt. Die MSV-Fans verhöhnen ihn mit Sprechchören: „Libuda, ha-ha-ha", und sein Präsident Siebert schimpft, man hätte Libuda schon nach fünf Minuten herausnehmen müssen. Der Gescholtene schiebt seine schlechte Verfassung erst auf das Schuhwerk, dann auf die Vereinsführung: „Ich bin sauer auf unseren Vorstand. Jetzt laufe ich schon monatelang hinter Forderungen her, die man mir vor zwei Jahren schon erfüllen wollte. Das schlägt mir aufs Gemüt." Vermutlich meint er das Darlehen für sein Mietshaus, das wegen der Bestechungsvorwürfe noch auf Eis liegt. Erst nach einer Aussprache mit dem Trainer entschuldigt sich der Stan kleinlaut für die desaströse Leistung und zahlt freiwillig hundert Mark in die Mannschaftskasse.

Blamiert hat sich auch der Hamburger SV, mit einem 0:0 gegen Borussia Dortmund vor gerade mal 7.000 missmutigen Zuschauern. Seit 291 Minuten sind Uwe Seeler und Co. nun ohne eigenen Torerfolg. „Früher konnte ich für drei spielen, aber heute müsste mich die Mannschaft einmal mitreißen", beschwert sich Uwe, der 35-Jährige.

Außerdem gibt es in Hamburg ein absurdes Theater um Gert „Charly" Dörfel, elffacher Nationalspieler, hanseatisches Urgestein auf Linksaußen, genialer Flankengeber für Uwe, eigenwilliger

Halbglatzenkopf und talentfreier Schlagersänger („Das kann ich dir nicht verzeihen"). Mittlerweile ist er 32 Jahre alt, und als man den Oldie auf der strapaziösen Südostasien-Tournee, die der HSV in der Winterpause absolviert, vorsichtshalber auf die Bank setzen will, streikt er beleidigt. Das Präsidium kündigt noch in Jakarta Konsequenzen an, und prompt kündigt Charly seinerseits an, er werde sich aus dem Hotelfenster stürzen. Vom vierten Stock. Mitspieler Hans-Jürgen Hellfritz kann ihn gerade noch davon abhalten. Diese Story jedenfalls bringt der Hamburger Boulevard nach der Rückkehr der Mannschaft in großen Lettern.

Dörfel hat zwar inzwischen eine 500-Mark-Strafe für seine Bank-Rebellion akzeptiert, doch als er die Schlagzeilen liest, wird er doch wieder ziemlich sauer. Er will alle verklagen: Präsidium, Trainer, Journalisten und auch Hellfritz. Es kommt zur Aussprache mit Uwe Seeler, danach verkündet Dörfel: „Es ist besser, wenn der HSV und ich uns trennen." Das sieht auch das HSV-Präsidium so und einigt sich mit ihm am Rande des Dortmund-Spiels: Charly soll sich einen neuen Verein suchen, bis zum Ende der Saison bekommt er aber noch sein Gehalt. Die allerletzte Wendung bleibt nicht aus: Nun will plötzlich Dörfel doch nicht gehen: „Ich möchte nochmals drüber reden." Doch bei dieser Rochade mag der Verein nicht mehr mitspielen. Wenig später erteilt er dem Spieler Platzverbot für den Rothenbaum – „aufgrund verschiedener Vorkommnisse, die wir im Interesse von Gert Dörfel nicht bekanntgeben möchten". Laut Boulevardpresse, die sich damit nicht zufriedengeben mag, hat sich Dörfel „zu persönlichen Beleidigungen übelster Art" hinreißen lassen. Über deren Inhalt werden verschiedene Versionen in die Welt gesetzt, mit vielen „soll" und „angeblich".

★ ★ ★

Weil die Zuschauerzahlen in der Bundesliga nicht erst in jüngster Zeit, sondern schon seit der ersten Saison 1963/64 tendenziell sinken, ist man beim DFB alarmiert und hat beim Marktfor-schungsinstitut Infratest eine Umfrage in Auftrag gegeben. Die Ergebnisse, die Anfang 1972 im DFB-Jahrbuch veröffentlicht werden, berücksichtigen noch nicht die Auswirkungen des Bestechungsskandals. Hauptsächlich rügen die Zuschauer demnach den mangelnden Komfort in den Stadien: zu wenig Sitzplätze, zu wenig Überdachung. „Interessanterweise", so die Studie, „kann hier angemerkt werden, dass die Komfortansprüche der jüngeren Jahrgänge – der unter 30-Jährigen – bedeutend ausgeprägter sind als die der älteren Zuschauer."

Bemängelt werden außerdem zu hohe Eintrittspreise; diese liegen in der laufenden Saison zwischen vier Mark (billigster Platz in Dortmund) und 25 Mark (teuerster Platz in München). Und man bemängelt eine defensive, taktisch orientierte Spielweise. Diese sei „für zahlreiche – vor allem ältere – Zuschauer zu kompliziert und damit unverständlich geworden". Außerdem: „Mehr als die Hälfte der Befragten ist der Meinung, dass die meisten Fußballspieler zu viel verdienen."

★★★

Die ARD ändert kurzfristig ihr Programm. Für den 31. Januar sollte zur besten Sendezeit ein Film mit programmatischem Titel gesendet werden: „Nicht der Homosexuelle ist pervers, sondern die Situation, in der er lebt". Rosa von Praunheims Werk endet mit einem Appell, die Stigmatisierung schwulen Lebens aktiv zu überwinden: „Raus aus den Toiletten, rein in die Straßen." Das mag die Mehrheit der ARD-Programmdirektoren nicht durchgehen lassen. Sie setzen den Film ab.

Der Paragraf 175, der Homosexualität unter Strafe stellt, ist zwar 1969 endlich gelockert worden. Gleichgeschlechtliche Handlungen zwischen Personen ab 21 Jahren sind seither straffrei, doch wer mit einem Jüngeren Sex hat, macht sich strafbar. Die Ächtung durch große Teile der Gesellschaft hält sich ohnehin.

Ausgerechnet dieser Umstand dient den ARD-Programmdirektoren als scheinheiliges Argument: Durch seine Offenheit würde der Film „bestehende Vorurteile bestätigen oder verstärken, statt sie abzubauen". Selbst der WDR hält das für Unsinn und zeigt den Streifen eigenständig in seinem Dritten Programm, vorsichtshalber ergänzt durch eine anschließende Diskussion. (Ein Jahr später läuft der Film dann doch noch in der ARD, minus dem Bayerischen Rundfunk, der sich ausklinkt und seinen Zuschauern stattdessen das Rennfahrer-Epos „Benzin im Blut" vorsetzt.)

Ob Rio sich den Film angesehen hat, weiß man nicht. Interessiert hätte er ihn mit Sicherheit, denn Rio ist schwul. In seiner Jugend hat er es verborgen gehalten, er outet sich gegenüber seinem Bruder Gert erst, als er 18 Jahre ist. Das ist im Jahr 1968, und Homosexualität steht da noch unter Strafe. Die gesetzliche Lockerung ein Jahr später hilft ihm, wegen der seltsamen Altersgrenze, kaum. Zumal er, aus bekannten Gründen, zu jeder Tages- und Nachtzeit mit staatlichem Besuch rechnen muss. Das ist nicht nur Theorie: Immerhin 362 Verurteilungen nach Paragraf 175 zählt man in diesem Jahr 1972 für die Bundesrepublik.

Aber schlimmer als drohende Verfahren ist die alltägliche Situation: Auch in der linken Szene ist Schwulsein noch nicht Normalität, nicht wirklich verpönt, aber irgendwie fremd. Selbst Kai Sichtermann ist „ziemlich durcheinander", als er erstmals von Rios Homosexualität erfährt: „Ich hatte aus meiner Schulzeit ein negatives Vorurteil gegen Schwule, das war zu der Zeit ja allgemein so. Und jetzt spielte ich in einer Band mit einem Schwulen zusammen – das musste ich erst einmal verdauen. Ich glaube, es dauerte drei, vier Tage, dann hatte ich mich daran gewöhnt."

Schwulsein bleibt nicht selten mit Einsamkeit verbunden. „Mit der Liebe hat Rio", sagt sein Bruder Gert, „zeit seines Lebens am meisten gekämpft. Vielleicht war das Unglück in der Liebe seine Triebfeder." Im Song „Asphaltcowboy", den er in jenen Jahren schreibt, aber nicht veröffentlicht, singt Rio: „Ja, ich bin vom anderen Ufer / Und der Fluss ist unsere Angst." Und seinem Tagebuch vertraut er an: „Dann ist es auch dumm für mich, dass ich in der Wohnung der einzige Typ bin, der auf Typen steht. Es ist schlimm, weil ich mich einsam fühle, weil ich glaube, dass ich manche Sachen anders fühle und kein anderes Gefühl habe oder verstehen will."

★ ★ ★

Im Westberliner Untergrund hat sich etwas zusammengebraut. Schockiert vom Tod des Georg von Rauch, mögen es einige Aktivisten nicht mehr bei Worten und symbolischen Taten bewenden lassen. Bommi Baumann und Thomas Weisbecker befinden sich darunter, die vorher zum Zentralrat der umherschweifenden Haschrebellen zählten, ebenso der selbsternannte „Spaßguerilla"-Kämpfer und als „Kommunarde" berühmt gewordene Fritz Teufel. Sie gründen die Bewegung 2. Juni, benannt nach dem Todestag von Benno Ohnesorg. Ihre erste Aktion am 2. Februar 1972 sind Sprengstoffanschläge auf einen britischen Yachtclub in Berlin sowie auf zwei Autos der alliierten Streitkräfte.

Anlass des Attentats ist der Bloody Sunday, der nur drei Tage zuvor Nordirland erschüttert hat. In der Stadt Derry marschieren 20.000 Bürgerrechtler durch das Katholikenviertel Bogside, als britische Soldaten plötzlich das Feuer eröffnen. 13 Demonstranten sterben, 13 weitere werden angeschossen. Die Armeeführung behauptet, die katholisch-republikanischen Protestierer hätten zuerst geschossen. Das wird sofort angezweifelt, denn kein Soldat ist verletzt, dafür sind mehrere Demonstranten im Rücken getroffen worden. Ein katholischer Priester berichtet, Elitesoldaten hätten „blindlings" und „fast mit Vergnügen" auf Menschen gezielt. (Viele Jahre später, im Juni 2010, weist ein offizieller Untersuchungsbericht nach, dass tatsächlich die Soldaten zuerst und grundlos geschossen haben. Gegen einige von ihnen wird wegen Mordverdachts ermittelt.)

Der Bloody Sunday verschärft den nordirischen Bürgerkrieg zwischen loyalistischen Protestanten und katholischen Republikanern erheblich und löst international Proteste aus. Bernadette Devlin, Ikone des nordirischen Widerstands, spricht von „Massenmord durch die Armee" und ohrfeigt im Parlament den Innenminister der Tory-Regierung. In Dublin stürmen 50.000 aufgebrachte Demonstranten die britische Botschaft und brennen sie bis auf die Grundmauern nieder. 1972 wird zum blutigsten Jahr der Troubles.

In Berlin endet der Sprengstoffanschlag der Bewegung 2. Juni tragisch. Der Hausmeister im Yachtclub, Erwin Beelitz, findet eine der Bomben, hält sie für harmlos und nimmt sie mit in seine Werkstatt. Als er sie in den Schraubstock spannt und darauf herumhämmert, explodiert die Bombe, und Beelitz erleidet tödliche Verletzungen.

FEBRUAR 72

„Libuda ist ein psychologisches Rätsel!"

Schalkes Trainer HORVATH nach dem 3:0-Sieg
über den Hamburger SV am 20. Spieltag

*„Wenn das Theater nicht bald aufhört, werde ich schon
demnächst beim FC Bayern meinen Vertrag verlängern,
dann hat sich's."*

GERD MÜLLERS unorthodoxe Verhandlungstaktik um eine
bessere Bezahlung in München und die Berichterstattung darüber

*„Hab ich gelesen erste Seite – war da Hoffnung. Hab ich
gelesen zweite Seite – hm. Hab ich gelesen dritte Seite – ist
kein gewöhnliches Buch. Ist schade für Zeit, bitte särr."*

PETAR RADENKOVIC, ehemaliger Kulttorhüter beim
TSV 1860 München, laut „Spiegel" über Peter Handkes
Buch „Die Angst des Tormanns beim Elfmeter", dessen
Verfilmung im Februar TV-Premiere feiert

„Gegen den Teufel"

„Er hat seine Sabotage von Duisburg eingesehen und wir erlebten, wie gut ein von seelischen Depressionen befreiter Libuda aufspielen kann." Schalkes Trainer Horvath ist von seinem Rechtsaußen wieder begeistert, und auch das Gelsenkirchener Publikum feiert ihn wieder mit Sprechchören. Nach Stans Auftritt gegen den HSV titelt der „Kicker" sogar: „Libuda war ‚gedopt'", meint das aber nur in übertragenem Sinn. Mit 3:0 putzen die Schalker Uwe Seeler, Willi Schulz und die anderen Hamburger aus der Glückauf-Kampfbahn.

Verfolger Bayern München patzt mit einem elenden 1:1 in Braunschweig; nach einer unruhigen Anreise im Schlafwagen der Bundesbahn ist die Mannschaft schon beim Anpfiff müde. Borussia Mönchengladbach freut sich, dass seine Partie gegen Bochum wetterbedingt ausfällt. Denn die Mannschaft muss erneut mit einer langen Verletztenliste zurechtkommen, mit Berti Vogts an der Spitze; er darf wegen einer Meniskusoperation für Wochen nicht mitkicken. Günter Netzer klagt: „Wir müssen in dieser Saison sogar gegen den Teufel spielen." Die Kader der Vereine sind noch nicht so groß, dass solche Ausfälle verkraftet werden können. Auch die Bayern, die in Braunschweig unter anderem auf Breitner verzichten müssen, leiden darunter. Die Topspieler tanzen auf vier Hochzeiten, in Meisterschaft, DFB-Pokal, Europapokal und Nationalmannschaft. Franz Beckenbauer mahnt: „Irgendwann kommt irgendwo einmal der Einbruch. Wir haben nicht 18 gleichwertige Spieler wie beispielsweise englische Mannschaften. Ich muss sogar in jedem, auch dem kleinsten Spiel dabei sein, weil es verlangt wird."

Jedenfalls haben die Bayern in Braunschweig lausig gespielt, und Schalke liegt nun wieder zwei Punkte vorn. Die Zuversicht wächst, denn, so Lütkebohmert: „Wir sind als Mannschaft eine wirkliche Einheit."

Einheitlich handelt man auch weiterhin im Bestechungs-skandal: Der Eid von Rüssmann, van Haaren, Fichtel, Lütkebohmert, Fischer, Libuda und Sobieray, kein Geld erhalten zu haben, steht weiterhin. Doch nun steht ein Eid dagegen: Der Bielefelder Funktionär Franz Greif sagt vor dem Essener Landgericht aus, er habe den Schalkern über deren Ex-Kollegen Waldemar Slomiany 40.000 Mark zukommen lassen, damit sie Arminia gewinnen lassen. Eine Seite hat also einen Meineid geschworen.

Slomiany streitet im selben Prozess alles ab; ostentativ setzt er sich bei der Verhandlung zwischen die ehemaligen Schalker Kollegen, direkt neben Libuda, der im gedeckten Anzug mit überbordendem Einstecktuch erschienen ist. Als gebürtiger Pole hat Slomiany bei seiner Zeugenaussage einen schweren Stand. Der „Kicker" berichtet: „Slomiany, der durch seine Sprachschwierigkeiten beim Gerichtsvorsitzenden Walter nicht so gut ankam wie der ehemalige Offizier Greif, wurde vom Gericht regelrecht unter Druck gesetzt: ‚Sagen Sie jetzt endlich die Wahrheit', wurde er angefahren. ‚Sonst müssen wir Sie dem Staatsanwalt oder Haftrichter vorführen.'" Slomiany selbst wird vom „Kicker" so zitiert: „Ich nix weiß. Ich kein Geld von Herrn Greif bekommen, also auch kein Geld weitergegeben. Ich kann nicht mehr als sagen die Wahrheit." Die „WAZ" will ihn „radebrechend" so gehört haben: „Ich wiss von nix. Habe kein Geld gekriegt, habe nix weitergegeben."

Bald darauf wird Slomiany, der mit Arminia Bielefeld am Tabellenende steht, vom DFB vorläufig gesperrt, später auf Lebenszeit.

★★★

Eine Untersuchung von 1972 ergibt, dass ausländische Bürger in den deutschen Medien oft in negativen Stereotypen dargestellt werden. Demnach finden sich in rund 3.000 untersuchten Zeitungsmeldungen und Kommentaren nur elf Prozent positive Darstellungen, „die Verständnis für die Ausländer und ihre besondere Situation in der Bundesrepublik zu wecken versuchen", während 31 Prozent Ausländer in einen negativen Kontext stellen, meist Kriminalität – obwohl es zu dieser Zeit unter den Deutschen vergleichsweise mehr Straftäter gibt als unter den Ausländern.

Dementsprechend sieht die Einstellung der deutschen zu ihren ausländischen Mitbürgern aus. Die werden ganz überwiegend als „Gastarbeiter" betrachtet, und 36 Prozent der Deutschen sehen in ihnen ein „schwieriges Problem". „Kümmeltürken" ist als abwertende Bezeichnung verbreitet, ebenso wie „Itaker", was man spätestens seit Boninsegnas Auftritt im Europapokal auch in den Fußballstadien hört.

Rund zwei Millionen Arbeitsimmigranten leben in der Bundesrepublik, seit Anfang 1972 stellen die Türken mit einer halben Million die stärkste Gruppe. Jeder zehnte Arbeitnehmer in der Bundesrepublik ist somit ein Ausländer. Nach einer Allensbach-Umfrage von 1972 sind vier von sechs Eigenschaften, die Deutsche den „Gastarbeitern" zurechnen, „eindeutig diskriminierend besetzt: laut; nicht sehr sauber, eher schlampig; hinter den Mädchen her; jähzornig, oft gewalttätig". Positiv werden lediglich Fleiß und Sparsamkeit gesehen. Die Allensbach-Forscher sehen eine „ambivalente Haltung des Durchschnittsmenschen gegenüber jenen ausländischen Arbeitnehmern, die zwar als Gäste bezeichnet, nicht immer aber als solche behandelt werden. Man braucht sie im Arbeitsprozess, und insofern ist man auch bereit, ihre Leistungen anzuerkennen. Gleichzeitig empfindet man sie jedoch als eine gewisse Last, von der man lieber heute als morgen befreit würde."

Dass „die Deutschen sich überlegen fühlen", empfindet folgerichtig eine Mehrheit der „Gastarbeiter". Eine weitere Untersuchung von 1972, durchgeführt vom Marplan-Institut, befragt 2.000 ausländische Arbeitnehmer nach ihrer Lebenssituation. Zwei Drittel von ihnen sind zufrieden, doch sie schätzen sich selbst als freundlicher, toleranter und familiärer ein als die deutschen Kollegen. Und vor allem erfahrener in der Kunst, „sich das Leben angenehm zu machen".

★ ★ ★

Nürnberg, Frankfurt, Hamburg, Ahrensburg, Tübingen, Goslar… Im Februar und März touren die Scherben in ihrem klapprigen Postbus durch die Bundesrepublik und spielen teils alleine, teils als Vorgruppe für MC5, einer wilden Truppe aus Detroit, die „Sex and Drugs and Rock 'n' Roll" sowohl propagiert wie auch praktiziert und als ein früher Vorläufer des Punk gilt. Reiser-Biograf Hollow Skai: „Die beiden Gruppen verstanden sich gut, ließen den Joint kreisen und spielten über ein und dieselbe Anlage – was schon damals nicht selbstverständlich war."

Bei den Scherben-Auftritten bildet Lanrue den Steuermann und ruhenden Pol, doch Rio dominiert die Performance mit seiner kraftvollen Stimme und seiner ruhelosen Energie. Kai Sichtermann: „Wer sonst konnte so überzeugend auf der Bühne sterben und im nächsten Song die Auferstehung zelebrieren! Die Bühne, das war Rios Wirklichkeit, die einzige, die er akzeptierte." Und Blixa Bargeld, Sänger der Einstürzenden Neubauten, der die Scherben in den Siebzigern erlebt, schreibt 20 Jahre später darüber: „Ich habe noch nie jemanden in Deutschland singen gehört und gesehen, der wie Rio in der Lage war, innerhalb von Sekunden eine intime Beziehung, geradezu eine Liebesbeziehung, mit jedem einzelnen seiner Zuhörer aufzubauen. (…) Rio Reiser strahlte Kraft und Macht aus, die er vom Publikum bekam, und er gab sie wieder zurück. Charisma ist eine Fähigkeit, die sich nicht erlernen lässt, und sie hat nichts mit Image und bloßer Bühnenpräsenz zu tun. Selbst bei einem banalen Song konnte er irgendein bestimmtes Wort so singen, dass es einem kalt den Rücken runterlief."

Rio erlebt die Alltagsrealität der Tourneen prosaischer. Es ist ein ständiger Kampf mit Geldnot, unprofessionellen Veranstaltern, politischer Korrektheit in all ihren Irrungen.

Anfangs besitzen die Scherben nur eine ziemlich zusammengestoppelte Anlage, ein brummendes, knisterndes und manchmal ersterbendes Sammelsurium mit ungenügender Wattstärke. Als über die ersten Plattenverkäufe ein bisschen Geld zusammenkommt, entschließen sie sich zum Kauf einer neuen Anlage. Heimlich, denn sie fürchten die Reaktion ihres Umfeldes. Kai Sichtermann: „Es gab zu viele Genossen im unmittelbaren Dunstkreis der Band, die sofort entsetzt aufschreien würden: Was, die Scherben haben neue Verstärker? Für soundsoviel tausend Mark? Diese Kapitalisten! Diese Verräter!"

Mit seltsamen politischen Ansprüchen werden sie oft konfrontiert. Seit sie auf der ersten LP die Telefonnummer 251 69 61 abgedruckt haben, klingelt am T-Ufer der Bakelit-Apparat. Linke Schüler- oder Studentengruppen, Knasthilfen, Jusos, Falken oder Hausbesetzer in spe fragen wegen eines Auftritts nach. Oft genug als „Solidaritätskonzert" – also ohne Gage. Wenn die Scherben ihre Unkosten aufzählen, hält mancher sie für arrogant und geldgeil. Kai: „Kein Mensch machte sich Gedanken darum, dass die Scherben nicht bloß eine Polit-Rock-Band waren, die einen Agitationsauftrag zu erfüllen hatte, sondern eine Künstlertruppe aus Individualisten, die alle ihre eigenen Wünsche, Sehnsüchte, Nöte und Hoffnungen hatten." Schon Eintrittspreise von drei Mark führen zuweilen zu wilden Protesten an der Eingangskasse. Manchmal sind sie so pleite, dass Schlotterer „einkaufen" gehen muss, angetan mit einem langen schwarzen Mantel mit vielen großen Innentaschen.

Mancher Auftritt ist vom Veranstalter schlecht vorbereitet, der Saal noch kalt, die Unterbringungsfrage nicht geklärt. Dafür erscheinen Vertreter diverser örtlicher Gruppen, die auf dem Konzert Statements vortragen wollen. Rio: „Das bedeutete einen nicht enden wollenden Wortschwall, vorgetragen im Tonfall eines evangelischen Pfarrers kurz vor der Pensionierung." Besonders fürchtet er Universitäten als Veranstaltungsorte: „Es war uns ein Gräuel, da aufzutreten, denn das Publikum saß mit verschränkten

Armen in Hörsaal, Audimax oder Mensa und erwartete, Marx' Kapital vorgesungen zu bekommen." Stramme Politkader kommen überdies mit der ganz reinen Lehre und kritisieren die Scherben-Musik als „Praline im kapitalistischen Kulturbetrieb". In seinem Tagebuch notiert Rio die Ödnis mancher Tourneestationen: „Am Mittwoch haben wir in Dortmund gespielt, einem Jugendhaus. Schlecht plakatiert. 150 Leute. Wir haben zwar gut gespielt, und die Leute sind auch abgefahren, aber auch hier war wieder reichlich Frust. Nikel hat sich am Schluss mit dem Veranstalter geprügelt." Hinterher wird ihnen zum Übernachten meist kein Hotelzimmer angeboten, sondern ein Schlafplatz in einer WG, wo vor dem Einpennen noch ein paar nächtliche Diskussionen angesagt sind.

Bielefelder Geisterelf

Kaum eine Zeitung berichtet am Morgen des 21. Spieltags über den soeben veröffentlichten „Gemeinsamen Runderlass der Ministerpräsidenten und aller Landesminister zur Beschäftigung von rechts- und linksradikalen Personen im öffentlichen Dienst", später bekannt unter dem Namen „Radikalenerlass". Kurz zuvor haben sich Bundeskanzler und Ministerpräsidenten getroffen und erörtert, was gegen eine verfassungsfeindliche Infiltration des Staates zu tun sei. Ergebnis: Einschlägig verdächtige Personen sollen entlassen oder gar nicht erst eingestellt werden. Nordrhein-Westfalens SPD-Ministerpräsident Heinz Kühn bringt es auf die reichlich schlichte Formel: „Ulrike Meinhof als Lehrerin oder Andreas Baader bei der Polizei beschäftigt, das geht nicht."

Bei der SPD steckt die Sorge dahinter, sie könne wegen ihrer Reform- und Ostpolitik in den Verdacht geraten, mit Kommunisten zu sympathisieren. Und die CDU wird nicht müde, auf

Rudi Dutschke zu verweisen, der für die „Außerparlamentarische Opposition", die APO, einen „Marsch durch die Institutionen" propagiert hat.

In der Praxis geht es nicht um linksterroristische Polizisten, sondern um Berufsgruppen wie Verwaltungsbeamte, Lokführer, Postboten und vor allem Lehrer, jeweils natürlich auch *innen. Sind sie vom Radikalenerlass betroffen, kommt dies einem Berufsverbot gleich. Und treffen kann es viele, wie die nun einsetzende Praxis zeigt. Vom 1. Januar 1973 bis Mitte 1975, also binnen zweieinhalb Jahren, werden bei den Nachrichtendiensten nicht weniger als 450.000 Anfragen gestellt. Schon diese Nachfrageflut dürfte den Ausspäh-Eifer der Dienste befeuert haben, ihre V-Leute haben Hochkonjunktur. Es kommt aufgrund dieser Anfragen zu mehreren Tausend „Erkenntnissen", diese wiederum führen in rund eintausend Fällen zur Ablehnung von Bewerbern sowie in mehreren Hundert Fällen zu Entlassungen. Stark betroffen sind Mitglieder der Deutschen Kommunistischen Partei (DKP), einer eher biederen Organisation, die dem DDR-Spießer-Sozialismus anhängt und weniger konspirativ auftritt als viele linksradikale Gruppen.

Auch Willy Brandts ältester Sohn Peter muss zu einer Anhörung, weil „Erkenntnisse" gegen ihn vorliegen. Er war einige Zeit Mitglied der trotzkistischen Gruppe Spartacus, hatte an nicht genehmigten Demos teilgenommen, wurde vor Gericht zitiert, wo ihn APO-Anwalt Horst Mahler vertrat. Als sich Peter Brandt 1975 um eine Assistentenstelle an der FU Berlin bewirbt, kommt es deswegen zum Anhörungsverfahren, doch er besteht den „Gesinnungstest" und wird eingestellt.

Seinem Vater wird bald klar, dass der Radikalenerlass „einer seiner kardinalen Fehler" war, wie Biograf Peter Merseburger formuliert, „denn er kostet ihn Glaubwürdigkeit bei der jungen Generation". Der Protest gegen die Gesinnungsschnüffelei ist vor allem an den Universitäten und bis weit ins liberale Lager hinein beträchtlich. Brandt selbst schiebt es offiziell auf die Umsetzung des Erlasses: „Seine Handhabung wurde einem Stück des absurden Theaters entlehnt." Doch mit zunehmendem Abstand wird er sich auch von dem Beschluss selbst immer stärker distanzieren. Schon durch die eigene Biografie ist ihm eine gewisse Sympathie für die rebellische Jugend eingeschrieben. Deren Motive kennt er dank seiner Söhne aus erster Hand. Der zweitälteste, Lars, erinnert sich: „Wenn er mich gelegentlich einen Anarchisten nannte, meinte ich, weniger Abschätzigkeit als vielleicht sogar einen Anflug von Sympathie für diese politische und charakterliche Ausrichtung zu spüren, mit der er in seiner braven Partei vorsichtig umgehen musste."

★ ★ ★

In der Bundesliga spielt jetzt eine Geisterelf. Denn das DFB-Sportgericht hat entschieden: Arminia Bielefeld verliert seine Lizenz und muss in die oberste Amateurliga absteigen. Die Mannschaft soll aber die laufende Saison noch zu Ende spielen. Alle Spiele werden für sie als verloren mit null Toren gewertet, unabhängig davon, wie das Spiel tatsächlich ausgeht. Nur für die Gegner zählt das reale Resultat.

In Bielefeld ist man empört, über das Urteil, aber auch über die Verantwortlichen bei der Arminia. Gegen die ehemaligen Funktionäre Willi Pieper und Wilhelm Stute hagelt es telefonische Beschimpfungen und Morddrohungen, wie sie vorher schon der geständige Mäzen Rupert Schreiner erdulden musste.

Bei fünf Spielen der vergangenen Saison haben die Bielefelder nach Ansicht des Sportgerichts Manipulationen versucht: 250.000 Mark gingen nach Berlin, 55.000 nach Stuttgart, 40.000 nach Schalke. Alle drei Spiele hat Arminia mit 1:0 gewonnen. 170.000 Mark flossen nach Braunschweig für einen Sieg über Konkurrent Oberhausen, doch nach einem 1:1 wurden 130.000 davon zurückgeholt. Und 60.000 sollten zum MSV Duisburg wandern, wurden aber nach der 1:4-Niederlage nicht ausgezahlt.

In einem späteren Urteil des DFB-Bundesgerichts wird das Urteil abgemildert: Zwangsabstieg nicht zu den Amateuren, sondern in die (zweitklassige) Regionalliga, dort allerdings in der nächsten Saison mit zehn Minuspunkten vorbelastet. Das Urteil gegen Ex-Trainer Egon Piechaczek, der zunächst eine zehnjährige Sperre erhält, wird dagegen verschärft: lebenslang.

Jetzt, in der Februar-Verhandlung vor dem DFB-Sportgericht, hat sich Piechaczek noch ein peinliches Rückzugsgefecht geleistet. Sein Rechtsanwalt Herwarth Kleine attackiert den Kronzeugen Rupert Schreiner auf ähnlich rüde Art wie zuvor der Nazi-Anwaltskollege Lamker. „Haben Sie Rachegelüste gegen Herrn Piechaczek?", fragt er ihn. Und: „Haben Sie der Braut Piechaczeks nachgestellt?" Und: „Haben Sie zu ihr gesagt: Ich muss dich endlich haben?" Und: „Sind Sie mal auf Ihren Geisteszustand untersucht worden?" Da endlich unterbindet das Sportgericht die Fragerei und nennt sie „kloakenartig".

★ ★ ★

Über das Verdikt gegen Arminia gerät das sportliche Geschehen am 21. Spieltag zur Nebensache. Obwohl es ein sensationelles Ergebnis enthält: 7:0 gewinnt der FC Bayern gegen Rot-Weiß Oberhausen, und zwar durch einen Fünferpack von Gerd Müller: 1:0 (38.), 3:0 (51.), 4:0 (54.), 5:0 (77.), 6:0 (82. Minute). Und das, obwohl der 1,96 Meter lange Bewacher Uwe Kliemann, als gebürtiger Berliner „Funkturm" genannt, das kleine Münchner Quadrat um mehr als eine Kopflänge überragt. „Ich kann mich eben so schnell drehen und wenden, dass der Gegner meistens nicht mitkommt", glaubt Müller. Mit 23 Saisontreffern liegt er nun einsam an der Spitze der Torjägerliste.

Im Hamburger Volksparkstadion sehen genau wie beim vorangegangenen Heimspiel kümmerliche 7.000 Zuschauer frierend und frustriert ein Unentschieden, diesmal ein 3:3 gegen Fortuna Düsseldorf. In Stuttgart hält Borussia Mönchengladbach dank eines Heynckes-Tores Anschluss an die Tabellenspitze, und in der überfüllten Kölner Radrennbahn, wo Königsblau gastiert, zeigen gleich mehrere Spieler überragende Leistungen. Bei den Schalkern sind es Nigbur, Rüssmann, Lütkebohmert und Libuda, bei den Kölnern ist es ein junger Mann, der den verletzten Overath vertritt: Heinz Flohe. Denkbar knapp siegen die Schalker durch einen Last-minute-Treffer mit 1:0.

Borussia Dortmund dagegen nähert sich in großen Schritten den Abstiegsplätzen. Nach der 2:5-Niederlage bei Eintracht Frankfurt schreibt der „Kicker"-Korrespondent: „Das war die schwächste Dortmunder Mannschaft, die wir je in Frankfurt gesehen haben. Da lief aber auch nichts zusammen. Der völlig unzulängliche Jürgen Schütz wurde von Trainer Burdenski schon nach einer guten halben Stunde vom Platz genommen. Aber ein halbes Dutzend weiterer Spieler hätte folgen müssen."

Arminia Bielefeld übrigens kann am Tag seines Zwangsabstiegs die Millionenelf von Werder Bremen mit 1:0 besiegen, 16.000 Zuschauer halten auf der Alm ihrer Mannschaft die Treue.

Kein Rasen in Offenbach

**DFB-Pokal, Achtelfinal-Rückspiele +++
22./23. Februar 1972**

In Frankfurt am Main kommt es im DFB-Pokal zu einem dramatischen Ringen zwischen der Eintracht und Borussia Mönchengladbach. Im Hinspiel zehn Tage zuvor haben sich die Fohlen mit 4:2 durchgesetzt. Als Bernd Hölzenbein im Waldstadion in der 75. Minute das 3:1 für Frankfurt gelingt, ist das Ergebnis egalisiert, denn noch gilt nicht die Auswärtstore-Regelung. Doch bei den ersatzgeschwächten Gladbachern – neben Vogts fehlen die Stammkräfte Luggi Müller, Hacki Wimmer, Heinz Wittmann und Hans-Jürgen Wittkamp – schwingen sich der junge Rainer Bonhof und Regisseur Netzer zu einer großen Leistung auf. Bonhof empfiehlt sich als Stammspieler der Borussia und als Kandidat für die Nationalelf. Netzer regiert souverän im Mittelfeld und erzielt schließlich in der 81. Minute nach grandioser Einzelleistung den entscheidenden Treffer. Am Ende haben sich neben den Gladbachern auch die anderen der üblichen Verdächtigen durchgesetzt, darunter Schalke, Bayern und Köln.

Der 1. FC Köln hat das Hinspiel gegen den Regionalligisten Kickers Offenbach 1:3 verloren, besiegt vor allem durch einen kaum zu bremsenden Sigi Held. Anschließend denken sich die Kölner einen karnevalesken Protest aus: Nach Artikel 7 der DFB-Spielordnung müsse auf einer Rasenfläche gespielt werden. Die aber habe es auf dem Bieberer Berg nicht gegeben. Tatsächlich hatte man dort den zermatschten Grasplatz üppig mit Sand bestreut. Da die Kölner ihrem Protest selbst nicht ganz trauen, machen sie vorsichtshalber die Sache im Rückspiel sportlich klar: 4:0-Heimsieg.

Bei den ebenfalls siegreichen Schalkern hat sich einige Tage zuvor Günter Siebert auf der Jahreshauptversammlung der Königsblauen feiern lassen. Er habe den DFB-Herrschaften klargemacht: Weder Verein noch Spieler wüssten etwas von dem Bielefelder Geld. „Ich bin überzeugt, dass die 40.000 Mark heute noch in Bielefeld sind." Das Protokoll vermerkt „tosenden Beifall".

★ ★ ★

„Baden-Württemberg" heißt einer der Boeing-747-Jumbos der Lufthansa. Er wird am 23. Februar mit 188 Menschen an Bord auf dem Flug von Delhi nach Athen von Terroristen der Volksfront für die Befreiung Palästinas (PFLP) gekapert und nach Aden im Jemen umgeleitet. Die drei Entführer fordern ein Lösegeld von fünf Millionen Dollar (rund 15,5 Millionen Mark) und freies Geleit. Durch Vermittlung der jemenitischen Regierung lässt das Bonner Außenamt das Geld zustellen, die Geiseln kommen frei.

Offiziell dementiert man: „Lösegelder haben wir noch nie bezahlt." Weniger verschwiegen als das Außenamt gibt sich Verkehrsminister Georg Leber, der den Deal zum Entsetzen der Sicherheitsexperten stolz ausplaudert.

In den siebziger Jahren kommt es häufig zu Anschlägen auf Flugzeuge, oft durch Mitglieder der palästinensischen PFLP, die auch Verbindungen zur RAF unterhält. Meist gehen die Aktionen glimpflich aus, weil die Maschinen nach Detonationen noch notlanden können oder weil den Forderungen der Entführer nachgegeben wird: Mal wird Lösegeld gezahlt, mal werden inhaftierte Terroristen freigelassen. Doch genau zwei Jahre vor der Entführung der „Baden-Württemberg", am 21. Februar 1970, explodiert an Bord eines Swiss-Air-Jets eine Bombe. Die PFLP hat sie in einem Postpaket deponiert, das eigentlich durch ein Flugzeug der israelischen El-Al-Gesellschaft befördert werden soll, aufgrund von Verspätungen aber in dem Swiss-Air-Flugzeug landet. Die Maschine stürzt über der Schweiz ab, bei Würenlingen nahe der Grenze zu Deutschland. Alle 47 Insassen sterben.

Und am 30. Mai 1972 wird es am internationalen Flughafen von Tel Aviv zu einem Terroranschlag kommen, den drei Mitglieder der Japanischen Roten Armee im Auftrag der PFLP durchführen. Sie feuern im Wartebereich des Flughafens mit abgesägten Sturmgewehren wahllos in die Menge und töten 26 Menschen.

★ ★ ★

Gegen die Ankündigung der Berliner Verkehrsbetriebe, der BVG, zum 1. März die Tarife für S- und U-Bahnen sowie Busse zu erhöhen, gibt es Widerstand. Das ist kein Berliner Spezifikum. Bereits im Juni 1969 machen Proteste in Hannover bundesweite Schlagzeilen. Sie richten sich gegen eine Preiserhöhung von 16 Pfennigen und erlangen als „Rote-Punkt-Aktion" eine breite Basis: Autofahrer nehmen Pendler mit, die den öffentlichen Nahverkehr boykottieren wollen. Ihre Bereitschaft dazu dokumentieren sie mit einem großen roten Punkt, den sie an ihrem Wagen befestigen. Nach zwei Wochen massenhafter Proteste wird die Preiserhöhung zurückgenommen. Durch dieses Gelingen beflügelt, gibt es danach ähnliche Aktionen in anderen Städten; zuweilen wird sogar ein komplett kostenloser öffentlicher Nahverkehr gefordert. In Hamburg heißt es jedenfalls ziemlich zuversichtlich: „Nulltarif, sonst biegen wir die Schienen schief." Beides klappt nicht, auch anderswo stellt sich ein durchschlagender Erfolg nicht mehr ein, im Januar bei Blockadeaktionen in Essen so wenig wie in diesen Februarwochen bei einer „Rote Punkt"-Neuauflage in Hannover.

In Westberlin findet am 19. Februar eine große Demonstration gegen die Tariferhöhung statt. Sie verläuft zunächst friedlich, nur im Anschluss kommt es zu Auseinandersetzungen mit der Polizei. Überregional bekannt wird der Protest letztendlich durch ein Lied der Scherben. „Mensch Meier" ruft zum praktizierten Nulltarif, also zum Schwarzfahren auf und droht im Falle einer Fahrpreiserhöhung: „Nee, nee, nee – eher brennt die BVG." Der Song, bei dem auch ein Chor aus dem Rauch-Haus mitsingt, wird als Foliensingle gedruckt, teilweise umsonst verteilt, teilweise für eine Mark verkauft. Auf der Rückseite hört man Interviews mit verärgerten BVG-Kunden. Später landet das Stück auf der zweiten Langspielplatte der Scherben.

„Junger Gott mit blonden Haaren"

Bundesliga, 22. Spieltag +++ 26. Februar 1972

„Er lief wie ein junger Gott mit langen blonden Haaren über den Rasen, schnell und elegant, dreißig, vierzig Meter, um nachher fehlerlos raffinierte Vorlagen zu schlagen und ganz genau seine Kameraden anzuspielen." So schwärmerisch schreibt der belgische Journalist René Marien über Günter Netzer. Der „Kicker" hat ihn gebeten, sich am 22. Spieltag das Duell zwischen Borussia Mönchengladbach und Bayern München anzuschauen. Und der Mann ist beeindruckt, nicht nur von Netzer: „In Mönchengladbach wurde pausenlos gestürmt, nicht nur von den Stürmern, auch von den Verteidigern. Es gab keine Stürmer oder Verteidiger, sondern nur Spieler, die unermüdlich vor und zurück jagten. (…) Es werden in der Zukunft noch mehr Leute aus Holland und Belgien nach Deutschland reisen, weil sie wissen, dort etwas zu sehen (sic). Die Borussen und Bayern spielen Fußball modernster Prägung.“

Auch andere Beobachter preisen das hochklassige Spektakel. Bundestrainer Helmut Schön sieht „ein hervorragendes Spiel“, ein „perfektes Umschalten von Abwehr auf Angriff“ sowie „zu größten Teilen allererste Klasse“. Und Gladbachs Trainer Hennes Weisweiler rühmt „zwei Klasseteams, die eine Stunde lang ein unwahrscheinliches Tempo vorlegten“. Was die Zuschauer begeistert: eine Mischung aus etablierten Stars (Netzer/Heynckes, Beckenbauer/Müller) und jungen Wirblern (Bonhof/Danner, Breitner/Hoeneß) sowie eine Kombination aus kämpferischer Energie und spielerischem Können. Die 30.000 auf dem ausverkauften Bökelberg sehen ihre Elf bereits nach 20 Minuten durch zwei Heynckes-Treffer mit 2:0 in Führung, bevor die Bayern aufdrehen und zurückschlagen. Wenn mal Netzer mit wehenden Haaren, mal Beckenbauer mit kaiserlicher Eleganz nach vorne stößt, so berichten die Chronisten, geht ein Raunen durch die Menge.

Das 2:2-Unentschieden empfinden alle als gerecht, nach Ansicht von Udo Lattek hätte es sogar „zwei Sieger geben müssen“. So aber büßen beide einen Punkt auf Spitzenreiter Schalke 04 ein. Die Königsblauen schaffen gegen defensive Frankfurter ein 2:0 und führen nun wieder mit drei Punkten vor den Bayern.

★ ★ ★

„Die Angst des Tormanns beim Elfmeter", die Verfilmung einer Erzählung von Peter Handke, wird am 29. Februar erstmals im Fernsehen gezeigt, zur besten Sendezeit um 21 Uhr bei der ARD. Es ist der erste größere Spielfilm des mit Handke befreundeten Regisseurs Wim Wenders.

Wenders' Film wird vom Feuilleton gelobt und in Venedig mit dem Kritikerpreis ausgezeichnet, bleibt aber kommerziell erfolglos, als er später in die Kinos kommt. Dabei hat der Regisseur zuvor noch gehofft, „dass es ein ganz populärer Film wird. Es fängt mit einem Fußballspiel an, vielleicht bleiben dann einige Leute sitzen." Tatsächlich kommen sie erst gar nicht, denn es spricht sich herum, dass es so richtig um Fußball gar nicht geht.

Der Film schildert das Schicksal eines bekannten österreichischen Fußballtorwarts, der bei einem Spiel in Wien den Schiedsrichter beschimpft und daher vom Platz gestellt wird. Frustriert und ruhelos streift er durch die nächtliche Großstadt, lernt eine Kinokassiererin kennen, ermordet sie ohne Grund. Anschließend fährt er mit dem Bus in den Süden des Landes, wo er mitbekommt, dass ihm die Polizei auf der Spur ist. Unschlüssig, wohin er weiter fliehen soll, verfolgt er als passiver Beobachter und zugleich mit wachsender Schizophrenie die Fahndung. In einer Art Parabel schildert Handke am Ende die Überlegungen eines Torwarts, der bei einem Elfmeter die richtige Ecke erahnen will. Unfähig, sich zu entscheiden, bleibt er stehen – und fängt den in die Mitte gezielten Ball.

Wenders Verfilmung steht für einen neuen Trend, der soziale Außenseiter in den Brennpunkt rückt. Während in Streifen wie „Easy Rider", „Zabriskie Point" oder „Fluchtpunkt San Francisco" die Protagonisten auf der Suche nach individueller Freiheit scheitern und sterben, schlägt der „Tormann" brutal zurück, desillusioniert und wahllos. Er gleicht darin Alex, jenem Anführer einer Straßengang, der in Stanley Kubricks Film „Clockwork Orange" Wehrlose traktiert und vergewaltigt und der dann mit nicht weniger brutalen Methoden von der Gesellschaft zum angepassten Menschen „umerzogen" wird. „Clockwork Orange" wird Anfang 1972 für den Oscar nominiert und kommt wenig später in die deutschen Kinos.

(Heute beziehen sich einige Ultra-Gruppen in Deutschland und Italien mit Namen oder Symbolik auf Alex und auf die Droogs, wie im Film seine Gang heißt. Es gibt beispielsweise Droogs bei Eintracht Frankfurt oder dem 1. FC Saarbrücken, und auch der Name der großen Ultragruppe Drughi bei Juventus Turin ist die italienische Version für Droogs. Im Ultra-Tifo-Shop gibt es „Clockwork Orange"-Shirts zu kaufen, Grafiken des Filmplakats tauchen immer wieder auf Ultra-Treffen auf. Auch die einflussreiche Bayern-Ultragruppe Schickeria bezieht sich bei einer großen Choreo im Oktober 2016 auf die Droogs: Die Textzeilen „Wir sind die Kinder der Historie von Stadt und Verein" umrahmen das große Porträt eines grinsenden Alex.)

★★★

Die Scherben touren noch durch die Bundesrepublik und machen gerade in Frankfurt Station, als zwei Meldungen sie aufwühlen: Erst wird am 1. März der nur 17-jährige Lehrling Richard Epple erschossen. Epple, der keinen Führerschein besitzt und angetrunken ist, will sich einer Polizeikontrolle entziehen, flüchtet in seinem Auto und durchbricht mehrere Straßensperren. Die Polizei hält ihn für ein RAF-Mitglied und gibt das Feuer frei. Sieben Kugeln zertrümmern die Heckscheibe, mindestens eine davon trifft Epple. Und dann, am 2. März, stirbt Thomas Weisbecker, ebenfalls durch eine Polizeikugel.

Der Tod des 23-jährigen Weisbecker erschüttert die Scherben besonders. Er gehörte zur Berliner Szene, Jörg Schlotterer kannte sowohl ihn als auch Georg von Rauch persönlich, nun sind beide tot. Kai Sichtermann berichtet von einer spontanen Aktion am Abend des 2. März. Der Veranstalter des Scherben-Konzerts habe ein Plakat gestaltet und vervielfältigt. Das zeigt Fotos von Petra

Schelm, Georg von Rauch und Thomas Weisbecker, darüber in großen Lettern: „ERMORDET", darunter: „Wir kämpfen weiter". Die Scherben und einige Frankfurter Bekannte ziehen in kleinen Gruppen durch die Stadt und verkleben die Plakate an Bahnhöfen und Bushaltestellen. „Am nächsten Tag berichteten die Zeitungen, die Polizei sei in Alarmbereitschaft versetzt worden, weil sie vermute, die RAF halte sich in Frankfurt auf."

Nach dem spontanen Identitätstausch, den er mit Georg von Rauch im Juli 1971 vor Gericht inszeniert hatte, wurde Weisbecker, inzwischen Mitglied der Bewegung 2. Juni, zunächst zwar laufen gelassen, dann aber wegen Beihilfe zur Flucht per Haftbefehl gesucht. In Augsburg kommt ihm die Polizei auf die Spur, bei der Festnahme schießt ein Polizist und trifft ins Herz. Die Beamten reklamieren Notwehr für sich: Weisbecker habe versucht, eine Waffe zu ziehen. Für die radikale Linke ist dagegen klar: Es handelt sich um einen Racheakt und um Mord. Vor dem Landeskriminalamt Berlin geht am nächsten Tag ein Sprengsatz hoch. Mit einem kurzen Flugblatt „Jetzt reicht's" bekennt sich die Bewegung 2. Juni zu dem Anschlag und verweist dabei neben Weisbecker auch auf Schelm und von Rauch.

Die Scherben widmen Weisbecker den Song „Menschenjäger", in dem sie unter anderem aufzählen, wem sie diesen zweifelhaften Titel zugedenken: „Menschenjäger, Schreibtischtäter, Vopos, Kripos, NPD / Faschisten, Sadisten, CIA / Neckermänner, Genscher, Springer, Krupp, alle Kriegsgewinnler (…)"

(Ein Jahr später wird in der Kreuzberger Wilhelmstraße ein Jugendhilfehaus, das ähnlich funktioniert wie das Rauch-Haus, nach Thomas Weisbecker benannt. Auch diese Einrichtung, ursprünglich ein besetztes Haus und später legalisiert, existiert noch heute.)

Am selben 2. März, an dem Thomas Weisbecker in Augsburg stirbt, kommt es zu einer weiteren folgenschweren Schießerei. In Hamburg wollen Polizeibeamte die RAF-Mitglieder Wolfgang Grundmann und Manfred Grashof in einer konspirativen Wohnung festnehmen. Grundmann ergibt sich sofort, Grashof schießt. Er trifft den Hauptkommissar Hans Eckhardt in den Bauch und in die Schulter; der 50-jährige Beamte liegt drei Wochen im Koma und stirbt dann. Er ist der dritte Polizist, der durch eine Kugel der RAF umkommt. Grashof, ebenfalls von Kugeln getroffen, wird operiert und viel zu früh aus dem Krankenhaus in eine normale Haftzelle überstellt. Er überlebt.

MÄRZ 72

„Wenn ich die Berufsauffassung mancher deutscher Spieler sehe, wird mir schwarz vor Augen. Diese Burschen wollen große Autos fahren, den Playboy spielen, aber nichts arbeiten. Sie vergessen, dass sie vom Fußball leben, also auch für den Fußball leben müssen."

Alt-Trainer MAX MERKEL am 12. März 1972 in „Bild am Sonntag"

„Wenn Lizenzspieler mitten in der Woche in einer Kneipe auftauchen würden, müsste jeder ordentliche Wirt sie mit dem Knüppel hinausjagen."

BVB-Funktionär JOCKEL BRACHT am 23. März 1972 in „Bild" zu Gerüchten über mangelnde Disziplin seiner Spieler

„Man muss die Spieler heute ganz anders ansprechen als früher. Die Masche ‚Wie früher …' läuft heute nicht mehr."

Bundestrainer HELMUT SCHÖN einige Wochen später im „Spiegel"

„Von Haus aus alle doof"

Schalke 04 weiterhin Spitzenreiter, Borussia Dortmund dagegen Tabellenletzter: So sieht es nach diesem Spieltag aus. Die einen haben 38 Pluspunkte auf dem Konto, die anderen nur zwölf. Die 0:3-Niederlage, die der BVB beim Revierderby in der vollbesetzten Roten Erde kassiert, macht den gewaltigen Klassenunterschied zwischen beiden Vereinen deutlich. Die Königsblauen zeigen eine überlegene und abgeklärte Leistung, die „WAZ" sieht einen „Triumph der Jugend", und die „Bild" prophezeit: „In drei Jahren stellt Schalke die halbe Nationalmannschaft." 38:8 Punkte – so viele hatte in der bisherigen Bundesligageschichte nach dem 23. Spieltag noch keine Mannschaft auf dem Konto.

Bei den schwachen Schwarz-Gelben kann dagegen nur ein Spieler überzeugen: Jürgen Schütz. Der ist 32 Jahre alt, und seine beste Zeit beim BVB ist eigentlich schon ein Jahrzehnt her. Die Lage innerhalb der Mannschaft und der Vereinsführung ist desolat, in der Presse äußern sich Spieler anonym: „In diesem Verein zu spielen habe ich keine Lust mehr." Oder: „Die rechte Hand weiß nicht mehr, was die linke tut." Den wirklichen Ernst der Lage mögen viele nicht sehen, vielmehr glaubt man daran, dass der Bundesliga-Skandal in dieser Saison genügend Absteiger am grünen Tisch hervorbringt. Ein BVB-Funktionär witzelt: „Der Kindermann schießt für uns die Tore wie der beste Mittelstürmer." Durch sportlichen Misserfolg, so hofft man, werde daher niemand absteigen, und die Konzentration aufs nächste Spiel scheint für die Spieler nicht immer das Wichtigste zu sein. „Nachts an der Bar sind die Unseren Weltmeister", auch das hören Journalisten von Eingeweihten. „Bild" weiß über mindestens drei Spieler: „Nur an der Theke langen sie hin." Die strenge Linie von Trainer „Budde" Burdenski, der Kneipenbesuche komplett verbieten wollte, hat sich ganz offenbar nicht durchgesetzt. Und selbst als sportlich nichts mehr zu retten ist, wird Torhüter Rynio munter erklären: „Wir sind der fröhlichste Absteiger."

★ ★ ★

Vergebens haben die Dortmunder Zuschauer beim Derby darauf gehofft, dass sich die Schalker Spieler durch neueste Enthüllungen zum Bundesligaskandal verunsichern lassen. Am Morgen des Spieltages hat die „Bild"-Zeitung eine ganze Seite mit „Material gegen Schalke" veröffentlicht. Tenor: „Geld für alle – nur der Torwart wusste nichts." Trainer Horvat beklagt einen „Nervenkrieg gegen uns": „Seit Wochen hört meine Mannschaft nichts anderes." Und: „Ich muss vor den Spielern Zeitungen verstecken, muss sie wieder und immer wieder aufmuntern. Das ist ein psychologisches Problem." Ihm schwant Böses: „Wegen lächerlicher 40.000 Mark droht diese junge erfolgreiche Mannschaft zu zerbrechen."

Inzwischen hat Waldemar Slomiany, einst Schalke, jetzt Bielefeld, zugegeben, ebendiese 40.000 Mark erhalten zu haben. Er will sie aber nicht an seine ehemaligen Schalker Mitspieler weitergegeben, sondern allein „verprasst" haben. Der ehemalige polnische Nationalspieler sieht sich am Ende: „Wäre ich doch in Polen geblieben. Meine Existenz ist kaputt, wenn mich der DFB ausschließt."

Slomianys reichlich windige Aussage scheint die Königsblauen zu entlasten – bis zur nächsten Wendung in dem Fall. Überraschend ziehen acht Schalker Spieler ihre Unterlassungsklage gegen ihren Bielefelder Kollegen Jürgen Neumann zurück. Der „Geldbote" hat ihnen vorgeworfen, für ebendiese 40.000 Mark das Spiel gegen Arminia freiwillig verloren zu haben. Dass Libuda und Co. jetzt einen Rückzieher machen, wird in der Öffentlichkeit als Schuldeingeständnis gesehen. Bielefelds ehemaliger Funktionär Wilhelm Pieper setzt noch einen drauf: Auch Schalkes Vorstand habe von den Manipulationen gewusst, er könne das beeiden. Sogar die Vereinsikone Ernst Kuzorra sei eingeweiht gewesen.

Arminias Anwalt Lamker fordert, der DFB müsse endlich Anklage gegen den FC Schalke erheben. Der braune Jurist freut sich über die Nöte von Königsblau: „Für die Schalker geht es jetzt um Kopf und Kragen." Lamker hat die Schalker Bosse beim Essener Landgericht wegen Meineids angezeigt und höhnt: „Siebert und Aldenhoven sagten nur einmal die Wahrheit – als sie sich als Präsident und Schatzmeister ausgaben." Sein Anwaltskollege Karl-Dietrich Hüffmann, ebenfalls für Arminia tätig, bläst ins gleiche Jagdhorn: „Wenn der Siebert jetzt dran ist und Schalke aus der Bundesliga fliegt, schlagen ihm die eigenen Leute die Knochen kaputt." Hüffmann ist schon lange überzeugt, dass er die Schalker überführen kann: „Ich habe die stille Hoffnung, dass Fußballspieler von Haus aus alle so doof sind, dass man sie im Rahmen der Beweisaufnahme nagelt, und dann wissen sie nicht mehr ein noch aus und verplappern sich." Den Rückzieher bei der Unterlassungsklage kommentiert er: „Die Schalker haben wir im Sack, die kommen nicht mehr raus."

„Wie's aussieht, geht nun auch Schalke schweren Zeiten entgegen", formuliert mit deutlich mehr Empathie „Kicker"-Chefredakteur Karl-Heinz Heimann und wundert sich zugleich: „Wer dem täglichen Training der Schalker zusieht, bekommt absolut nicht den Eindruck, dass die Spieler im Skandal verwickelt sein sollen. Sie sind ausgelassen, freuen sich, lachen und arbeiten wiederum äußerst konzentriert."

Weniger fröhlich ist Gregorio Canellas: „Nach allem, was ich erfahren habe, ist mir die Lust am Fußball vergangen. Ich gehe auf keinen Platz mehr. Man hat gesagt, ich könne ohne Fußball nicht leben. Es geht doch. Ich fürchte, zu dieser Einsicht werden auch andere kommen. So geht der Fußball kaputt." Der Mann, der alles ins Rollen gebracht hat, berichtet, dass ihm von vielen Seiten Klagen angedroht worden seien. „Die Zahl kenne ich schon gar nicht mehr. Aber geklagt hat keiner." Er kündigt weitere Ermittlungen und weitere Enthüllungen an.

Des Bombers Zaubertor

Gerd Müller erzielt im Europapokal gegen Steaua Bukarest ein Zaubertor. 69. Minute, Freistoß für Bayern. Müller läuft an, aber am Ball vorbei. Ein weiterer Bayer macht dasselbe, ein dritter lupft das Leder über die Mauer. Inzwischen hat sich Müller vors Tor geschmuggelt, nimmt dort den Ball auf, hebt ihn über den Bukarester Torhüter hinweg, nimmt den Ball nach einer Körperdrehung erneut auf und bugsiert ihn ins Tor. 1:1 endet das Spiel, das Rückspiel in München bleibt infolge der Bukarester Betontaktik torlos. Die Bayern stehen dank Müllers wunderbarem Auswärtstreffer im Halbfinale. Im Europapokal gilt bereits die Regel, dass Auswärtstore bei Gleichstand nach Hin- und Rückspiel doppelt gewertet werden.

Den Assist zu diesem Tor, also den exakt platzierten Lupfer, haben die Medien zunächst dem talentierten Herrn Beckenbauer zugeschrieben. Doch es war Bulle Roth, der anschließend feststellt: „Das hat mir keiner zugetraut. Deshalb haben alle gemeint, der Beckenbauer sei es gewesen."

★★★

Schwere Zeiten für Schalke, schwere Zeiten vor allem für seinen Stürmer Klaus Fischer. Im Spiel gegen Werder Bremen ist er ein einziges Nervenbündel, in der Pause muss er sich übergeben. Der DFB hat ihn für Montag vorgeladen. Er soll sich noch einmal zum Vorwurf äußern, für die Niederlage gegen Arminia Bielefeld im April 1971 Geld erhalten zu haben. Und er soll erklären, wieso er sich in jenem Spiel so offensichtlich gefreut hat, als ein Schuss seines Vereinskollegen Lütkebohmert nicht ins Bielefelder Tor ging, sondern nur an die Latte knallte. Kein leichter Gang für ihn. Er hört von Gerüchten, der DFB werde ihn sperren.

In Bremen spielt Fischer kraft- und ideenlos, ein Schatten seiner selbst. Gegen Nationalverteidiger Höttges gelingt ihm gar nichts. Auch die übrigen Schalker stehen neben sich. In der ersten Hälfte können sie die Werder-Stürmer noch abwehren, doch nach der Pause läuft gar nichts mehr. 0:2 heißt es am Ende. Libuda, so sein Trainer Horvat, wurde „aus taktischen Gründen" nicht eingesetzt. Das sei nun mal „ein Typ, auf den wir uns nicht hundertprozentig verlassen können, mal gut, mal schlecht, seit vielen Jahren".

Damit sind die Bayern wieder bis auf einen Punkt herangekommen, denn die haben in Bielefeld mit 1:0 gewonnen, Torschütze natürlich Müller. Obwohl die Partie für die Bielefelder wertlos ist, kämpfen sie mit erstaunlicher Energie. Und genauso erstaunliche 30.000 Zuschauer sind auf die Alm gezogen, um sie dabei zu unterstützen. Auf den Rängen entdecken die Medien auch eine 99-jährige Oma, deren Herzenswunsch es gewesen sei, einmal den Kaiser spielen zu sehen.

In Braunschweig dagegen herrscht weiterhin Liebesentzug für die gestrauchelte Mannschaft. Nur 6.764 zahlende Zuschauer wollen die Eintracht sehen und werden überdies bitter enttäuscht: 0:1-Niederlage gegen den 1. FC Köln. Auch beim amtierenden Meister und aktuellen Tabellendritten, Borussia Mönchengladbach, gibt's kaum Schlangen vor den Kassenhäuschen. Offenbar traut man Netzer & Co. die Titelverteidigung nicht mehr zu. Jedenfalls bleiben die Fans zu Hause: Nur 10.000 sehen auf dem Bökelberg das 3:0 über den MSV Duisburg. Einige MSV- Fans zerlegen auf der Rückfahrt zum sechsten Mal in dieser Saison einen Eilzug der Bundesbahn, werfen Bänke und Feuerlöscher aus dem fahrenden Waggon. Die Bahn streicht daraufhin den verbilligten Bundesligatarif für alle Duisburger Fans.

Rätselhaft ist die Auswärtsschwäche des Hamburger SV. Der heutigen 0:1-Niederlage in Oberhausen gingen voraus: 0:2 in Berlin, 0:3 auf Schalke, 0:4 in Frankfurt, 0:3 in Köln. Das letzte

Auswärtstor, erzielt im Wedaustadion, liegt nun vier Monate zurück.

★ ★ ★

Bundesligaspieler, die ein Abitur in der Tasche haben wie Hoeneß oder Breitner, Peter Kunter oder Charly Mrosko, sind noch seltene Vögel, auch wenn sich mit dieser Generation das Image der Kickerei weiter vom Proletariersport fortbewegt. Am weitesten sind die Bayern, laut „Bild" in der laufenden Saison die „Mannschaft der Intelligenten". Neben Hoeneß und Breitner hat auch Edgar Schneider das Abi in der Tasche und studiert Französisch. Jonny Hansen hat schon in Dänemark sein Abitur gebaut, und Rainer Zobel, der mit einem Realschulabschluss nach München gekommen ist, büffelt nun nebenbei für die Hochschulreife. Dem Kopf der Elf, Franz Beckenbauer, genügt allerdings ein Volksschulabschluss zum Regieren.

Noch bilden Abiturbesitzer auch in der Gesamtbevölkerung eine kleine Minderheit. Das „Abi '72", das im März in den 13. Klassen der Gymnasien, der „Oberprima", anläuft, schaffen in diesem Jahr nur 11,3 Prozent des ursprünglichen Schülerjahrgangs. Diesen Anteil zu steigern, ist eines der wichtigsten Reformvorhaben der SPD/FDP-Regierung. Zum einen sollen die Klassen kleiner werden, denn im zehnten Jahrgang, so ergibt eine Erhebung, sind es durchschnittlich noch 32 Schüler, die sich in die überfüllten Klassenräume zwängen.

Vor allem aber soll finanzielle Unterstützung dazu beitragen, dass mehr Jugendliche aus ärmeren Familien studieren können. Dafür ist im Oktober 1971 ein „Bundesausbildungsförderungsgesetz" in Kraft getreten, das „bedürftigen" Schülern und Studierenden einen Rechtsanspruch auf Förderung garantiert, und zwar als hundertprozentigen Zuschuss, nicht als rückzahlbares Darlehen. Schon 1972 kommt fast jeder zweite Student in den Genuss einer Förderung, so viele wie niemals wieder danach.

(In der folgenden Zeit wächst die Abiturienten-Quote eines Jahrgangs tatsächlich stetig an: auf 18,3 Prozent im Jahr 1982, auf 23,5 Prozent im Jahr 2000 und auf 32,7 Prozent im Jahr 2010. Heute liegt sie bei ungefähr 41 Prozent.)

Was den Schülern und Schülerinnen des Jahres 1972 genauso gefällt (vermutlich sogar noch besser): Die Bundesregierung bastelt an einem Gesetz, das die „Züchtigung" durch Lehrer verbietet. In vielen Bundesländern ist sie noch erlaubt, in einer Untersuchung werden „Ohrfeigen, Kopfnüsse sowie die Tatzen (Schläge mit einem Lineal oder Rohrstock auf die Handflächen des Schülers)" als „verbreitetste Körperstrafen" genannt. Immerhin: „Körperstrafen auf das Gesäß, die noch in der ersten Hälfte des Jahrhunderts eine Hauptrolle gespielt hatten, wurden in den Schulen im deutschen Sprachraum seit dem Ende des Zweiten Weltkriegs zunehmend reduziert."

In Nordrhein-Westfalen wird am 22. Juni 1971 per Runderlass des Kultusministeriums das Züchtigen untersagt, die bundesweite Regelung greift erst 1973 (24 Jahre, nachdem die DDR ein Prügelverbot erlassen hat). Da das Schulwesen Ländersache ist, kann Bayern mal wieder den Harten mimen. Dort bleibt die Prügelstrafe an Schulen bis Ende 1982 offiziell erlaubt. Sie wird allerdings kaum noch praktiziert, was nicht allen Eltern gefällt. „Der Spiegel" im Jahr 1972: „Ein bayrischer Bauer, so berichtet es ein oberbayrischer Schulrat, trauerte vergangenen Zeiten nach und beklagte sich bei dem Lehrer seiner Kinder: ‚Bist ein guter Lehrer, aber dein Vorgänger war besser: Er hat die Kinder jeden Tag erst mal verhauen.'"

„Methoden wie im dunkelsten Afrika"

In Schalke ist man empört. Rolf Rüssmann sieht eine „ungeheuerliche Kränkung", Klaus Fichtel schimpft über „Methoden wie im dunkelsten Afrika", Günter Siebert wähnt sich „wie in den diktatorischen Ostblockländern". Und: „Ich werde den Eindruck nicht los, dass man uns systematisch fertigmachen will. Wir spielen samstags immer gegen zwei Gegner. Einmal gegen unseren Konkurrenten und dann noch gegen die psychologische Kriegsführung des DFB." Außerdem sei Canellas „ein Schmutzfink".

Was ist passiert? Soeben ist bekannt geworden, dass bis auf die Kremers-Zwillinge kein einziger Schalker für die A- oder die Junioren-Länderspiele gegen Ungarn nominiert worden ist. Libuda, Fichtel, Nigbur und Rüssmann haben sich berechtigte Hoffnungen auf einen Einsatz im A-Team gemacht, zumal sie noch kürzlich zu einem Nationalmannschaftslehrgang eingeladen worden sind. Außerdem sieht sich ein halbes Dutzend qualifiziert für die Junioren-Nationalelf. Die Schalker Legende Fritz Szepan hat sogar prophezeit: „1975 stellt Schalke 04 das Gerippe der deutschen Nationalmannschaft."

Nun der Schock. Der Vereinsvorstand beschwert sich schriftlich beim DFB-Präsidenten Dr. Hermann Gösmann über die „Diskriminierung aller Schalker Spieler". Hintergrund sind natürlich die Bestechungsvorwürfe, die immer konkreter werden. Als Norbert Nigbur sich telefonisch bei Bundestrainer Helmut Schön beklagt, antwortet dieser, der DFB-Kontrollausschuss habe ihn zu diesem Schritt veranlasst. Offiziell erklärt Schön: „Die Verdachtsmomente gegen die Schalker Spieler sind beträchtlich. Ich konnte nicht das Risiko eingehen, durch Sperren kurzfristig umdisponieren zu müssen." Allerdings hat Nigbur an dem verdächtigen Spiel gegen Arminia Bielefeld damals gar nicht teilgenommen.

Die Kremers-Zwillinge werden für die Junioren-Auswahl nominiert, weil sie in der vergangenen Saison noch nicht für Schalke kickten und daher mit den Manipulationen nichts zu tun haben können. Aus Solidarität mit den übrigen Schalkern verzichten sie aber und begründen ihr Fernbleiben fadenscheinig mit Verletzungen. Helmut Schön durchschaut die Finte und ist not amused, auch sein Assi Jupp Derwall, zuständig für die Junioren, fühlt sich „schmählich im Stich gelassen". Für einige Zeit müssen daher auch die Kremers auf Berufungen verzichten.

★ ★ ★

Die Verschwörungsphantasien, das Wir-gegen-den-Rest-der-Welt-Gefühl, das die Königsblauen so häufig durchströmt, scheint auch diesmal die Mannschaft vor eigenem Publikum zu beflügeln. Noch lebt der Traum von der Meisterschaft. Vor allem Libuda und Fischer sprühen gegen Fortuna Düsseldorf vor Spielwitz; eine perfekte Flanke des Rechtsaußen kann der Mittelstürmer schon in der sechsten Minute sauber einköpfen. Es ist sein 15. Saisontor. Am Ende gewinnt Schalke mit 3:0.

Die Bayern kann man damit nicht abschütteln, denn die schicken den VfL Bochum gar mit 5:1 nach Hause. Dabei wollten die Gäste echte Ruhrgebiets-Solidarität beweisen; ihr Trainer Hermann Eppenhoff hat bei der Anreise versichert: „Wir wollen in München auch Schalke helfen. Das ist Ehrensache." Zum verdienten Bayern-Sieg steuert Gerd Müller einen Hattrick bei, nun hat er 29 Treffer auf dem Saisonkonto, einen mehr als in der gesamten Spielzeit 1966/67. Damals holte er sich zum ersten Mal die Torjägerkanone.

Unter den aktuellen Top Ten der Torschützen rangiert mit elf Treffern auch Uwe Seeler. Gegen Borussia Mönchengladbach hat es der Oldie auf seiner Abschiedstournee mal wieder allen gezeigt und mit einem Knaller aus 15 Metern das Tor des Tages erzielt. Es wird sein letztes Bundesligator bleiben. Neben ihm glänzt ein weiterer Veteran: Willi Schulz, der Günter Netzers Kreise wirkungs-voll stört. Zusammen sind der Uwe und der Willi jetzt stolze 68 Jahre alt.

Nach Gladbachs Niederlage ist klar, dass der Titelverteidiger mit dem Ausgang der Meisterschaft nichts mehr zu tun hat. Noch liegt er auf Rang drei, aber bereits mit sieben Punkten Rückstand auf Schalke. Auch am Tabellenende klärt sich das Bild. Der BVB bleibt nach einer deprimierenden 0:1-Heimniederlage gegen Hertha BSC Schlusslicht, sportlich noch hinter Arminia Biele-feld, das als Absteiger bereits gesetzt ist. Eine Rettung scheint nicht mehr möglich, zumal die Auftritte der Dortmunder zuse-hends desaströser werden. Und die Zuschauer bleiben auch hier zu Hause. Knappe 10.000 sind es nur noch beim Spiel gegen die Berliner.

★ ★ ★

Noch vor Uwe Seeler hängt ein anderes Bundesliga-Urgestein seine Schuhe an den Nagel: Otto Rehhagel, beim Ligastart 1963 für Hertha am Ball und jetzt auf dem Betzenberg aktiv, kann nicht mehr. Der 34-Jährige leidet an der „Absprengung eines Knor-pels von der Größe eines Zweimarkstückes im Oberschenkel". Im Verlauf seiner Karriere hat er sich den Ruf des „eisernen Otto" erackert: „Durch erlaubte Härte habe ich mir ein Image der Angst aufgebaut und davon profitiert, dass die Gegner mich fürchteten."

Sein Trainer Dietrich Weise ist überzeugt: „Dass er von der Intelligenz her im Trainerberuf Fuß fasst, steht außer Zweifel." (24 Jahre später wird Rehhagel nach Kaiserslautern zurückkehren und den Verein aus der Zweitklassigkeit direkt zur Deutschen Meis-terschaft führen. Vorher stehen zwei Meisterschaften mit Werder Bremen, danach die Europameisterschaft mit Griechenland. Aus Rehhagel ist schließlich Rehakles geworden.)

★ ★ ★

Am 21. März erhält Egon Bahr, Staatssekretär im Kanzleramt und Vertrauter von Willy Brandt, Besuch von einem Hermann von Berg. Der Adelige ist ihm von früheren Verhandlungen als DDR-Unterhändler bekannt. Laut Stasi-Aufzeichnungen schlägt von Berg dem westdeutschen Kollegen vor, in Hinblick auf die Abstimmung über die Ostverträge Bundestagsabgeordnete der Union „finanziell zu beeinflussen oder zu kaufen".

Den DDR-Unterlagen zufolge erbittet Bahr einige Tage Bedenkzeit, um sich mit Brandt zu beraten. Schließlich habe er abgelehnt und bezüglich möglicher Bestechungen erklärt: „Das sage ich nur unter uns Pastorentöchtern, das muss absolut verschwiegen bleiben. Wir sind mehreren Spuren nachgegangen, um zu prüfen, ob sich solche Möglichkeiten ergeben. Wir hatten das ernsthaft vor, aber wir sind gerade noch rechtzeitig zurückgeschreckt, es waren nur gestellte Fallen."

Die Abstimmung über die Ostverträge mit Polen und der Sowjetunion ist für Mai geplant. Ein Scheitern wird wahrscheinlicher, denn die parlamentarische Basis der SPD/FDP-Regierung erodiert weiter. Nach dem Übertritt von Herbert Hupka zur CDU/CSU-Fraktion gibt es neue Wackelkandidaten: Günther Müller von der SPD, Knut Freiherr von Kühlmann-Stumm, Wilhelm Helms und Gerhard Kienbaum von der FDP. Gingen nur zwei von ihnen von der Fahne, wäre die absolute Mehrheit verloren.

Mittlerweile hat der einflussreiche Bund der Vertriebenen in mehreren westdeutschen Großstädten eine Protestaktion gegen die Ostverträge begonnen. Außenminister Walter Scheel (FDP) wirft den Initiatoren vor, sie führten eine „Kampagne der Angst und Illusionen", der SPD-Fraktionschef Herbert Wehner spricht von einem „Narrenstreich". Willy Brandt warnt vor einer „Vereinsamung Deutschlands", falls die Verträge scheitern. Das politische Leben in einer isolierten Bundesrepublik werde „eiskalt" werden. Für den Fall einer Neuwahl gibt er sich kämpferisch: „Dann wird eben geholzt. Dann werden wir sehen, was in diesem Land los ist. Hier sind keine Schlappschwänze an der Regierung."

Das mit dem „Holzen" bringt Oppositionsführer Rainer Barzel auf die Palme. In die Fußballersprache übertragen, meint er, bedeute dies: „Erst das Schienbein, dann der Ball!"

★ ★ ★

Allerdings ist der Fußball nicht nur über Wortspiele in das Gerangel um die Ostverträge involviert. In München sitzt Bayerns Vereinspräsident Wilhelm Neudecker und sinnt darüber nach, wie er seine Drähte zu den politischen Entscheidungsträgern verbessern kann. Noch 1964 ist der erzkonservative Bauunternehmer zu diesem Zweck in die SPD eingetreten, denn die regiert seit der Nachkriegszeit im Münchner Rathaus, und da erscheint ihm das rote Parteibuch recht nützlich. Doch bald ist sein FC Bayern dem Lokalkolorit entwachsen, und Neudecker braucht Drähte zu höheren Etagen. Also wechselt er 1970 zur bayerischen Staatspartei CSU und sucht die Nähe zu deren Vorsitzenden Franz Josef Strauß, der seit 1965 bereits Vereinsmitglied ist.

Nun trifft es sich, dass der an den Ostverträgen zweifelnde SPD-Bundestagsabgeordnete Günther Müller aus München stammt und schon lange Verwaltungsratsmitglied des FC Bayern ist. Damit wird er ein Fall für Neudecker. Der will Müller ins Lager der Brandt-Gegner holen. „Unser hochverehrter jetziger Ministerpräsident Franz Josef Strauß", so erzählt Neudecker später, „hat mir seinerzeit erklärt: ‚Wenn Sie das fertigbringen, gehen Sie in die Europäische Geschichte ein.'" Mit Rückendeckung von Strauß habe er Müller einen Posten als Regierungsdirektor in Aussicht stellen können – falls er mithelfe, Brandt zu stürzen. Tatsächlich votiert Müller gegen die Ostpolitik und schließt sich bald der CSU an. Neudecker hält sich das zugute: Der Münchner Oberbürgermeister Vogel, so kolportiert er, habe seinerzeit erklärt: „Der Übertritt von Dr. G. Müller wurde im Hause Neudecker in Bad Wiessee vollzogen."

Ob an diesen Behauptungen, die der Münchner Historiker Hans Woller erst 2019 öffentlich macht, wirklich etwas dran ist oder ob es sich um Wichtigtuereien von Neudecker handelt, wird kaum mehr zu klären sein. Dass er solches Fingerhakeln hinter den Kulissen liebt, wenn es ihm selbst oder dem FC Bayern nützen könnte, darf man aber getrost annehmen.

„Der beste Spieler der Welt"

Bundesliga, 26. Spieltag +++ 24./25. März 1972

Länderspiel gegen Ungarn +++ 29. März 1972

Im Duell zweier Bestechungs-Sünder trifft Hertha BSC auf Schalke 04. In Gelsenkirchen pflegt man weiterhin die clevere Selbstinszenierung als Opfer eines ungerechten DFB, „der es nicht gerne sieht, dass Schalke an der Spitze steht", wie Präsident Günter Siebert behauptet. Ganz ähnlich, nur andersherum, ist die Stimmungslage in Berlin, denn dort fühlt man sich gegenüber den Königsblauen benachteiligt: Während gegen die Berliner „rücksichtslos die Peitsche geschwungen" werde, schone der DFB die Schalker. „Warum stehen die noch nicht vor Gericht?", fragt Herthas Vizepräsident Gerhard Hawellek. Die Berliner können darauf verweisen, dass bereits fünf ihrer Profis gesperrt sind (Patzke, Wild, Gergely, Varga und Rumor), dagegen noch kein einziger Schalker. Außerdem sehen sie sich bei ihrem Pokal-Aus am grünen Tisch gegenüber Schalke benachteiligt. Um zu zeigen, was er vom DFB-Chefankläger Hans Kindermann hält, hat Berlins Trainer „Fiffi" Kronsbein seinen Hund nach ihm benannt.

Was Hertha besonders ärgert: Während die Königsblauen vor vollen Kulissen um Meisterehren kämpfen, kicken die Berliner im Mittelfeld vor ziemlich leeren Rängen, zuletzt kamen gegen Frankfurt nur 13.000. Die Folge: Hertha sitzt auf einem Schuldenberg von zwei Millionen Mark. Rettung erhofft man sich vom Westberliner Senat, der den „Frontstadtverein" mit einem Kredit retten soll – und es Anfang Mai auch tun wird, gegen den wütenden Protest der Berliner Regionalligavereine, die „mit Mühe und Not unseren Sportbetrieb aufrechterhalten", während zugleich Millionen „in ein bankrottes Profiunternehmen" gesteckt würden.

Jedenfalls ist die Stimmung aufgeheizt in Berlin, als Schalke 04 zum Auswärtsspiel im Olympiastadion antritt. Die Berliner „Bild" empfängt die Gäste mit der Schlagzeile: „Hier soll Schalke büßen", und zitiert Herthas Libero Uwe Witt: „Morgen gehen wir zur Sache wie schon lange nicht mehr." Die Begrüßung durch die Zuschauer (diesmal kommen 40.000) ist ebenso unfreundlich. Ein gellendes Pfeifkonzert ertönt schon beim Aufwärmen, man hört Sprechchöre: „Schalke null-vier – die Schieber vom Revier". Als Berlins Stürmer Steffenhagen in der zwölften Minute nach einem rasanten 40-Meter-Sprint das 1:0 erzielt, kommen Spott und Schadenfreude dazu. (Seither und bis heute sind die Königsblauen für den Hertha-Support ein rotes Tuch, was umgekehrt nicht gilt; auf Schalke bevorzugt man andere Feindbilder.)

Spätestens nach dem frühen Gegentor wirken die Schalker demoralisiert, kaum einer erreicht sein normales Leistungsniveau, auch nicht der zuletzt hochgelobte Torhüter Nigbur. Libuda ist noch der Beste, aber viel ausrichten kann auch er nicht, und seine Flanken landen meist in den Händen von Herthas Torhüter Groß.

Am Ende verliert S04 das Spiel mit 0:3 und zugleich auch die Tabellenführung. Die haben jetzt die Bayern übernommen, die sich in Stuttgart souverän mit 4:1 durchsetzen können. Wieder einmal brilliert die zentrale Achse Maier (mit weiten, zielsicheren Abschlägen) – Beckenbauer (mit traumwandlerischer Übersicht) – Müller (mit zwei Treffern). Der FC Bayern führt nur mit einem Punkt vor Schalke, hat aber die weitaus bessere Tordifferenz: 72:24 gegenüber 54:21.

Während Schalke und Bayern die Stadien füllen, bleibt Tabellenschlusslicht Borussia Dortmund Kassengift. Eintracht Braunschweig hat sich daher vor dem Heimspiel gegen den BVB etwas einfallen lassen: Schüler bis zum 15. Lebensjahr dürfen gratis ins Stadion. 2.500 nehmen das Angebot wahr, doch es sind trotzdem nur 11.500 (zahlende und nicht-zahlende) Zuschauer, die den 2:0-Erfolg über die Dortmunder sehen.

★ ★ ★

Vier Tage später: Länderspiel gegen Ungarn im Nep-Stadion von Budapest. Vor allem die Youngster Breitner (drittes Länderspiel) und Uli Hoeneß (erstes Länderspiel) überzeugen. Als linker Verteidiger schießt Breitner das 1:0 in der 70. Minute: Er übernimmt den Ball auf Höhe der Mittellinie, spielt drei Ungarn aus und schießt aus zehn Metern scharf und genau. 18 Minuten später erzielt Hoeneß das 2:0: Müller schickt ihn mit genauem Pass in den Laufweg, Hoeneß stürmt in den Strafraum und vollendet aus 13 Metern halbhoch. Anschließend hebt Bundestrainer Helmut Schön vor allem Breitner heraus: „Er ist in dieser Form absoluter Stammspieler in der Nationalmannschaft."

Seinem Marktwert dürfte das guttun. Der selbstbewusste Lockenkopf verkündet in München weiterhin: „Ich gehe!" Wieder einmal wird er mit dem VfB Stuttgart in Verbindung gebracht. „Natürlich wollen wir ihn", heißt es dort, aber auch: Man sei „geschockt" von Bayerns Ablöseforderung über 750.000 Mark.

Vorbei ist dagegen das Tauziehen um Gerd Müller, der kürzlich noch „mit achtzigprozentiger Sicherheit" wechseln wollte, doch jetzt sehr froh ist, dass er bleiben kann: „Hier habe ich meine Freunde." Er geht also weiter für die Bayern auf Torejagd, die Konditionen bleiben geheim.

Kein Geheimnis ist, dass sowohl die Gehälter wie die Ablösesummen für gehobene Spielerqualität längst alle Grenzen der Statuten gesprengt haben. Kein Verein hält sich mehr daran. Die Bundesligavereine haben daher in einer gemeinsamen Sitzung vom DFB gefordert, alle Begrenzungen auch formal aufzuheben. Drei Wochen später kippt der DFB-Beitrat tatsächlich alle Gehaltsgrenzen, Vereine und Spieler können die Gehälter und Prämien künftig frei aushandeln. Es ist der endgültige Schritt zur Einführung des Vollprofis im deutschen Fußball – beinahe. Denn die Grenze von 100.000 Mark Ablöse bleibt. Vorerst. Formal jedenfalls. Höhere Ablösesummen können beim DFB beantragt werden, und niemand zweifelt daran, dass sie genehmigt werden. Die Begrenzung ist ein aussichtsloses Rückzugsgefecht von nur noch symbolischem Wert.

★ ★ ★

Am Rande des Länderspiels: Günter Netzer wird von einem ungarischen Reporter interviewt.

Wer ist Ihrer Meinung nach der beste Fußballer in der Bundesrepublik? „Franz Beckenbauer." Und in Europa? „Franz Beckenbauer." Und in der Welt? „Franz Beckenbauer."

Der österreichische Nationaltrainer Leopold Stastny, der das Länderspiel beobachtet, wird von der Presse nach seinen Eindrücken gefragt:

„Franz Beckenbauer, das ist ein Spieler, von dem jeder Trainer träumt."

★ ★ ★

Den Kaiser muss sein Bundestrainer nicht loben, jeder weiß, dass er ihn als kongenialen Partner schätzt. Dass Helmut Schön den jungen Paul Breitner so deutlich heraushebt, erklärt sich vor allem aus seinem Faible für „Allround-Spieler". Sportlicher Erfolg, so hat er einmal doziert, ist „weniger eine Sache des Systems als eine Angelegenheit des spielerischen Vermögens. Besitzt man Stürmer, für die das Spiel nicht stillsteht, wenn der Gegner angreift, und Verteidiger, die es verstehen, auch einen Angriff vorzutragen, so finden sich auch Mittel, um gegnerische Deckungen gleich welcher Prägung zu öffnen. Es kommt darauf an, dem Gegner sein eigenes Spiel aufzuzwingen." Der stürmende Linksverteidiger Breitner erfüllt dieses Ideal ähnlich wie der nach vorne orientierte Libero Beckenbauer.

Dass Breitner ein widerspruchsfreudiger Quergeist ist, stört den Bundestrainer nicht, er sieht sich da eins mit dem Zeitgeist: In Betrieben, Schulen, Universitäten werden Mitbestimmungsmodelle ausgeheckt und erprobt, warum soll nicht auch der Fußball „Demokratie wagen"? Für Vertreter der jüngeren Trainergeneration wie Sepp Piontek liegt das nahe, für einen wie Helmut Schön, der als Fußballer im Nationalsozialismus sozialisiert wurde, ist es eher ungewöhnlich. In einem „Spiegel"-Interview erläutert er im Frühjahr 1972: „Ich will keine stummen Spieler. Natürlich muss der Trainer die taktische Marschroute konzipieren. Aber ich erwarte auch von den Spielern eigene Ideen." Man müsse die Spieler anders ansprechen als früher: „Heute ist ein 20-jähriger Debütant viel selbstbewusster als ich 1937 bei meiner ersten Berufung in die Nationalmannschaft. Ich will keine Führungslosigkeit, aber ich kehre auch nicht den Autoritären heraus; die demokratische Spielart ist mir am liebsten."

Mit diesem Liberalismus schafft es Schön, ein ebenso hochtalentiertes wie selbstbewusstes Spielerensemble so zu lenken, dass es bei allem individuellem Hedonismus als Team zusammenfindet und sein riesiges Potenzial abrufen kann. Als reine Harmonie kann man sich das nicht vorstellen. Mit eigenwilligen Spielern wie Netzer oder eben Breitner muss der Bundestrainer des Öfteren Konflikte austragen, und als die beiden später in Spanien ihr Geld verdienen und von dort aus gegen den DFB stänkern, wird es sogar vorübergehend zum Bruch kommen. Doch vorerst bewährt sich das Schön'sche Kommunikationsmodell, das auch Breitner nachträglich zu schätzen weiß: „Wenn es Probleme gab, dann hat er nicht mit der Faust auf den Tisch geschlagen, (…) er hat dann immer versucht, sich selber runterzufahren, indem er geredet hat, geredet hat. Wenn ich mir überlege, wie oft wir in einem Trainingslager stundenlang um einen Fußballplatz gegangen sind, um uns beide runterzufahren, dann waren das einige Kilometer.“

★ ★ ★

Klaus Fichtel, Reinhard Libuda, Rolf Rüssmann, Jürgen Sobieray, Aki Lütkebohmert und Heinz van Haaren können das Länderspiel nur am Fernseher verfolgen – zeitversetzt und in Ausschnitten, denn die ARD sendet nur eine gekürzte Aufzeichnung ab 21:45 Uhr. Privatsender oder Pay-TV gibt's noch nicht. Einen Tag später, am Gründonnerstag, fahren die sechs Schalker direkt aus dem Trainingslager in zwei PKWs nach Frankfurt am Main. Sie müssen vor den DFB-Ermittlern aussagen und erscheinen dort verlegen grinsend in Trainingsanzügen. Alle bleiben sie bei ihrer bisherigen Darstellung: kein Geld, keine Spielmanipulation. Nach dieser Vernehmung, so wundert sich der „Kicker“, „waren die Schalker Spieler übrigens wie verwandelt. Wochenlang hatte man ihnen die Nervenbelastung in den Spielen angemerkt; doch nach dieser Vernehmung wirkten sie seltsam entspannt.“

★ ★ ★

Rechtzeitig vor der Abstimmung im Bundestag trägt die Ostpolitik der SPD/FDP-Regierung greifbare Früchte. In diesem Fall sind es Vereinbarungen zum besonderen Status Berlins, die Ende 1971 von den vier Siegermächten, von DDR und Bundesregierung unterzeichnet wurden. Die Westberliner, für die es viele Jahre lang nahezu unmöglich war, Verwandte oder Freunde im Osten der Stadt zu besuchen, dürfen an den Ostertagen ohne große Formalitäten die Mauerlücken passieren. 450.000 Menschen nutzen die seltene Gelegenheit, eine gewaltige Völkerwanderung „nach drüben“ und abends zurück. An den Pfingsttagen wird sich das Ganze wiederholen.

Seit wenigen Monaten ist es auch möglich, im „Selbstwähldienst" zwischen Ost- und Westberlin zu telefonieren. Noch vor einem Jahr gab es lediglich zehn Leitungen, die Gespräche über die Mauer ermöglichten, nun sind es 150, und es braucht keine lange Voranmeldung und kein „Amt" mehr, um eine Verbindung zu erhalten. Wer hüben wie drüben bei den Telefonaten mithört, wird nicht bekannt gegeben.

APRIL 72

„In den englischen Zeitungen ist es ja recht kriegerisch zugegangen, da war die Rede von Siegfried-Linie und den Panzern. Alf Ramsey war der Montgomery und ich der Rommel. Das ist bedauerlich. Wir sprechen nicht vom Krieg, sondern vom Fußball."

HELMUT SCHÖN nach dem Viertelfinal-Hinspiel
der Europameisterschaft in London

„Überläufer müssten wie in der Bundesliga gesperrt werden."

Aus einem Brief an Willy Brandt nach dem Misstrauensvotum
am 27. April 1972, das durch Überläufer aus den
Regierungsfraktionen beinahe erfolgreich gewesen wäre

„Barzel ist mehr geworden als nur der Spielmacher seines Vereins. Er ist der Günter Netzer von Bonn."

„Bild"-Chefredakteur PETER BOENISCH, der zum gleichen Anlass
dem glücklosen CDU-Oppositionsführer Rainer Barzel die Treue hält

„Ich bin nicht so beliebt wie Uwe Seeler."

RAINER BARZEL über seine Popularität, geäußert
schon vor dem Misstrauensvotum

Der Rasen als Schlachtfeld

DFB-Pokal, Viertelfinale +++ 1./5./12. April 1972

Europapokal der Pokalsieger, Halbfinale +++ 5./19. April 1972

0:7 haben die Schalker in der Bundesliga-Hinrunde bei Borussia Mönchengladbach verloren, doch als die Ruhrpottler jetzt zum Pokalspiel auf den Bökelberg kommen, haben sie sich besser auf den Gegner eingestellt. Im Mittelfeld steht Helmut Kremers gegen Günter Netzer, und nicht selten sieht sich der Regisseur der Gladbacher von gleich drei Gegenspielern umzingelt. Ihm wird damit ein Gutteil seiner Wirkung genommen. Dagegen können die Schalker über Scheer, Libuda und Erwin Kremers immer wieder rasche Vorstöße unternehmen. In der Mitte wartet Klaus Fischer auf Zuspiele, und er bekommt sie. 0:1 in der 11. Minute, 0:2 in der 48. Minute, und es könnte leicht noch höher stehen, zumal den Gladbachern noch immer ihre komplette Stammdefensive Vogts/Müller/Sieloff fehlt. Doch Schalke vertändelt sich im Gefühl des sicheren Sieges. In der 72. Minute schnappt sich Netzer den Ball in der eigenen Hälfte, spurtet 50 Meter übers Feld und legt ihn Le Fevre vor. Anschlusstreffer. Vier Minuten später attackiert Fichtel den Gladbacher Regisseur unfair im Strafraum: Elfmeter, Ausgleich. Dabei bleibt es.

„Netzer, Vogts und Heynckes Jupp – holen jetzt den deutschen Cup", reimt ein Fantransparent, das jenen schon legendären Vers aus dem Mailand-Spiel zitiert, bei dem es „Europa-Cup" statt „deutschen Cup" hieß. Glück bringt diese Lyrik weder damals noch heute. Auch wenn es beim Rückspiel in der Glückauf-Kampfbahn zunächst gut für die Borussen läuft. Netzer überrascht die Schalker, indem er weit hinten als Libero agiert; für ihn spielt Wittkamp im Mittelfeld. Netzers Bewacher Helmut Kremers irrt zunächst ziemlich verloren durch des Gegners Hälfte. Als die Schalker sich darauf eingestellt haben, beginnt ein spannendes und hochklassiges Spiel mit Chancen hüben wie drüben. Erst zwei Minuten vor Abpfiff fällt das einzige und entscheidende Tor des Tages: Libuda dribbelt auf dem rechten Flügel zwei Gladbacher aus und flankt über den herausstürzenden Torhüter Kleff präzise in die Mitte. Dort vollendet Klaus Scheer aus fünf Metern mit wunderbarem Flugkopfball. Der Treffer wird in der ARD-„Sportschau" zum „Tor des Monats" gekürt. Libudas Vorarbeit hält die Redaktion für so wesentlich, dass zum ersten Mal zwei Spieler für dasselbe Tor geehrt werden.

Wie es bei solchen Spielen zugeht in den Fankurven, überliefert ein Bericht von Jörg Buddenberg. Für den jungen Schalke-Anhänger ist das Pokalspiel am 5. April das erste Heimspielerlebnis in der Glückauf-Kampfbahn. Mit den Augen des Novizen schaut er fasziniert dorthin, wo die harten Fans stehen, in die Nordkurve: „Kuttenträger, Gammler, dicke Willis mit nackten Oberkörpern oder mit Schalke-Emblemen bestickten Westen, mit Fahnen und Doppelhaltern, mit Kopfbedeckungen aller Art und verstörenden Tröten."

Während des Spiels wird es eng auf den dichtbesetzten Rängen: „Die Menge war in Bewegung, und wir hingen plötzlich am Gitter fest wie die Fische im Netz. Fußballgott, wat nu? Schnell wogte alles zurück, wir hatten wieder Luft. Überall Rangeleien und Schubsereien um uns herum." Denn am Rand der Haupttribüne, nahe der Nordkurve, stehen mitten unter den königsblauen Zuschauern auch Gruppen von Gladbach-Fans, die nach dem späten Schalker Siegtor ziemlich angefressen sind. Und nach Opfern suchen. Frischling Jörg mit seiner S04-Fahne kommt einigen von ihnen auf dem Weg zum Bahnhof in die Quere. Vor dem niederrheinischen Zorn retten ihn drei Gelsenkirchener mit Schmerbauch und tätowierten Unterarmen, die nahebei an einer Trinkbude stehen und nicht nach Stuhlkreis aussehen: „Ihr Zwerchgaloppaa wollt kleine Schalkaa anne Wäsche?"

★ ★ ★

In den anderen Viertelfinalspielen des DFB-Pokals setzen sich Werder Bremen (gegen Hannover 96) und der 1. FC Kaiserslautern (gegen Rot-Weiß Oberhausen) durch. Bremens Nationalverteidiger Horst Höttges verrät nach dem Sieg noch: „Ich bin sicher, dass Uli Hoeneß in der nächsten Saison für uns spielen wird." Das habe ihm der Münchner beim Länderspiel gesagt. Hoeneß will den Wechsel noch nicht bestätigen, gibt aber zu, er sei „nach wie vor an Werder interessiert". Er weiß, was die Kollegen der „Millionenelf" dort verdienen.

Bleibt noch das letzte Viertelfinale, das der Bayern gegen den 1. FC Köln, das zum wilden Pokalfight wird. Im Hinspiel gegen defensiv eingestellte Rheinländer (bei denen die Nationalspieler Wolfgang Weber und Wolfgang Overath verletzt fehlen) erarbeiten sich die Bayern ein ungefährdetes 3:0, das bei den Verlierern aus Köln zu einem Zerwürfnis zwischen Präsident Oskar Maaß und Trainer Gyula Lorant führt. Als Maaß seinen eigenwilligen Coach während des Spiels auffordert, seine Mannschaft offensiver auszurichten, antwortet der: „Halt das Maul, du fette Sau." Jedenfalls wird er so von zwei Platzordnern verstanden. Lorant, als Spieler ein Mitglied der ungarischen Wunderelf, leugnet die Wortwahl, doch Maaß feuert ihn auf der Stelle. An der Pressekonferenz darf Lorant schon nicht mehr teilnehmen, und beim Rückspiel sitzt Nachwuchstrainer Rolf Herings auf der Bank, flankiert von den Langzeitverletzten Weber und Overath.

Der Drei-Tore-Vorsprung, mit dem die Bayern nach Köln reisen, lässt sie optimistisch auf ein Weiterkommen hoffen. Da man auch in der Meisterschaft gut dabei ist und im Europapokal im Halbfinale steht, wachsen erste vage Träume von einem Triple, das aber noch nicht so heißt, sondern schlicht „drei Saisonziele".

Doch es kommt anders. In der Begegnung am 12. April in Köln regiert eine harte Realität, eine ganz harte. Münchens Linksaußen Sühnholz muss mit Beinbruch vom Platz getragen werden, Bayerns Ersatztorhüter Manfred Seifert holt sich bei harten Körperattacken zwei Rippenbrüche und wird gegen einen Amateurkeeper ausgewechselt, Gerd Müller schlägt Konopka ins Gesicht, Krauthausen erhält einen Fausthieb von Flohe und verliert dabei einen Zahn; später erstattet er Anzeige wegen vorsätzlicher Körperverletzung. Die Presse spricht von „Blutrache" zwischen München und Köln, vom „gemeinsten Spiel des Jahres", die „Süddeutsche" sieht den Rasen als „Schlachtfeld", und Bayerns Trainer Lattek wütet, seine Spieler seien „systematisch niedergeknüppelt worden". „Südamerikanische Verhältnisse" seien das, befindet sein Präsident Neudecker. Kölns Geschäftsführer Hans-Gerhard König hingegen will nur „englische Härte" erkennen.

Erstaunlich, dass bei dem Gemetzel zugleich ein ordentlicher Fußball gespielt wird, vor allem von den Kölnern, die zeitweise wie entfesselt stürmen und am Ende die Bayern mit 5:1 überrennen. Allerdings profitieren sie von ihrer Härte, denn nachdem Seifert in der 48. Minute verletzt worden ist, kassiert der ramponierte Münchner Keeper binnen sechs Minuten vier Treffer, bevor sein Trainer Udo Lattek ein Einsehen hat und ihn vom Platz holt.

★★★

Während die Kölner jubeln, ist für die Münchner der kurze Traum vom Triple dahin. Möglicherweise hängt das auch mit einer übergroßen Belastung ihres Kaders und insbesondere ihrer Nationalspieler zusammen. „Wir haben einfach zu viele Spiele in den Knochen", murrt der Kaiser. Inklusive des Länderspiels am 29. März und des Europapokalspiels am 19. April absolvieren Maier, Schwarzenbeck, Beckenbauer, Breitner, Hoeneß und Müller acht Partien binnen 21 Tagen in fünf verschiedenen Städten, darunter ein Freundschaftsspiel gegen Benfica Lissabon in Paris, für das der Verein 50.000 Mark kassiert. In Paris fehlt lediglich der angeschlagene Hoeneß, während Maier in Köln verletzt pausieren muss. Ansonsten muss das prominente Sextett immer ran. Der schmale Kader der Bayern ist auf eine solche Belastung nicht ausgerichtet.

Rund 100 Spiele, so rechnet später der Historiker Hans Woller aus, absolvieren die Bayern in jenen Jahren pro Saison. Der Grund ist für ihn naheliegend: Anders lässt sich der mit Stars gespickte Kader nicht finanzieren. Und das auch nur, wenn die Einnahmen aus den Freundschaftsspielen „in bar einkassiert und nie regulär verbucht", somit also am Fiskus vorbeigeschleust werden. Manchmal, so Woller, sei das Geld den Spielern schon auf der Heimreise im Flugzeug ausgehändigt worden – dezent in Briefumschlägen, die Manager Robert Schwan verteilt habe. Der Verein nutzt zwecks Flankenschutzes seine guten Beziehungen zur CSU-Landesregierung, vor allem zu Finanzminister Ludwig Huber, der alle Augen zudrückt.

Bayern-Boss Neudecker aktiviert seine politischen Kontakte auch, um den Verein von der lästigen Vergnügungssteuer zu befreien. Im April 1972 berichtet „Bild" von seinem Angebot an CSU-Chef Franz Josef Strauß, das der nicht ausschlagen kann: „Wenn Sie dafür sorgen, dass Bundesliga-Vereine keine Vergnügungssteuer mehr zahlen müssen, setze ich durch, dass alle Bayern die CSU wählen." Auch Finanzminister Huber hat am 6. April intern ventiliert, „wenn irgend möglich, eine Befreiung des Vereins von dieser Steuer" zu erwirken. Die Intervention, so kommentiert trocken der Historiker Woller, „blieb nicht folgenlos". Ein paar Monate später passiert ein entsprechendes Gesetz, von der Opposition „Lex FC Bayern" geheißen, den Landtag.

★ ★ ★

Der DFB-Pokal kommt dieses Jahr also nicht nach München, und auch der Plan, zum zweiten Mal nach 1967 den Europapokal der Pokalsieger dorthin zu holen, scheitert. Gegner im Halbfinale sind die Rangers aus Glasgow, damals wie ihre Lokalrivalen Celtic eine europäische Spitzenmannschaft. Beim Hinspiel in München bilden die Gastherren das bessere Team und gehen in der 21. Minute durch Breitner in Führung: Der Linksverteidiger schließt ein langes Solo von der eigenen Strafraumgrenze mit einem Doppelpass mit Müller und einem wunderbaren Schlenzer ins Tor ab. Doch die Härte der schottischen Spieler entnervt die Bayern zusehends, und als Schwarzenbeck ein Eigentor fabriziert, ist die Ausgangsposition fürs Rückspiel schon eher hoffnungslos.

Am Abend des 19. April pilgern insgesamt 155.000 Fans zu den beiden Glasgower Spielstätten, 80.000 in den Ibrox Park und 75.000 in den sechs Kilometer entfernten Celtic Park. Es ist die größte Zuschauerbewegung, die es jemals im europäischen Pokalwettbewerb gegeben hat. Die schottische Metropole präsentiert sich damit als „Hauptstadt der Fußballwelt", wie der „Scottish Daily Express" titelt. Zeitgleich laufen hier die Europacup-Halbfinalspiele der Pokalsieger sowie der Landesmeister (Celtic gegen Inter Mailand). Nicht nur sportliche Rivalität trennt die beiden Glasgower Vereine, denn Rangers ist der Klub der protestantischen Mehrheit in Schottland, Celtic der Klub der katholischen, meist irischstämmigen Minderheit. In der Rivalität spiegeln sich auch die Gräben, die aktuell der blutige nordirische Bürgerkrieg aufwirft.

Das schottische Fernsehen zeigt Livebilder nur von dem Ereignis, das sportlich von geringerem Wert ist, bei dem aber der „richtige" schottische Klub mitspielt, also Rangers gegen Bayern. Die Celtic-Fans müssen sich mit einer Zusammenfassung begnügen und verpassen eine hochdramatische Partie, die erst nach Verlängerung im Elfmeterschießen entschieden wird.

Aus München machen sich 300 „Schlachtenbummler" auf die Flugreise nach Glasgow. Für ihre Elf hat Udo Lattek die Devise ausgegeben: „Wir müssen den ersten Ansturm der Schotten überstehen." Der Plan an sich ist perfekt, aber bereits nach 45 Sekunden Makulatur, als ein schottischer Verteidiger das Leder aus 25 Metern in die Maschen drischt. Sepp Maier schaut wie ein Standbild zu. Danach folgt ein einziger schottischer Sturmlauf und ein einziger Dauerfrust der Bayern, die mit 0:2 am Ende noch gut bedient sind. Ihre Stars wirken ausgebrannt, Breitner muss verletzt vom Platz, Müller steckt in einem Formtief und leistet sich wie gegen Köln ein unmotiviertes heftiges Foul, indem er „in ohnmächtiger Wut den jungen Parlane ummäht", wie der „Kicker" entsetzt schreibt. Fortan wird er von 80.000 Zuschauern im Ibrox Park jedes Mal ausgepfiffen, wenn er an den Ball kommt.

★ ★ ★

Jagdszenen aus Niedersachsen: In Celle gibt es für die Scherben ordentlich Ärger in einer Gaststätte. Nach ihrem Konzert möchten sie dort etwas essen, doch ganz offensichtlich will man sie nicht bedienen, „weil wir zu freakig aussahen", wie Kai Sichtermann erzählt. Die hungrigen Musiker warten eine Weile, fühlen sich zunehmend diskriminiert und beschließen schließlich frustriert, das Lokal zu verlassen. Der empörte Nikel hat diesmal kein Hackebeil dabei, stattdessen schnappt er sich beim Rausgehen ein riesiges Porzellan-Sparschwein, das auf dem Tresen steht. Wütend schmettert er das wehrlose Tier zu Boden. Sichtermann: „Das war total spontan, wir waren alle überrascht und mussten die Beine in die Hand nehmen." Denn ein fluchender Wirt samt diverser Stammgäste verfolgen die Scherben auf die Straße, um ihnen eine Abreibung zu verpassen; am Ende sind sie heilfroh, dass sie die Schnelleren sind.

„Ihr könnt uns alle mal"

Bundesliga, 27. Spieltag +++ 8. April 1972

Mit klaren Heimsiegen sichern Bayern und Schalke ihre Tabellen-führung. Die Münchner zerlegen Werder 6:2, die Königsblauen schicken Eintracht Braunschweig mit 5:1 nach Hause. Sie hätten sogar höher gewinnen können, doch Trainer Horvat unterbricht ihren Spielfluss, als er beim Stand von 5:0 die stark aufspielenden Fichtel und Libuda vom Platz nimmt, um sie zu schonen. Da die Gladbacher in Frankfurt verlieren, gibt es endgültig keinen

Zweifel mehr über einen Zweikampf um die Meisterschaft. Die ersten Hochrechnungen werden angestellt, dass es am letzten Spieltag zu einem echten „Endspiel" kommen könnte: wenn die Schalker zum Saisonabschluss nach München fahren.

★ ★ ★

Die größere Schlagzeile schreibt an diesem Tag das DFB-Sportgericht: Nach Arminia Bielefeld verliert (vorerst) ein zweiter Bundesligaverein seine Lizenz: Rot-Weiß Oberhausen. Sein Präsident Peter Maaßen darf (vorerst) auf Lebenszeit kein Amt mehr ausüben. Die Richter halten es für erwiesen, dass Maaßen gegen Ende der vergangenen Saison den Präsidenten von Bielefeld, Stute, und von Offenbach, Canellas, jeweils ein Unentschieden angeboten und dafür Geld habe zahlen wollen: an Bielefeld 20.000 und an Offenbach 50.000 Mark. Stute und Canellas sagen aus, sie hätten das fragwürdige Angebot abgelehnt, Maaßen bestreitet alles. Es gibt weitere Vorwürfe gegen ihn, doch da fehlen den Richtern klare Beweise. (In späteren Instanzen wird Maaßen erst frei-, dann wieder schuldig gesprochen und auf zwei Jahre gesperrt. RWO darf am Ende seine Lizenz behalten und in der Bundesliga bleiben, wird aber für die neue Saison mit fünf Negativpunkten vorbelastet. Obwohl auch diese Strafe wieder aufgehoben wird, steigt Oberhausen 1973 ab.)

Auch gegen die Schalker gehen die Ermittlungen weiter, sowohl beim DFB in Frankfurt wie bei Amtsgerichten in Gelsenkirchen und Bielefeld, wo Prozesse gegen Arminia-Funktionäre laufen und die Schalker als Zeugen aussagen müssen. Alle heben den Finger mit der Versicherung: kein Geld, keine Manipulation.

Hinterher ist mal wieder die Zeit für starke Worte. Präsident Siebert über mögliche Strafmaßnahmen des DFB: „Das soll sich der DFB erlauben! Dann lernt er aber den Günter Siebert kennen. Wir haben noch einige Trümpfe in der Hand, die wir zur rechten Zeit ausspielen werden, Dinge, an die bisher nicht einmal im Traum gedacht wurde."

Reinhard Libuda folgt dieser Tonlage. Über die Aussicht, dass Chefankläger Kindermann gegen Schalker Spieler vorgeht, sagt er: „Das soll Herr Kindermann ruhig machen. Wir Spieler haben ein reines Gewissen. Dadurch, dass wir in den letzten Tagen vor dem Amtsgericht in Gelsenkirchen den Eid ablegten, kein Geld von Bielefeld bekommen zu haben, haben wir uns hoffentlich rehabilitiert. Denn mehr als einen Eid vor einem ordentlichen Gericht ablegen kann man nicht." Und: „Ich könnte drei Eide schwören, kein Geld bekommen zu haben." Und: „Wir spielen nach dem Motto: Ihr könnt uns mal alle …" Und: „Es ist mein ganzer Ehrgeiz, wieder in die Nationalmannschaft zu kommen. Ich weiß, dass Helmut Schön für diesen Bescheid des DFB, alle Schalker Spieler für die Nationalelf zu sperren, nichts konnte. Da steckt der Herr Kindermann dahinter."

Es klingt nach trotzigem Pfeifen im Walde, denn in der Öffentlichkeit wachsen die Zweifel. Die Aussagen aus Bielefeld widersprechen immer klarer der Schalker Mauertaktik. Nur in Gelsenkirchen glauben die Fans fest an ihre Idole. Als die „Süddeutsche Zeitung" ihren Reporter ins Revier schickt, berichtet er staunend: „An den Theken der vielen Kneipen rund um den Schalker Markt war zu hören, wie die Fans vom ausgemergelten, steinstaublungenkranken Berginvaliden bis zum langhaarigen, modisch aufgeputschten Verkäufer die Ermittlungen gegen ihre Lieblinge wurmen. Der Wirt vom ‚Industriehof': ‚Wer hier jetzt etwas gegen Schalke sagt, der muss vorsichtig sein.'"

★ ★ ★

Währenddessen startet der „Spiegel" eine mehrteilige Serie über den Bundesligaskandal. Titel: „Boss, wir müssen Spiele kaufen." Die erste Fortsetzung beginnt mit der höchst lebendigen Schilderung einer Fete am Ende der vergangenen Saison: „Im Strandhotel von Travemünde feierte der Deutsche Sportclub Arminia Bielefeld seine gekauften Siege. Die Bundesliga hatte die Abstiegsgeweihten wieder – und musste fortan mit dem Skandal leben. Die Bielefelder, ihrer kostspieligen Rettung vor Niederlagen und Abstieg sicher, hatten den Festspielort wochenlang vorher reserviert. Nach dem 1:0-Sieg in Berlin (Kaufpreis: 250.000 Mark) zechten und tanzten Vorstandsherren und Spieler mit den engsten Freunden und den ansehnlichsten Freundinnen die ganze Nacht."

Der Text suggeriert, die „Spiegel"-Leute seien nicht nur dabei, sondern mittendrin gewesen: „Im Morgengrauen ging als erster Arminias Trainer Egon Piechaczek, 40, baden – er sprang mit Blazer und Zigarre in den Swimmingpool. Andere hüpften ihm nach. Am Beckenrand tranken zwei reifere Herren ex: der Klub-Vorsitzende und Buchhändler Wilhelm Stute und Franz Greif, Vorstandsmitglied und vormals Generalstabsoffizier. Aus einem Hotelzimmer wankte, am Arm eines Mädchens, der Arminia-Mäzen und Bau-Unternehmer Rupert Schreiner heran. Aus dem Schwimmbassin krakeelte Egon Piechaczek: ‚Man werfe mir den Canellas nach, und Weiber.' Vorsitzender Stute starrte angewidert ins Becken: ‚Der Mann ist voll. Wir müssen ihn in sein Zimmer schaffen, bevor er wieder zu viel schwatzt. Das können wir uns nicht leisten.'"

Detailliert und reichlich ausgeschmückt, schildert der „Spiegel" die vielfachen Anschuldigungen, die mittlerweile gegen Spieler und Funktionäre aus der Bundesliga erhoben werden. Gregorio Canellas, der Offenbacher Ex-Präsident, der an der „Spiegel"-Serie mitgearbeitet hat, kündigt an, dass er mit seinen Enthüllungen noch lange nicht am Ende ist: „Ich verschieße mein Pulver doch nicht auf einmal."

★ ★ ★

Mitglieder der Bewegung 2. Juni platzieren am Abend des 11. April vor dem Kellerfenster eines US-amerikanischen Offiziersclubs in Berlin-Dahlem einen Sprengsatz, ebenso am Auto des Pressechefs der amerikanischen Streitkräfte in Berlin. Die am PKW angebrachten Benzinkanister werden nachts entdeckt und von der Polizei entschärft. Der Sprengsatz am Kellerfenster dagegen wird nicht bemerkt und detoniert auch nicht. Ein 2.-Juni-Mitglied verständigt anonym die Polizei, damit nicht wie im Februar ein unbeteiligter Zivilist stirbt.

Der Anschlag versteht sich als Reaktion auf die Entwicklungen in Vietnam. Dort führen die Amerikaner seit den sechziger Jahren den Krieg mit zunehmender Intensität, um zu verhindern, dass das von ihnen gestützte Militärregime in Südvietnam vom kommunistischen Norden und von den Vietcong-Guerillas überrollt wird. Die Art der Kriegsführung, brutale Massaker und der Einsatz von Napalm, entzieht dem US-Einsatz jede Legitimation und trägt wesentlich dazu bei, dass sich die linke, außerparlamentarische Opposition in der Bundesrepublik formiert und radikalisiert. Die Empörung reicht weit in gewerkschaftliche, intellektuelle und kirchliche Kreise. Vor allem, als die US-Luftwaffe damit beginnt, Nordvietnam massiv zu bombardieren und in Südvietnam chemische Entlaubungsmittel wie Agent Orange zu versprühen, um Ernten zu vernichten und Nachschubwege des Vietcong im Dschungel zu entdecken. Bis 1971 verwendet die Luftwaffe 80 Millionen Liter hochgiftiger Cocktails, meist Herbizide, die mit Dioxin versetzt sind. Auf dem Höhepunkt der Bombardements 1966 und 1967 kommt es in den USA und in vielen deutschen Städten zu riesigen Demonstrationen und anderen Protestaktionen.

Seit dem Sommer 1971 hat die Diskussion um die amerikanische Vietnam-Strategie eine neue Dimension. Da beginnen die „New York Times" und die „Washington Post" damit, ein hochbrisantes, hochgeheimes Dokument von nicht weniger als 7.000 Seiten abzudrucken: die Pentagon Papers. Es handelt sich um interne Studien des Verteidigungs- und des Außenministeriums, in denen die US-Desinformationspolitik offen dargestellt wird. Detailliert wird enthüllt, wie und wann man die Öffentlichkeit über die wahren Absichten und die tatsächliche Situation systematisch belogen und mit welchen Methoden der US-Geheimdienst in Vietnam operiert hat. „Whistleblower" in dieser Sache ist ein hochrangiger Mitarbeiter des Verteidigungsministeriums, der die 7.000 Seiten mit Hilfe seiner Kinder und einer Bekannten auf den Kopierer packen kann. Die zehnjährige Tochter schnippelte von jeder Kopie den Vermerk „Top Secret" ab.

Nach den ersten Veröffentlichungen verbietet die US-Regierung den weiteren Abdruck, aus Gründen der nationalen Sicherheit. Bevor ein Bundesgericht darüber endgültig entscheidet, sorgt ein einsamer Kongressabgeordneter für Fakten. Durch seine Immunität geschützt, beginnt er auf einer Sitzung des Bauausschusses damit, aus den Pentagon Papers vorzulesen. Als er um ein Uhr nachts ungefähr auf Seite 3.000 angelangt ist, sitzt er alleine im Saal. „Einstimmig" kann er daher beschließen, die restlichen 4.000 Seiten ins Protokoll aufzunehmen. Dort sind sie dann für jedermann einsehbar.

Mittlerweile haben die USA damit begonnen, Truppen abzuziehen, um den Krieg zu „vietnamisieren". Doch das südvietnamesische Regime erweist sich als zu brüchig. Nordvietnam und der Vietcong beginnen im März 1972 eine neue Offensive, sie haben von China und der UdSSR neue Waffen erhalten. Südvietnam droht rasch überrollt zu werden, die US-Streitkräfte sind nicht gewillt, dem tatenlos zuzusehen. Eine neue, verheerende Eskalation beginnt. US-Präsident Richard Nixon ordnet am 8. Mai 1972 eine Seeblockade der vietnamesischen Küste, die Verminung von Häfen sowie massive Flächenbombardements an. 112.000 Tonnen Bomben wird die US-Luftwaffe in den folgenden Monaten abwerfen, Hunderttausende werden daran sterben. (Am Ende hat der Krieg vermutlich mehr als vier Millionen Vietnamesen das Leben gekostet, die meisten davon Zivilisten. Aufseiten der US-Streitkräfte sterben etwa 58.000 Menschen.)

Die Bonner Regierung mit Bundeskanzler Willy Brandt findet auch im Frühjahr 1972 noch kein kritisches Wort über die Zerstörungsstrategie der USA.

Ein Häuschen für Breitner

Bundesliga, 28. Spieltag +++ 15. April 1972

Sein größter Wunsch sei „eine Niederlage der Amis in Vietnam", hat Paul Breitner vor einigen Monaten in der „Bild" erklärt. Wortradikales hört man öfter von ihm, doch er kann auch anders, nämlich sehr bürgerlich. Über seine Bedingungen für einen Verbleib bei den Bayern erklärt er neuerdings: „Zunächst bitte ich um finanzielle Hilfe, dass ich vor den Toren der Stadt ein kleines Häuschen in ruhiger Lage erwerben kann. Ruhe und Sicherheit der Spieler kommen doch auch dem FC Bayern zugute." Außerdem wolle er Sonderschullehrer für geistig und körperlich behinderte Kinder werden und benötige für seine Ausbildung zeitliche Freiräume.

Kurz darauf kann sein Präsident Wilhelm Neudecker Vollzug melden: „Wir haben Breitner eine Adresse für ein Grundstück im Villenvorort Ottobrunn vermittelt. Das Grundstück war zwar für Trainer Lattek vorgesehen, doch dieser hat darauf großzügig verzichtet." Was tut man nicht alles für seinen Nachwuchs. Der Vertrag ist also verlängert, über weitere finanzielle Konditionen wird geschwiegen. Seine linke Gesinnung will Breitner fortan für sich behalten: „Solange ich im großkapitalistischen Profi-Fußball beschäftigt bin, kann ich keine großen Parolen ausgeben. Die muss ich mir fürs stille Kämmerlein aufheben."

Breitners Kumpel Uli Hoeneß dagegen zockt weiter und verkündet allenthalben, er sei noch zu haben. Werder, Schalke, Offenbach und Stuttgart heben den Finger. Mit Werders Vorstand soll er sich bereits in einem Bremer Lokal getroffen haben. Später heißt es, er habe sich auch Borussia Mönchengladbach angeboten.

★ ★ ★

Noch nie sind weniger Zuschauer zu den Bundesliga-Partien gekommen als an diesem 28. Spieltag. Man zählt insgesamt rund

96.500, also gerade mal 10.700 pro Spiel. Selbst das Grünwalder Stadion, wo der Tabellenführer spielt und Hannover 96 mit 3:1 besiegt, ist mit 12.000 noch nicht einmal zur Hälfte belegt. Besonders trostlos wirken die 2.500 Besucher im großen Stuttgarter Neckarstadion; und die ärgern sich auch noch über ihr Kommen, denn sie sehen ein müdes Schlafwagengeschiebe zwischen dem Gastgeber und den Duisburger Zebras, das 1:0 endet.

Borussia Dortmund dokumentiert seine desolate Lage auf dem Bökelberg. 1:7 unterliegt man dort, und das, obwohl man den eigenen Strafraum mit einer achtköpfigen Defensive (plus Torhüter) zumauert. Vergebens, die Mannschaft ist einfach zu schwach. Den Gladbacher Sturmlauf, den ein brillanter Netzer anführt, erleben viel zu wenige Zuschauer: 9.000, trotz ermäßigter Eintrittspreise.

Nur tausend mehr, nämlich 10.000, kommen ins Weserstadion und sehen ihre Werderaner von der 2:6-Pleite bei den Bayern gut erholt. Zu Gast ist Hertha BSC, dessen Kader durch Sperren und Verletzungen auf 13 Spieler geschrumpft ist. Werder überfährt die dezimierte Schar mit 5:0. Der junge Trainer Sepp Piontek hat seine Mannschaft offensiv eingestellt. Gegen die Bayern ist das schiefgegangen, gegen die Berliner klappt es. Werder dümpelt im Mittelfeld der Tabelle, für vordere Plätze fehlt die Konstanz, vor allem auch, weil in der Defensive Leistungsträger wie Horst-Dieter Höttges verletzt fehlen. Eigentlich müsste auch der ewige Werderaner, der inzwischen 37-jährige Pico Schütz, noch mal ran, doch der wird ab sofort als Übungsleiter benötigt: Piontek muss in Köln die Schulbank drücken, um seinen Trainerschein zu erwerben. So lange soll der eine Novize den anderen vertreten, und beide ohne gültigen Trainerschein.

Um die ganze wackelige Konstruktion dem DFB verkaufen zu können, hat der Verein bereits im Dezember einen Oldie als Strohmann engagiert: Hugo Scharmann, einst in der Oberliga ein Übungsleiter der Bremer, ist nominell für die Mannschaft zuständig.

★ ★ ★

Über Libuda wird mal wieder gerätselt. Sein FC Schalke 04 hat bei Rot-Weiß Oberhausen mit 3:2 gewonnen und damit Anschluss an die Bayern gehalten. Nach dem Spiel staunt die Presse vor allem über den starken Rechtsaußen. Der „Kicker" lobt: „Libuda, sonst ein zurückhaltender junger Mann und mimosenhaft empfindlich, ist in den letzten Wochen wirklich gereift." Seine Form sei „schon fast beängstigend gut", und überdies überrasche er mit der selbstbewussten Ansage: „Wir wollen Deutscher Meister werden."

Auch in der „WAZ" orakelt deren Sportchef Hans-Josef Justen: „Wenn Reinhard Libuda einer derjenigen sein soll, die Bielefeld weiland am Geldsegen teilnehmen ließ, dann müsste ich mich sehr wundern. Der ‚Stan', wie kaum ein anderer im deutschen Spitzenfußball von ‚Umwelteinflüssen', von psychischen Belastungen abhängig, dieser ‚Stan' spielt seit Wochen in Superform. Auch am Samstag wieder in Oberhausen: klasse, länderspielreif. Wer dessen Mentalität kennt und seine Leistungen sieht, der kann nicht einmal vermuten, dass Libuda was auf dem Kerbholz hat."

Der greise Journalist Richard Kirn dagegen mag derlei Hoffnungen nicht trauen: „Die Affäre wird immer unheimlicher. Was gilt's, demnächst finden wir sie, in literarischem Glanz, in einer jener Zeitschriften, die sich sonst nur mit hochgeistigen Dingen zu befassen pflegen. Schon ist sie der Gegenstand einer ‚Spiegel'-Serie geworden und auf die berühmte dritte Seite der ‚Süddeutschen Zeitung' gekommen. Wir alten Fußballnarren aber glauben immer noch, es sei alles nur ein schwerer Traum, und es ‚dürfe doch nicht wahr sein', und ein schriller Pfiff müsse uns in die Wirklichkeit zurückrufen: Da glänzt der Rasen, die Tribünen applaudieren und im Schatten der Fahnen tragen 22 untadelige Sportsleute ihr Spiel aus…"

★★★

Am Morgen des 20. April, um 4:15 Uhr, stürmen 800 Polizisten das Bethanien-Gelände mit dem Rauch-Haus. Der Aufmarsch gleicht einer militärischen Großaktion mit Maschinenpistolen, Mannschaftswagen, Hundestaffel, Feldküche und Krankenwagen. Jedes der 90 Zimmer im Haus wird gründlich durchwühlt, Fragen nach einem Durchsuchungsbefehl werden rüde abgewehrt. 28 Personen werden vorübergehend festgenommen, und sichergestellte Materialien wie leere Weinflaschen, Batterien und Wecker sollen Attentatspläne belegen. Die Boulevardpresse berichtet groß; die „BZ" titelt: „Bastelten Bethanien-Besetzer die Bomben?" Seit Wochen schon lastet sie in reißerischen Artikeln dem Rauch-Haus revolutionäre Umtriebe, Diebstähle und andere Delikte an.

Das Rauch-Haus-Kollektiv spricht von einem „faschistischen Überfall der Polizei" und vermutet den Versuch, die Bewohner zu diskreditieren und zu kriminalisieren. Der zuständige Kreuzberger SPD-Stadtrat Erwin Beck, der das Rauch-Haus-Projekt stützt, ist von der Aktion zuvor nicht informiert worden.

Obwohl ein wissenschaftliches Gutachten die Sozialarbeit im Rauch-Haus positiv beurteilt, befürchtet die Berliner Szene schon lange, eine Räumung des Hauses könnte bevorstehen. Aus Protest gegen solche Bestrebungen kommt es im März wieder mal zu einem Teach-in an der TU, bei dem auch die Scherben auftreten. Absurderweise wird ihnen vom Veranstalter untersagt, ihren Rauch-Haus-Song zu spielen. Er passe nicht zum politischen Konzept des Hauses. Rio schreibt dazu später: „Beim Teach-in zu spielen, das war quasi Pflicht, wir waren ja requiriert, das war wie in der DDR. Man war halt anerkannter Künstler, aber das hieß noch lange nicht, dass man sagen und singen durfte, was man wollte."

Das Verhältnis zwischen der T-Ufer-Kommune und dem Rauch-Haus-Kollektiv ist längst belastet. Biograf Wolfgang Haberl: „Rio Reiser disste die Führungs-Riege im Rauch-Haus als ‚Schriftgelehrte und Pharisäer' und gewährte Rauch-Haus-Bewohnern, denen die harten Regeln dort nicht zusagten, burschikos ‚politisches Asyl' im T-Ufer. Die dogmatischen Polit-Gurus des Rauch-Hauses warfen den chaotischen Scherben andererseits vor, dass die übergesiedelten Trebegänger in ihrer spackigen Anarcho-Kommune nur lernten, sich vollzudröhnen und ‚Strom-Gitarre' zu spielen."

Rio ist ein unabhängiger Geist, der leicht aneckt, auch im eigenen Umfeld, und schon mal aus der Haut fährt. Sein Jugendfreund Lanrue erzählt: „Ich hatte so 'nen Exklusivjob bei Rio, ich konnte ihn wecken, ihn beruhigen, besser als alle anderen. Wir haben uns gut ergänzt. Rio war ja auch kompliziert. (…) Manchmal hatte Rio vor einem Konzert so viel getrunken, dass er in den Kulissen schlief, dass man ihn wach kriegen musste, da konnte ich die entscheidenden Worte finden. Und wenn er sich eingeschlossen hat, hat er nur mir aufgemacht, wenn ich geklopft habe."

Aus seiner Kindheit und Jugend hat Rio einiges nach Berlin mitgebracht, das er meist für sich behält. Einen „bekennenden Ben-Hur-Christen" nennt ihn sein Bruder Gert. Auch an Karl May, den er weiterhin liest, fasziniert ihn dessen Religiosität. Öfter, aber eher im Geheimen, stöbert er in der Bibel. Schon als Kind ist ihm „der harte Widerspruch zwischen Bergpredigt und Wirklichkeit" aufgefallen, er hat seinen Religionslehrer damit genervt, und „alles, was danach politisch passierte, bestätigte das". Karl May hilft ihm pragmatisch aus dem inneren Zwiespalt, von einer gewaltfreien Gesellschaft zu träumen, die doch ohne Gewalt nicht zu erreichen sei: „Old Shatterhand hat zwar auch geschossen, aber nur im Notfall, und dann auch nur ins Knie seiner Gegner. Gewalt konnte höchstens Gegengewalt sein."

Karl-May-Religiosität und sozialistische Revolution kommen in der Theorie eher schwerlich miteinander zurecht. In seinen Songtexten bringt Rio sie mit vagen Erlösungshoffnungen und Verheißungen auf ein fernes Paradies zusammen. Vielleicht braucht es dafür ein gutes Maß Romantik. Und Verzweiflung über diese Welt. Für Marx war Religion das Opium des Volkes. Das oppositionelle Völkchen in Berlin bevorzugt andere Drogen, und Rios Bibel braucht ein gutes Versteck, um ihren Besitzer nicht dem Spott preiszugeben.

Wunder in Wedau, Misstrauen in Bonn

„Die Duisburger haben uns damals, als sie uns geschlagen haben, versprochen, dass auch die Bayern dran glauben müssen ..." Reinhard Libuda hofft auf ein Wunder, das tatsächlich eintritt: Die Bayern verlieren im Duisburger Wedaustadion mit 0:3. Udo Latteks Überraschungscoup, Uli Hoeneß vor Gerd Müller als Sturmspitze zu platzieren, geht ziemlich schief, und auch sonst blamieren sich fast alle Bayern gegen die kämpferischen Zebras. „Die Hetze der letzten Wochen war einfach zu viel", ärgert sich Lattek. Nur ein Münchner kann überzeugen. „Als einsamer Solist, für einen Zaubertrick mit Beifall überschüttet, blieb allein Franz Beckenbauer übrig", schreibt der „Kicker".

Schalke kann die Münchner Pleite nicht richtig nutzen, erreicht aber gegen Mönchengladbach, dem man in der Hinrunde noch 0:7 unterlegen war, ein 1:1-Unentschieden. Wie schon in einigen Spielen zuvor rotiert Netzer mit Wittkamp während des Spiels auf der Libero-Position: Immer wenn einer von beiden nach vorne geht, sichert der andere nach hinten ab. Durch die Rochaden sind sie schwerer auszurechnen, Netzer kann seine Manndeckung abschütteln, und es gelingen ihnen immer wieder überraschende Vorstöße. So auch in der 42. Minute, als Netzer zu einem tollen Solo antritt und es mit einem Treffer abschließen kann. Lütkebohmert rettet den Königsblauen mit seinem Ausgleich den einen Punkt. Nun trennt die beiden Tabellenführer nur noch das Torverhältnis.

Das Unentschieden an diesem Spieltag bleibt der einzige kleine Fleck in der Heimbilanz der Schalker. Zuvor haben sie in der Glückauf-Kampfbahn alle 14 Spiele der Saison gewonnen, und auch in den folgenden werden sie als Sieger vom Platz gehen. 33:1 Punkte und 54:8 Tore wird am Ende die Saisonbilanz vor eigenem Publikum lauten (ein Ergebnis, das sie auf Schalke bis heute nicht mehr erreicht haben).

Bayerns Torhüter Sepp Maier hat in Duisburg nicht gut ausgesehen, zuvor schon nicht beim Europapokal-Aus in Glasgow. Anscheinend hat er sich einiges anhören müssen, denn auf der Rückfahrt sitzt er muffelnd und alleine auf der Rückbank des Mannschaftsbusses. Der Presse gegenüber verkündet er: „Aus ist's, mein Zug ist abgefahren. Ich verlasse München und den FC Bayern, auch wenn wir Deutscher Meister werden sollten!" Konkurrent Schalke zeigt sich prompt interessiert, denn dort hadert man mit den hohen Gehaltsforderungen und Abwanderungsdrohungen von Norbert Nigbur, der dem Verein eine schriftliche Kündigung geschickt hat. Sein Präsident Günter Siebert: „Als er mir die Angebote anderer Klubs genannt hat, brauchte ich beinahe ein Sauerstoffzelt." 04-Schatzmeister Aldenhoven: „Falls Norbert nicht mehr in Schalke bleiben will, wäre der Maier Sepp für uns genau der richtige Mann." Maier ist der vierte Leistungsträger der Bayern, der in dieser Saison seinen „festen Entschluss" verkündet, den Verein zu verlassen. Müller und Breitner haben schon zurückgezogen, Hoeneß und Maier werden folgen.

Auf sein Wort aber kann man sich verlassen: Uwe Seeler will aufhören, und das tut er nun auch. In Hamburg wollen nur 9.000 sein letztes Pflichtspiel sehen. Sie rufen eifrig: „Uwe, Uwe", doch vergebens. Seeler gelingt kein Tor und seiner Mannschaft kein Sieg. Mit einem 1:2 gegen den VfB Stuttgart geht Uwes Karriere ziemlich trostlos zu Ende. „Wir sind ein trauriger Haufen geworden", meint er mürrisch. Aber es folgt ja noch sein persönliches Abschiedsspiel am 1. Mai. Die Mannschaftskollegen haben ihr Geschenk schon vorbereitet: Auf Schallplatte haben sie einen „Uwe-Marsch" eingesungen und darin versichert: „Es war doch eine schöne Zeit, die uns am Ball vereint. / Und wenn du auch vom Platze gehst, du bleibst doch unser Freund."

Währenddessen steht Hertha BSC ohne Profimannschaft da: Fünf Spieler sind im Zuge des Bestechungsskandals bereits gesperrt, nun kommen mit Groß und Gayer zwei weitere hinzu;

beide haben ihre Verfehlungen mittlerweile öffentlich zugegeben. Sechs weitere Spieler werden wohl in Kürze folgen, denn auch sie gestehen vor dem Staatsanwalt, von Arminia Bielefeld jene ominösen 250.000 Mark kassiert und unter sich aufgeteilt zu haben. Allerdings bestreiten sie, die seltsame 0:1-Niederlage gegen Arminia absichtlich herbeigeführt zu haben.

Vom Hertha-Stamm bleiben damit nur Lorenz Horr und Erich Beer übrig; für den Rest der Saison plant der Verein mit Jugend- und Amateurspielern. Gegen Eintracht Braunschweig muss es Horr fast alleine richten, da sich Beer am vergangenen Spieltag einen Platzverweis geleistet hat. Und wundersamerweise gewinnt die Hertha 1:0.

★ ★ ★

Bei den Landtagswahlen in Baden-Württemberg erringt die CDU unter dem amtierenden Ministerpräsidenten Hans Filbinger am 23. April einen überwältigenden Sieg, gewinnt 8,7 Prozent hinzu und holt mit 52,9 Prozent die absolute Mehrheit. Auf den bisherigen Koalitionspartner SPD ist Filbinger nicht mehr angewiesen; dadurch besitzt die Union nun im Bundesrat eine Blockademehrheit.

Vor der Wahl hat Filbingers Partei Unterstützung von rechtsaußen erhalten. Die NPD, die bei der letzten Wahl noch fast zehn Prozent der Stimmen geholt hat, zieht ihre Kandidaten zugunsten der CDU zurück. Der „Spiegel" berichtet von finanziellen Kompensationen zwischen Union und den NPDlern, die knapp bei Kasse sind, weil sie fast eine halbe Million Vorschuss aus der Wahlkampfkostenerstattung zurückzahlen müssen. Die Union dementiert, der vom „Spiegel" als Drahtzieher genannte CDU-Landtagsabgeordnete Bernhard Müller klagt gegen das Magazin, zieht allerdings direkt nach der Wahl die Klage wieder zurück. Fest steht, dass die Christdemokraten im Landtag einige Male mit den Nationaldemokraten und gegen ihren Koalitionspartner SPD gestimmt haben. Willy Brandt spricht von einer „bedrohlichen Nähe zwischen CDU und NPD".

Kurz vor der Landtagswahl veröffentlicht der „Spiegel" außerdem Vorwürfe, Filbinger sei vor 1945 ein Anhänger Hitlers gewesen und habe als Marinerichter im Sinn der NS-Diktatur geurteilt. Einen Obergefreiten habe er sogar noch nach Kriegsende wegen Gehorsamsverweigerung und „Gesinnungsverfalls" zu sechs Monaten Haft verurteilt. Der Mann hatte sich zwei Tage nach der Kapitulation gegen seine Vorgesetzten aufgelehnt und sie als „Nazihunde" bezeichnet; Richter Filbinger fand das „zersetzend und aufwiegelnd für die Manneszucht". Heinrich Böll schreibt dazu: „Ich habe den ,Spiegel'-Artikel über die segensreiche Tätigkeit des ehemaligen Marineabrichters Dr. Hans Filbinger erst nach der Wahl in Baden-Württemberg gelesen, und seitdem verfolgt mich ein zweistöckiger Albtraum: dass dieser Artikel, der Filbinger Stimmen kosten sollte, ihm Stimmen eingebracht hat, und die Vorstellung, ich wäre als Wehrmachtsangehöriger irgendwann in die gerechten Hände des Herrn Filbinger gefallen."

(Jahre später wird bekannt, dass Filbinger vier Todesurteile gegen Soldaten verhängt hat, zwei davon wegen Desertation. Er wird dies zunächst leugnen, dann rechtfertigen: „Was damals rechtens war, kann heute nicht Unrecht sein." Im August 1978 muss er als Ministerpräsident zurücktreten.)

★ ★ ★

Das Ergebnis der Landtagswahl versetzt die Bundeshauptstadt Bonn in nervöse Hektik. Sitzungen und vertrauliche Gespräche ziehen sich in endloser Folge, allerlei Geheimnisse und Wahrsagungen wabern durch die Gänge der Abgeordnetenbüros. Noch am Abend des 23. April erklärt der FDP-Bundestagsabgeordnete Wilhelm Helms seinen Austritt aus der FDP. Damit sieht die Brandt-Scheel-Regierung ihre absolute Mehrheit auch im Bundestag dahinschwinden.

Oppositionsführer Rainer Barzel will die Gunst der Stunde nutzen und kündigt für den 27. April ein Misstrauensvotum an. Er ist sich ziemlich sicher, dass am Ende dieses Tages nicht mehr Willy Brandt, sondern er selbst als Bundeskanzler regieren wird. Barzel benötigt 249 Stimmen zur absoluten Mehrheit, drei mehr als seine Fraktion offiziell hält. Allerlei „gewöhnlich gut unterrichtete Kreise" und auch die meisten Medien trauen ihm mindestens 250 zu, denn mehrere FDP-Abgeordnete haben wie ihr Ex-Kollege Helms angekündigt, für Barzel als Kanzler zu stimmen. Von den zwölf Sitzen Mehrheit, die die Koalition zu Beginn der Regierungszeit besaß, ist nichts mehr übrig.

Vor der Abstimmung köcheln Mutmaßungen über Bestechungen und Erpressungen. Der Historiker Arnulf Baring beschreibt die Atmosphäre als „Misstrauen aller gegen alle, das ganze Bundeshaus eine Gerüchteküche, ein Hexenkessel, brodelnd überkochend – eine Ausnahmesituation, in der normale Maßstäbe nicht mehr galten". Nur Willy Brandt bewahrt nach dem Eindruck von Journalisten „eine geradezu stoische Ruhe", die sogar seine Parteifreunde irritiert.

Vielleicht sieht er sich einfach auf der richtigen Seite der Geschichte. Denn natürlich kennt er die Berichte von Solidaritätsaktionen draußen im Land. Allenthalben kommt es nach Barzels Ankündigung zu Demonstrationen und Kundgebungen, in vielen Städten ruht für Minuten der öffentliche Nahverkehr. Und unzählige Arbeiter artikulieren sich in Warnstreiks: 15.000 bei Hoesch in Dortmund, 7.000 Metaller in Emden, 19.000 bei VW in Kassel, ähnlich viele bei Krupp in Rheinhausen oder BMW in München. „In den Betrieben ist die Stimmung auf dem Siedepunkt", wird der Nürnberger DGB-Kreisvorsitzende zitiert. In der Stadtverwaltung Oberhausen legen tausend Beamte, Arbeiter und Angestellte die Arbeit nieder und organisieren einen Autokorso durch die Stadt. Auf dem Marienplatz in München demonstrieren 4.000 unter dem Motto: „Gegen den Staatsstreich von rechts!" Ähnliches ist in Essen zu hören, wo sich nach einem Warnstreik tausend Metaller auf den Weg in die Bundeshauptstadt machen. In Frankfurt am Main prophezeit der DGB-Sprecher auf einer Kundgebung: „Siegt Barzel, dann wird die Hölle los sein." Den akustischen Vorgeschmack darauf liefern die Lokführer am Braunschweiger Betriebsbahnhof: Sie öffnen die Ventile der Dampfpfeifen und veranstalten ein schrilles Konzert.

Binnen einer Woche treten 18.000 Menschen in die SPD ein. Auch am Tag der Abstimmung wird tausendfach gestreikt; an vielen Unis fallen Vorlesungen aus, an den Schulen Unterrichtsstunden. Ganze Klassen verfolgen stattdessen die Live-Übertragung aus dem Bundestag. In den Zentren der Städte treffen sich Tausende von Menschen, um gemeinsam auf die Entscheidung in Bonn zu warten. Auf den Marktplätzen lauschen sie vor Transistorradios, in nahen Kaufhäusern scharen sie sich um die Fernseher. Die Sympathiewelle reicht weit über die traditionelle SPD-Wählerschaft hinaus ins bürgerliche wie ins linksradikale Milieu. Auch die Scherben hocken gemeinsam vor ihrem Schwarz-Weiß-Gerät und hoffen auf eine Niederlage der CDU. Trotz sonstiger Differenzen finden sie „die Ostpolitik des Friedensnobelpreisträgers Brandt in Ordnung", eine Kanzlerschaft Barzels hingegen „unerträglich" (Kai Sichtermann).

Im Plenarsaal des Bundestages beginnt nach einem dreistündigen, hitzigen Wortgefecht um 12:59 Uhr die Abstimmung. Sie dauert 20 Minuten, dann wird das Ergebnis verkündet: 247 Stimmen für Barzel. Zwei zu wenig, der Herausforderer ist gescheitert. Als die Nachricht übers Radio geht, bricht draußen auf den Marktplätzen Jubel los. Man fällt sich in die Arme, Sektflaschen kreisen. Im Plenarsaal sitzt Barzel mit finsterer Miene, während ein SPD-Abgeordneter euphorisch zu ihm herüberbrüllt: „Trotz Bestechung, trotz Bestechung!"

(Wer wen bestochen hat, ist bis heute ungeklärt. Lediglich der CDU-Abgeordnete Julius Steiner gesteht später, er habe 50.000 Mark vom parlamentarischen Geschäftsführer der SPD-Fraktion erhalten, Karl Wienand. Der bestreitet das. Fest steht inzwischen, dass Steiner 50.000 Mark vom DDR-Geheimdienst erhalten hat; ob er doppelt kassiert hat, bleibt unklar. Angeblich hat die Stasi auch den Unionsabgeordneten Leo Wagner geschmiert, was der aber abstreitet. Die meisten Beobachter gehen davon aus, dass mindestens vier Parlamentarier unterschiedlicher Couleur die Hand aufgehalten haben.)

Wembley

**Viertelfinale der Europameisterschaft, Hinspiel +++
29. April 1972**

Zwei Tage danach versammeln sich die Scherben erneut vor dem Fernseher. Eigentlich arbeiten sie in einem Hamburger Studio an Plattenaufnahmen, doch die werden aus triftigem Anlass unterbrochen: Im Londoner Wembleystadion spielt die deutsche Nationalmannschaft an diesem 29. April im Viertelfinale der Europameisterschaft gegen England. Und das ist „Grund genug für Lanrue, Nikel, Schlotterer und Kai, alles stehen und liegen zu lassen und sich im Studio vor die Glotze zu setzen".

Fast alle Scherben-Mitglieder interessieren sich brennend für Fußball. Konzerte an wichtigen Spieltagen werden möglichst vermieden oder die Veranstalter gebeten, ein Fernsehgerät heranzuschaffen. Zu Hause am T-Ufer wird so gekocht, dass pünktlich zu einer Fernsehübertragung das Essen auf dem Tisch steht. Jörg Schlotterer: „Fußball bestimmte unseren Lebenstakt. Lanrue, Kai, Nikel und ich gingen jeden Tag kicken." In Berlin trifft man sich spontan und ohne feste Regeln nahe dem T-Ufer im Mendelssohn-Bartholdy-Park; manchmal kicken Fritz Teufel oder (der steckbrieflich gesuchte) Bommi Baumann mit. Auch auf Tourneen schleppen die Scherben ihre Fußballausrüstung mit – Ball, Schuhe, Trikots –, um bei jeder Gelegenheit ein bisschen zu bolzen, notfalls an einer Autobahnraststätte. Ihr Held ist Paul Breitner mit seinen linken Sprüchen und den schwarzen Revoluzzer-Locken, und vor allem, so Kai Sichtermann, „weil er die USA wegen ihres Einsatzes in Vietnam öffentlich kritisierte". Auch für „Günter Netzer als Freak mit Matte" hegen sie Sympathien. Darin gleichen sie Daniel Cohn-Bendit. Der schätzt den Gladbacher, weil „der sich als bourgeoiser Anarcho inszenierte", und: „Er lief wenig auf dem Platz, spielte so gar nicht deutsch." Doch während Cohn-Bendit (wie manch anderer Linke in jener Zeit) die DFB-Elf gerne mal verlieren sieht, geben sich die Scherben da undogmatischer. Sichtermann: „Wenn die deutsche Mannschaft gut gespielt und gekämpft hat, dann waren wir für Deutschland, keine Frage."

Nur Rio winkt ab und setzt sich am 29. April auch nicht vor den Fernseher. Er interessiert sich nicht für Fußball, nicht für Paul Breitner oder Günter Netzer, und auch nicht für die Europameisterschaft.

★ ★ ★

Das „Wembley-Spiel" vom April 1972 gilt im kollektiven Gedächtnis der Fußballgemeinde als ein Höhepunkt deutschen Fußball-Schaffens. Noch 2017 schreibt in der „Süddeutschen Zeitung" deren ehemaliger Sportchef Ludger Schulze: „Bis heute konkurriert dieses Spiel mit dem 7:1 gegen Brasilien bei der WM 2014 um Platz eins in der ewigen Hitparade der brillantesten Länderspiele."

Dabei sind die Voraussetzungen für einen Erfolg der DFB-Elf alles andere als günstig. Die bewährten Abwehrrecken Berti Vogts und Wolfgang Weber sind verletzt, Klaus Fichtel fällt wegen des Skandals aus, und der 33-jährige Haudegen Karl-Heinz Schnellinger, bei dem Helmut Schön vorsichtshalber anfragt, winkt mit einer Oberschenkelzerrung ab. Im Mittelfeld fehlt definitiv der gerade operierte Wolfgang Overath, während Kollege Netzer nach einem Zusammenprall im letzten Bundesligaspiel über einen Brummschädel klagt. Vorne plagen Hannes Löhr eine Verletzung und Jupp Heynckes eine Formschwäche, und Libuda kommt als mutmaßlicher Skandalsünder nicht infrage. So muss auf dem Flügel mit dem Offenbacher Sigi Held ein Regionalliga-Spieler ran. Torhüter Maier schließlich verheimlicht dem Trainer eine schmerzhafte Schleimbeutelentzündung am Ellbogen, die ihn auch im Spiel plagen wird: „Jedesmal, wenn ich mich werfen musste, brannte der Arm wie Feuer."

Ohnehin wirken die etablierten Bayern-Spieler ausgebrannt, gestresst von einer Saison, in der sie allzu oft auf dem Platz stehen müssen. Die Pleiten von Köln (1:5), Glasgow (0:2) und Duisburg (0:3) haben ihre Nerven strapaziert; mancher Beobachter wundert sich, dass Schön überhaupt seinen Bayern-Stamm anreisen lässt. So dominieren vor dem Spiel Durchhalteparolen. Helmut Schön fordert von der angeschlagenen Truppe eine „Trotzreaktion", und der „Kicker" titelt: „Laßt die Angst zu Hause!"

Schön hat aus der Not eine Tugend gemacht und die Youngster Paul Breitner und Uli Hoeneß in die Mannschaft geholt; für Hoeneß ist es erst das zweite, für Breitner das vierte Länderspiel. Damit stehen in Wembley sechs Bayern-Spieler auf dem Platz. Die Mannschaft, die auf dem heiligen Rasen gegen England aufläuft, sieht also so aus:

Maier

Breitner / Schwarzenbeck / Beckenbauer / Höttges

Wimmer / Netzer / Hoeneß

Held / Müller / Grabowski

Als entscheidend für den Spielverlauf gilt das Zusammenwirken der Achse Netzer/Beckenbauer: Die beiden wechseln sich in ihrer Rolle als Libero ab; mal stürmt Netzer nach vorne und der Kaiser sichert hinten, mal ist es umgekehrt. „Ramba-Zamba-Zaubermischung" nennt die „Bild" dieses „sensationelle System" eines „doppelten Libero". Die Nationalelf praktiziert damit jene Variante, die sich Netzer für seine Spiele mit der Borussia hat einfallen lassen, um der ständigen Manndeckung im Mittelfeld zu entgehen. Nun kommt er, ähnlich wie Beckenbauer bei den Bayern, „aus der Tiefe des Raumes". So formuliert es Monate nach dem Spiel in der „Frankfurter Allgemeinen Zeitung" der Feuilletonist Karl-Heinz Bohrer und prägt damit ein geflügeltes Wort. Erfunden hat er den Begriff nicht, denn der war bei Fußballern schon vorher im Umlauf, beispielsweise beim langjährigen Mannschaftskollegen Horst Köppel, der im August 1971 von „langen Pässen in die Tiefe des Raumes wie von Netzer" schwärmte. Doch Bohrer macht daraus Fußball-Literatur: „Der aus der Tiefe des Raumes plötzlich vorstoßende Netzer hatte ‚thrill'. ‚Thrill', das ist das Ergebnis, das nicht erwartete Manöver; das ist die Verwandlung von Geometrie in Energie, die vor Glück wahnsinnig machende Explosion im Strafraum, ‚thrill', das ist die Vollstreckung schlechthin, der Anfang und das Ende. ‚Thrill' ist Wembley."

Und schon kurz darauf hebt der Schriftsteller Ludwig Harig die Partie als einen Kulturbruch in historische Dimensionen: „Wembley wurde heilig gesprochen. Der Geist saß auf einem Thron von Tradition und Triumph. Das Stadion mit seinen gewaltigen Türmen und der furchterregenden Düsternis englischer Schlösser im Moor erschien Fußballspielern als Neapel ihres Lebens. Der Geist sitzt mittlerweile recht unbequem. In Wembley hat für die Deutschen stets wagnerische Musik gespielt. Der Geist von Wembley ist verschieden für die Deutschen, die wagnerischen Töne sind ausgestanden."

So manchem ist der Mythos vom Wembley-Spiel suspekt, die späte Begeisterung übertrieben, die „immer neuen, immer exaltierteren Ergüsse schwadronierender Edelfedern" (so Ulrich von Berg in „11 Freunde") sind irgendwann nur noch nervend. Spielen die Deutschen wirklich so brillant an diesem Tag? Hat sie nicht bei nervösem Beginn das schiere Glück davor bewahrt, früh in Rückstand zu geraten? Stehen Beckenbauer und Co., nachdem Hoeneß die 1:0-Führung erzielt hat, nicht unter Dauerdruck der Three Lions und müssen sich zeitweise in eine wahre Abwehrschlacht werfen? Droht das Spiel nicht gar zu kippen, als Francis Lee nach vielen vergebenen Chancen in der 77. Minute endlich den Ausgleich erzielt? Ist es nicht der reine Zufall, dass ein übereifriger Bobby Moore nur fünf Minuten vor dem Schlusspfiff an Sigi Held einen unnötigen Elfmeter verursacht, den Netzer schwach schießt, aber der englische Keeper Gordon Banks dennoch nicht hält? Resultiert das 3:1 nicht aus einem Fehler desselben Banks, der den Ball hochriskant abwirft? Und überhaupt: Pflegen die Engländer nicht einen veralteten Stil, der auf dem Niveau der WM 1966 schlicht stehen geblieben ist? Und waren ihre Stars nicht längst über den Zenit hinaus?

Alles richtig. Aber bei diesem ersten Sieg eines deutschen Teams im Mutterland des Fußballs dominieren letztlich andere Facetten. Die DFB-Elf praktiziert einen modernen Fußball: taktisch variabel, technisch ausgereift, ständig in der Lage, rasch aus der Defensive auf Angriff umzuschalten. Nur zwei von zehn Feldspielern sind ausgesprochene Verteidiger, alle anderen verfügen über beträchtliche Offensivqualitäten. Hat sich einer den Ball erkämpft, öffnet sich vor ihm ein Fächer nach vorne eilender Mitspieler, sieht er stets mindestens eine Anspielstation. Umständliches Ballhalten soll es nicht geben, „sie sollen direkt spielen", hat Schön als Marschrichtung ausgegeben. Tatsächlich geht es schnell, sehr schnell: Als das Spiel Jahre später mit moderner Technik vermessen wird, ergeben sich verblüffende Werte. Bei den Deutschen ist der Ball mit einer Geschwindigkeit von 2,9 Metern pro Sekunde unterwegs – „ein Spieltempo, das problemlos mit dem von heute mithalten könnte", wie die „11 Freunde" im Jahr 2010 anerkennend kommentieren. Die Engländer kommen auf lausige 1,64 Meter pro Sekunde.

Und dann ist da noch Günter Netzer, dem die Three Lions seltsame Freiheiten gewähren und dem an diesem Tag alles gelingt. Wenn er mit dem Ball am Fuß und wehenden Haaren schier unaufhaltsam nach vorne stürmt, seine Gegner überläuft und Mitspieler zentimetergenau bedient, dann raunen die 100.000

Zuschauer im Wembley, und die Kommentatoren suchen nach Metaphern. Seine gelegentlichen Verschnaufpausen übersehen sie gnädig. Und leider meist auch seinen stillen, aber effektiven Mitspieler Sigi Held, den Mann aus der Regionalliga, der an allen deutschen Toren beteiligt ist.

Gegen die These einer späteren Überhöhung sprechen jedenfalls die Reaktionen der Presse unmittelbar nach dem Spiel. „Bild" sieht eine „Wunderelf" am Werke, der „Kicker" preist einen „Sieg, den es nur einmal gibt" und mit dem „unsere Spieler endlich im Mekka des Fußballs der Legende den Garaus machten, allein ‚teutonischer Kampfgeist' verhelfe ihnen zu ihren Erfolgen". Auch die „WAZ" sieht eine „Demontage antiquierter Vorurteile", und die „Süddeutsche Zeitung" erkennt „Fußballkunst statt teutonischem Kampfgeist". Ebenso euphorisch urteilt das Ausland: Die französische Sportzeitung „L'Équipe" schreibt von „Traumfußball aus dem Jahr 2000" und versichert: „In Wembley hat ein historisches Ereignis stattgefunden. (…) Dem ehemaligen Weltmeister wurde von der deutschen Mannschaft in technischer und taktischer Hinsicht eine Lektion erteilt." In England bestaunt der „Sunday Express" ein „teutonisches Ballett", und der „Daily Telegraph" freut sich: „Dank der Deutschen gibt es jetzt wieder jenen brillanten Fußball in Europa, den die Ungarn früher so unnachahmlich zeigten."

★ ★ ★

Der Hinweis auf die Ungarn dürfte Bundestrainer Helmut Schön gefallen haben. Der ehemalige Meisterspieler des Dresdner SC gilt als Bewunderer des „Donaufußballs", der bis in die dreißiger Jahre hinein in den Ländern der alten Donaumonarchie zu höchster Blüte gelangt war. Der britische Trainer Jimmy Hogan hat den Stil einstmals nach Wien und Budapest importiert: ein schnelles, flaches Kurzpassspiel mit ständigen Positionswechseln und flinken Rochaden. Hogan trainierte auch den Dresdner SC, als Schön dort Jugendspieler war, und prägte dessen Ideal vom „guten und schönen Spiel".

Die technisch versierten Allround-Könner, die zu diesem Spielstil passen und von Schön bevorzugt werden, findet er in seiner Wembley-Elf reichlich: Beckenbauer und Netzer natürlich, aber auch Jürgen Grabowski, Hacki Wimmer, die Jünglinge Breitner und Hoeneß, oder, noch auf der Ersatzbank, Rainer Bonhof (20 Jahre, null Länderspiele) und Heinz Flohe (24 Jahre, vier Länderspiele). Der Sieg von Wembley gelingt, analysiert die „Süddeutsche", weil „die meisten Spieler dank ihrer Fähigkeiten auf verschiedenen Posten eingesetzt werden können".

Was den Wembley-Auftritt so besonders macht, ist die ästhetische Komponente, die das Duo Netzer/Beckenbauer beisteuert: der Umgang mit dem Ball spielerisch, die Spielanlage intuitiv und überraschend. Helmut Schön sieht sein fußballerisches Ideal wundersam verwirklicht. Später, nach seiner Demission, wird der Trainer sagen: „Wenn ich mal ausgesprochen nostalgisch bin und wirklich guten Fußball sehen will, dann lege ich die Kassette ‚England 72' ein, setze mich auf mein Sofa und schwelge in Erinnerungen." (Dabei ist er bekanntlich 1974 noch Weltmeister geworden, mit einer Elf, der er notgedrungen einen gewissen Zweckfußball verordnet hat. Seine Nostalgie gilt nicht dem großen Titel, sondern dem schönen Spiel.)

★★★

Am gleichen Tag, da die DFB-Elf Wembley erobert, ziehen in Münster 200 Demonstranten friedlich durchs Zentrum der katholischen Bischofsstadt. Nichts Besonderes in dieser Zeit für eine Gemeinde, die viele Studierende beherbergt. Das Outfit der jungen Leute unterscheidet sich auch kaum von dem der üblichen studentischen Protestler: lange Haare, Schlaghosen, Lederjacken oder Parka, die übliche Kluft. Doch Passanten, die sich die selbst gemalten Schilder und Transparente ansehen, stutzen: „Homos raus aus den Löchern!", lesen sie da, und: „Brüder und Schwestern, warm oder nicht, Kapitalismus bekämpfen ist unsere Pflicht." Vorneweg, quasi als Motto: „Tust du auch noch so normal, eine Tunte bist du auf jeden Fall."

Es handelt sich um eine Schwulen-Demonstration, und zwar um die erste, die in Deutschland stattfindet. Organisiert hat sie die „Homophile Studentengruppe Münster", die genau ein Jahr zuvor gegründet wurde und eine der ersten ihrer Art in Deutschland ist. Bislang wirkt sie eher im Verborgenen, und die Demo am 29. April ist ein erster mutiger Schritt an die Öffentlichkeit. Die 200 Teilnehmer sind aus vielen westdeutschen Städten angereist, manche kommen aus Amsterdam. Sie fürchten sich ein wenig vor den Reaktionen ihrer Mitmenschen. Doch es bleibt bei bösen Blicken und verständnislosem Kopfschütteln.

★ ★ ★

Für Bonn ist einen Tag später eine ganz andere Demo angekündigt, nämlich die „größte Freiheitsdemonstration seit Gründung der Bundesrepublik", wie sie ihr Initiator verheißt, der rechtsextreme Zeitungsverleger Gerhard Frey. Tatsächlich ist es aber nur ein kleines Häuflein seiner Deutschen Volksunion (DVU), das dort gegen den Verräter Brandt und seine Ostpolitik stänkert. Unterstützt wird die Kundgebung noch durch die „Aktion Neue Rechte", die sich als „nationalrevolutionär" und „eiserne Kohorte der neuen deutschen Revolution" versteht.

Deutlich mehr kommen wiederum einen Tag später, am 1. Mai also, zu einer CSU-Kundgebung in Ingolstadt, um Franz Josef Strauß bollern zu hören. Der tut, was von ihm erwartet wird. Er sieht eine linke „Volksfront" heranmarschieren, an der Spitze „Brandts eigene Partisanen", entschlossen zum „kalten Staatsstreich". Es gibt ein Pfeifkonzert und Tumulte im Publikum.

★ ★ ★

In Düsseldorf läuft derweil ein Prozess gegen Rechtsradikale, die sich in der „Europäischen Befreiungsfront" (EBF) zusammengetan haben. Die EBF ist die erste von einigen militanten Splittergruppen, die nach 1969 gegründet werden, als die NPD bei der Bundestagswahl mit 4,3 Prozent der Stimmen knapp den Einzug ins Parlament verpasst hat. Unter dem Kanzler Brandt und seiner Ostpolitik sieht man die Bundesrepublik einer kommunistischen Unterwanderung ausgesetzt und befürchtet ein NPD-Verbot. Daher wächst bei manchen Parteimitgliedern die Neigung zu terroristischen Aktionen. Vor allem ehemalige Haudraufs der NPD-Ordnertrupps zählen zu den etwa 30 Mitgliedern der konspirativen EBF; dazu ein ehemaliger Fremdenlegionär. Man rüstet sich mit allerlei Handfeuerwaffen aus und plant Anschläge an der Grenze zur DDR, die Ermordung linker Journalisten sowie die Entführung von Politikern wie Herbert Wehner. Laut Manifest hält man sich für „die letzte Barrikade gegen das Vordringen der kommunistischen Weltrevolution" und pflegt den Slogan „Europa den Europäern", wozu man Linke offenbar nicht rechnet.

Schon im Mai 1970 fliegt die Truppe auf, und neun ihrer Mitglieder werden vor Gericht gestellt. Verraten hat sie eines ihrer Gründungsmitglieder, Helmut K., ein aus der DDR geflüchteter Installateur, der als V-Mann des Verfassungsschutzes tätig ist. Im Prozess vor dem Düsseldorfer Landgericht zeigt sich allerdings, dass K. nicht nur den Verfassungsschützern berichtet, sondern in der Terrortruppe auch gerne den Agent provocateur gespielt hat. Sein militanter Einfluss war so groß, dass sich das Gericht zu harten Strafen gegen die restlichen EBF-Mitglieder nicht durchringen mag und seltsam milde urteilt. Vier der Angeklagten werden freigesprochen, fünf zu kürzeren Freiheitsstrafen auf Bewährung verurteilt.

Die Schattenwelt gewaltbereiter Neonazis ist jedoch größer und kaum durchschaubar; dort tummeln sich auch einige, die Kontakt zu militanten Palästinensern unterhalten. Willi Pohl beispielsweise, alias Voss, alias Pless. Ihn erreicht im April 1972 eine

Anfrage aus Damaskus: ob er sich um einen palästinensischen Besucher kümmern könne. Pohl sagt zu, und ein Mann mit dem Kampfnamen Abu Daoud taucht einige Wochen später bei ihm auf, bittet um die Beschaffung von Autos und Pässen. Der später geläuterte Pohl schildert ihn als „sensiblen, hochgebildeten Mann" und berichtet in seiner Autobiografie: „Mit Abu Daoud fuhr ich in einem der gekauften Fahrzeuge quer durch Deutschland, saß mit ihm und seinen hauptsächlich palästinensischen Kontaktleuten bei Kaffee und Tee."

Pohl hilft, wo er kann, doch worum es dabei geht, will er seinerzeit nicht gewusst haben, nur dass es sich um eine „internationale Kommandoaktion" handele. Genaueres habe er erst erfahren, als es passiert ist: am 5. September 1972, dem elften Tag der Olympischen Sommerspiele in München.

MAI 72

„Deutsches Fräulein!"

ALAN BALL mehrfach zu Günter Netzer im
Viertelfinal-Rückspiel der Europameisterschaft

„Er soll sich doch einen neuen Verein suchen.
Wir kommen auch ohne ihn aus."

FRANZ BECKENBAUER nach dem gleichen Spiel über Uli Hoeneß

„Kein Wort der Politik bitte! Wer sagt, was wir
denken – Brandt ist der Untergang Deutschlands –,
schadet der Kasse."

WALTER JENS. Im fußballerischen Essay „Vorbei, die Eimsbütteler
Tage" beschreibt er allerdings nicht seine eigene Meinung, sondern
zitiert „jene beflissenen Männchen, die das Sprach-Reglement des
Vorstandes mit einer Inbrunst befolgen, als sei es kanonisch".

Libuda aber geht

Endlich ist das Hamburger Volksparkstadion mal wieder ausverkauft. 62.000 sind am 1. Mai gekommen, um „Uns Uwe" bei
seinem Abschiedsspiel die Ehre zu erweisen. Es spielt der HSV
gegen die „Uwe Seeler Friends", eine wahre Weltelf mit vier Eng-
ländern aus dem WM-Finale von 1966 (Banks, Moore, Charlton,
Hurst), dazu George Best, Gianni Rivera, Eusébio, Tommy Gemmell, Franz Beckenbauer, Gerd Müller, Karl-Heinz Schnellinger
und einige andere. Aufseiten des HSV wird zur Halbzeit sogar der
im Zorn geschiedene Charly Dörfel eingewechselt.

Beim 7:3 der „Friends" sehen die Zuschauer ein bisschen Zau-
berfußball mit feinen Kabinettstückchen, vor allem Beckenbauer
und Best begeistern. „Zwischen der Spielkultur der Gästeelf und
dem Biedermeier-Stil des HSV lagen Fußballwelten", berichtet der
„Kicker" und weiß noch in eigener Sache zu vermelden, dass „die
hübschen und adretten ‚Kicker'-Hostessen die Blicke der 62.000
auf sich zogen und zur Bombenstimmung mit beitrugen". Als in
der zweiten Halbzeit Uwe Seeler auf den Kasten der Weltauswahl
zustürmt, der jetzt von Sepp Maier gehütet wird, ruft der Schotte
Gemmell laut: „Open the door!" Maier greift gekonnt daneben,
Uwe hat sein Tor. Punkt 17:52 Uhr ist seine lange Karriere dann
zu Ende.

Wie ein Denkmal ragt der 1,69 Meter kleine Uwe Seeler schon
jetzt aus der alten in die neue Fußballwelt: ein Typ, der nostalgi-
sche Wehmut weckt, selbst wenn man ahnt, dass es so einen wie
ihn auch früher selten gegeben hat. Ein Weltstar mit Wurzeln, die
tiefer kaum reichen können. Bobby Moore weiß darum. Mit reichlich Alkohol im Blut geht er beim Bankett, das dem Abschiedsspiel folgt, um Mitternacht nicht vor Uwe auf die Knie, sondern
vor dessen Papa Erwin, um ihm seine Reverenz zu erweisen. Denn

schon „Old Erwin", Ewerführer im Hamburger Hafen, war ein hervorragender Kicker. Er galt im sozialdemokratischen Arbeiterfußball als bester deutscher Stürmer, kam 1938 zum HSV und kickte dort bis 1949 erfolgreich in der ersten Mannschaft. Auch sein ältester Sohn Dieter spielte viele Jahre für den HSV und stand in dessen Meisterelf von 1960 – gemeinsam mit dem jüngeren Bruder.

Als Zehnjähriger ist Uwe zu seinem Stammverein gekommen, hat 26 Jahre lang dessen Trikot getragen, ist Deutscher Meister, Pokalsieger, Nationalmannschaftskapitän und Vizeweltmeister geworden. Er ist zum populärsten Sportler in der Bundesrepublik aufgestiegen und bleibt es auf lange Zeit. Sogar bei den unter 25-Jährigen ist der Oldie, laut einer kürzlich veröffentlichten Studie des Münchner Instituts für Jugendforschung, der beliebteste Sportler, noch vor Beckenbauer.

65 Verletzungen hat Uwe im Lauf seiner Karriere eingesammelt, vom Nasenbeinbruch bis zum Achillessehnenriss, achtmal lag er auf dem OP-Tisch. In der Oberliga hat er 450 Mark verdient, in der Bundesliga zuletzt 5.000, Nebeneinkünfte nicht eingerechnet. Dafür hat der gelernte Speditionskaufmann alle geldschweren Angebote anderer Vereine ausgeschlagen. Inter Mailand, beispielsweise, wollte ihn 1961 für 1,2 Millionen über die Alpen locken. Irgendwie hat Uwe nun auch genug vom Fußballgeschäft: „Nach den Bestechungsaffären in der Bundesliga bin ich froh, nichts mehr mit ihr zu tun zu haben."

Bodenständig, verwurzelt, bescheiden, uneitel, skandalfrei, ein Star zum Anfassen und ohne Allüren. So lauten die Etiketten, die ihm (nicht nur) bei seinem Abschied angehängt werden. Und wenn man ihn sieht und hört, so beschleicht einen der beunruhigende Verdacht, dass dies alles stimmen könnte.

★ ★ ★

Ein paar Tage später treffen die Uwe-losen Hamburger im Bundesliga-Alltag auf den FC Bayern. Der führt nach zwölf Minuten schon 2:0, und, vielleicht angeregt durch den Auftritt der Weltelf, beginnen die Gäste, sich an Kunststückchen zu versuchen, was ihren Trainer in Rage bringt. „Da wollten einige vorführen, was für gute Fußballer sie sind!", schimpft Lattek. Prompt kann der HSV ausgleichen, seine Jungspunde Caspar Memering (17 Jahre), Manni Kaltz (19), Peter Lübeke (19) oder Rudi Kargus (19) wollen zeigen, dass sie es auch ohne das Denkmal können. So folgt ein offener Kampf. Willi Schulz und Gerd Müller liefern sich wilde Duelle im Hamburger Strafraum, bei denen Müller mit zwei Treffern Sieger bleibt. Dennoch scheinen die Hamburger ein 3:3-Unentschieden zu ertrotzen. Bis die Bayern in der 90. Minute einen ziemlich unberechtigten Elfmeter zugesprochen bekommen. Bulle Roth lässt sich die Chance nicht nehmen.

★ ★ ★

Reinhard Libuda wird Schalke verlassen. Der Stan hat es selbst verkündet, ein paar Hundert Kilometer von der Gelsenkirchener Heimat entfernt, vielleicht ist es ihm so leichter gefallen. Sein Geständnis kommt unmittelbar nach dem Spiel in Kaiserslautern, aus dem die Königsblauen dank Nigburs Fangkünsten ein 2:2-Unentschieden mitnehmen. Einen neuen Arbeitgeber hat Libuda bereits: Racing Strasbourg in der französischen Liga. Er ist unzufrieden mit dem Vertragsangebot, das ihm Schalkes Präsident vorgelegt hat: „Man will auf meine Kosten Geld sparen. Das mache ich nicht mit." Der clevere Siebert aber sieht sich in einer Win-win-Situation: Entweder der Star bleibt, für ein relativ bescheidenes Gehalt. Oder der Verein kassiert die hübsche Ablöse von 500.000 Mark: „In den Jahren zuvor haben die Spieler um diese Zeit die Klubs mit immer neuen Forderungen erpresst, jetzt diktieren die Klubs die Summen." Über Libuda sagt er trocken:

„Der ‚Stan‘ ist nicht mehr der Jüngste. Im harten Profigeschäft haben Sentimentalitäten keinen Platz."

So sieht sich Libuda davongetrieben aus seiner Heimat: „Ich habe den Eindruck, die Schalker wollen mich nicht mehr." „Minderwertig" sei er auf Schalke behandelt worden, ergänzt seine Frau Gisela. Am 3. Mai hat sich Libuda im Gelsenkirchener Hotel Zur Post mit dem Straßburger Präsidium getroffen. Drei Tische weiter sitzt zufällig „WAZ"-Sportchef Hans-Josef Justen und kriegt alles mit. Er versucht, den Spieler noch während der laufenden Verhandlungen umzustimmen: „Für dich war doch schon Dortmund Ausland. Und jetzt willst du nach Straßburg? Du verstehst doch nicht einmal die Sprache!" Der Stan windet sich verlegen, verspricht schließlich: „Ich werde nicht unterschreiben." Doch dann geht er zurück zum Tisch der Straßburger, und am Ende haben sie seine Unterschrift. Ein Scheck über 130.000 Mark ist das überzeugende Argument, außerdem übernehmen die Straßburger das 200.000-Mark-Darlehen, das Libuda für den Bau seines Mietshauses vom Verein erhalten hat. Doch wohl ist dem Stan dabei nicht. Seine Frau Gisela verrät am gleichen Abend der „WAZ": „Der Katzenjammer setzt bereits ein."

Schalke 04 erlöst tatsächlich eine Transfersumme von einer halben Million, der höchste Betrag, der bis dahin an einen deutschen Verein gezahlt worden ist. Allerdings muss die Mannschaft auch den Verlust von Heinz van Haaren wegstecken, der ebenfalls nach Straßburg wechselt. Schon wird über einen prominenten Nachfolger für die beiden spekuliert, auf Schalke hat man ja jetzt die Kohle. An erster Stelle wird Uli Hoeneß genannt, der, wie es allenthalben heißt, „bekanntlich die Bayern verlassen will".

★ ★ ★

Beim Aufsteiger VfL Bochum gründen Fans die „Bochumer Jungen", einen der ersten Fanklubs in Deutschland. Manch eingefleischter Bochumer, wie VfL-Buchautor Markus Franz, behauptet gar, es sei der erste überhaupt gewesen, doch da widersprechen einige: Die Nürnberger „Seerose" und der „BVB-Club Dröschederfeld" existieren schon seit 1968. Und in Westberlin hat sich erst kürzlich, im Februar 1972, der „Hertha-Fan-Club – HFC" gegründet, angeregt durch das Vorstandsmitglied und angehenden Vereinspräsidenten Wolfgang Holst. Auch in Bochum ist es ein Vereinsfunktionär, Pressesprecher Wolfgang Hellmich, der die Fanklubgründung angestoßen hat. Noch sind es vereinzelte Initiativen, die vermutlich kaum etwas voneinander wissen, aber zweifellos ist in solchen Gründungen die Wurzel für die spätere vielschichtige Fanbewegung zu sehen.

Im Stadion an der Castroper Straße hat Hellmich bei den letzten Heimspielen junge VfL-Anhänger in der Kurve angesprochen und schließlich für einen Montag Mitte Mai in die Katakomben der Haupttribüne geladen. 20 junge Fans, überwiegend Schüler und Azubis, kommen zum Gründungstreffen. Als Klublokal wählt man die „Beckporte", wo, so Autor Franz, „ein toleranter Wirt vieles (vor allem Dezibel) über sich ergehen ließ".

Die „Bochumer Jungen" verstehen sich nicht nur als Freundeskreis, der gemeinsam ins Stadion zieht. Vielmehr sieht man sich als Keimzelle für eine Fanorganisation, die über die ganze Stadt verteilt sein soll. Tatsächlich wächst der Klub bald auf mehrere Hundert Mitglieder, organisiert Treffen mit Spielern und Funktionären sowie Auswärtsfahrten. Doch das rasche Wachstum überfordert die jungen Mitglieder. Schon 1974 zieht man die Notbremse und fängt mit neuem Konzept wieder an. Noch heute sind die „Bochumer Jungen" ziemlich aktiv, genauso wie die „Seerose", der „BVB-Club Dröschederfeld" und der „HFC".

Der Name der „Jungen" verweist übrigens auf eine jugendliche Horde, die sich einst im Mittelalter bei einem Nachbarschaftszwist, den man mit den Dortmundern um eine Viehherde austrug, ordentlich schlug. Nun hofft man, auch im Fußball die Oberhand zu gewinnen. Denn während der BVB dem Abstieg entgegentaumelt, stehen die Aufsteiger auf einem soliden neunten Platz, den sie bis zum Saisonende halten können.

★ ★ ★

Gudrun Ensslin und Andreas Baader sitzen zusammen mit Jan-Carl Raspe, Holger Meins und Gerhard Müller in einer konspirativen Wohnung in Frankfurt am Main und hören im Radio, dass US-Präsident Nixon für Vietnam Flächenbombardements und die Verminung nordvietnamesischer Häfen angekündigt hat. Ensslin hält den Zeitpunkt für Anschläge auf amerikanische Einrichtungen für gekommen. Baader sagt: „Na, denn mal los!" So jedenfalls schildert es Stefan Aust in seinem bekannten „Baader-Meinhof-Komplex".

Seit Monaten hat die RAF eine Anschlagsserie vorbereitet, Material dafür besorgt und Ziele ausgekundschaftet, daher geht nun alles sehr schnell. Am 11. Mai explodieren im Offizierscasino des V. US-Korps im Frankfurter IG-Farben-Haus drei Rohrbomben. Glassplitter und Trümmerteile fliegen umher, ein Soldat schreit: „Everybody out of the building!" Oberstleutnant Paul Bloomquist kann dieser Aufforderung nicht mehr Folge leisten, ein Stück Glasscheibe ist in seinen Hals gedrungen, er stirbt. 13 weitere Personen werden verletzt. „Für die Ausrottungsstrategen von Vietnam sollen Westdeutschland und West-Berlin kein sicheres Hinterland mehr sein", schreibt die RAF in einem Bekennerschreiben, das mit „Kommando Petra Schelm" unterschrieben ist, nach ihrer Genossin, die vor knapp einem Jahr erschossen worden ist.

Es ist der Auftakt zur blutigen „Mai-Offensive" der Roten Armee Fraktion. Sie wird parallel verlaufen zur Bomben-Offensive der US-Armee in Nordvietnam, die eine Rückkehr zur Politik der verbrannten Erde bringt. Fabriken, Kraftwerke, Kraftstofflager und Krankenhäuser werden zerbombt, Staudämme und Brücken zerstört, Tausende Menschen sterben. Man habe dem

Gegner „glatt die Seele aus dem Leib gebombt", wird sich ein US-Militärsprecher rühmen. Der demokratische US-Senator Edward Kennedy hingegen wird einen „Rückfall in die pure Brutalität" beklagen.

Kick and Crash

Viertelfinale der Europameisterschaft, Rückspiel +++ 13. Mai 1972

„Cry-Babies: That's what England call the Germans!" Der „Daily Mirror" ist ziemlich sauer. Ganz England nenne die Deutschen jetzt Heulsusen, höhnt er nach dem Länderspiel in Berlin, das 0:0 endet und die Three Lions endgültig aus der Europameisterschaft wirft. Ganz England? Der Boulevard-Konkurrent „Sunday Express" sieht es weniger patriotisch und kommentiert unter der Überschrift: „Unsere Schande in Berlin", man sei „bestürzt und beschämt über die scheußlichen Methoden der Engländer. Einige Tacklings in der zweiten Hälfte waren schmählich." Ein deutscher Spieler sieht bei englischen Gegnern „fast schon vorsätzliche Körperverletzung".

Es ist also einiges losgewesen, im Olympiastadion. Vergebens haben 80.000 Zuschauer darauf gehofft, dass Beckenbauer und Co. ihre Galavorstellung von Wembley wiederholen. Stattdessen sehen sie die „Schlacht von Berlin" („Sunday Express"), ein unattraktives Stoßen, Treten und Fallen, mit wenigen Torszenen und gar keinen Toren. Dennoch ist die DFB-Elf, die nun zum „Turnier" nach Belgien darf, für Englands Coach Ramsey „eines der besten Teams der Welt, wenn nicht das beste".

Der Rasen ist vom Dauerregen tief und glitschig, das erschwert technische Finessen. In der DFB-Elf hat Heinz Flohe den Frankfurter Grabowski abgelöst, sonst spielt die gleiche Elf wie im Wembley. Die Engländer müssten eigentlich ihren Rückstand wettmachen, aber viel mehr als ein überhart vorgetragenes Kick and Rush fällt ihnen nicht ein. Gefahr droht nur den Knöcheln und Knien der Deutschen, nicht aber ihrem Tor. Besonders genervt ist Günter Netzer. Jedes Mal, wenn er an seinem Gegenspieler Alan Ball vorbeikommt, verpasst der ihm nicht nur einen Tritt gegen das Schienbein, sondern zischt ihm noch zu: „Deutsches Fräulein!" Von Genschers Runderlass hat er offenbar noch nichts gehört. Netzer: „Wahrscheinlich wollte er mich aus der Ruhe bringen. Aber seine Fouls waren noch widerwärtiger als seine Frotzeleien. Ein Gentleman ist er nicht." Weil der deutsche Spielmacher sich bei einigen Fouls allzu theatralisch hat fallen lassen, verkündet der erboste Engländer auch nach dem Spiel noch öffentlich: „Ich werde Netzer auch künftig Fräulein nennen!"

Aber am Ende kommt es doch noch zur Völkerverständigung. Beim Bankett nach dem Spiel schwankt gegen Mitternacht ein sichtlich angetrunkener Alan Ball auf Netzer zu, das Whiskeyglas in der Rechten, eine Zigarre in der Linken. „Gunter, you are the best!", verkündet er. Dann zieht er den humpelnden Netzer zum Versöhnungsgespräch an die Bar.

★ ★ ★

Uli Hoeneß ist gegen England wieder einer von sechs Bayern in der DFB-Elf, doch Harmonie herrscht im Münchner Tross nicht. Zwar kann der Krach mit dem frustrierten Sepp Maier beigelegt werden – der Vertrag bis 1975 bleibt gültig –, doch weiterhin ist es Uli Hoeneß, der seine Mitspieler zunehmend nervt. Seine großen Sprüche und demonstrativen Flirts mit anderen Vereinen bringen vor allem Beckenbauer auf die Palme: „Soll er doch schauen, wo er einen Vertrag bekommt. Wir sind nicht auf ihn angewiesen", schäumt der Kaiser und rügt auch des Youngsters egoistisches Verhalten auf dem Platz: „Im Augenblick denkt er nur noch ans Toreschießen und deckt nicht mehr."

Auch Jupp Derwall, zuständig für die Olympia-Auswahl, lässt durchblicken, dass Hoeneß' Herzenswunsch, bei Olympia dabei zu sein, in Gefahr ist. Denn dessen Feilschereien vertragen sich schlecht mit dem olympischen Amateurideal. Derwall: „Ich lasse mir nicht länger von Hoeneß auf der Nase herumtanzen. Dieser übersteigerte Egoist fällt dem DFB in den Rücken. Er hat nur noch das große Geld im Kopf. Wenn er nicht schleunigst sein Pokerspiel mit der halben Bundesliga beendet, hat er bei uns nichts mehr zu suchen." Hoeneß verspricht, eine Weile stillzuhalten, doch sein Trainer Lattek weiß: „Das gelingt ihm leider meist nicht lange."

In der Tat: Als Hoeneß wenig später das Angebot gemacht wird, zu den gleichen Konditionen wie Breitner bei den Bayern zu bleiben, vergrätzt er dem „Kicker" zufolge sogar seinen alten Kumpel: In den Verhandlungen lässt er durchblicken, als Stürmer müsse er mehr Geld bekommen als ein Abwehrspieler.

★ ★ ★

Der DFB stellt allen Sündern im Bundesligaskandal ein letztes Ultimatum: Wer bis zum 31. Mai ein Geständnis ablegt, kann auf Milde hoffen. Und er baut eine weitere goldene Brücke: Eine Sperre würde wohl nicht an die FIFA gemeldet – die Spieler könnten sich somit bei Vereinen im Ausland verdingen.

Davon dürfen sich vor allem die Schalker angesprochen fühlen. Doch die Spieler sagen nichts dazu, und ihr Präsident Siebert hält sich raus: „Der Verein Schalke 04 hat damit nichts zu tun. Sollten einige Spieler tatsächlich Geld von Bielefeld angenommen haben, so ist das ihre Sache."

★ ★ ★

Mal wieder gibt's große Diskussionen ums männliche Haupthaar bzw. dessen gesellschaftlich akzeptierte Länge. Nach einem neuen Erlass des Bundesverteidigungsministeriums darf das

Haar der Bundeswehrsoldaten künftig „weder Uniform noch Hemdkragen berühren", außerdem dürfen „Ohren und Augen nicht durch überhängende Haare bedeckt werden". Der neue Tagesbefehl vom Mai 1972 löst den bisherigen „Haarnetz-Erlass" vom Februar 1971 ab. Damals hat Verteidigungsminister Helmut Schmidt vor der allgemeinen Langhaar-Mode kapituliert und das alte Verbot von „schulterlangen oder sonst feminin wirkender Haartracht" aufgehoben. Damit war er vor allem Rekruten entgegengekommen, die im Zuge der allgemeinen Wehrpflicht eingezogen wurden und sich darüber ärgerten, dass sie im Dienst fürs Vaterland als Erstes ihre stolze Mähne opfern mussten. Fortan durfte das Haupthaar sprießen, sollte aber durch ein Haarnetz unterm Helm gebändigt werden; die Bundeswehr schaffte zu diesem Zweck 740.000 Netze an. Auch Rekrut Paul Breitner konnte damit seine Afrolocken retten.

Allerdings erwiesen sich die Netze im militärischen Drill als wenig robust. So wurden Anfang des Jahres neue, solidere angeschafft. Die wiederum ließen optisch zu wünschen übrig und veranlassten die „Süddeutsche" zu der hämischen Frage, „ob der neue Haarbändiger denn nicht stärker gegen die Menschenwürde des Soldaten verstoße als ein rüder Befehl unter die Schere des Kasernen-Figaros".

Ohnehin mochte sich mancher altgediente Offizier mit dem Bild, das seine bunte Truppe nun bot, nicht abfinden und moserte über „Vernachlässigung der Körperpflege" und „mangelnde Disziplin". Das CSU-Organ „Bayernkurier" behauptete, Helmut Schmidt habe sich „unschätzbare Verdienste um die Verbreitung der Kopflaus" erworben. Die Aachener Karnevalisten verliehen dem „Erfinder der German Hair Force" den „Orden wider den tierischen Ernst".

Schließlich wird eine Kommission gegründet, um die haarige Angelegenheit zu prüfen. Sie entdeckt „Dreck und Speck" auf den Soldatenkragen, vereinzelt sogar „Parasitenbefall" (womit Kopfläuse gemeint sind), dazu Infektionen und Hauterkrankungen. Außerdem rügt sie „erhöhten Wasserverbrauch" im Sanitärbereich. In einem eigens eingeholten medizinischen Gutachten heißt es: „Die erforderliche Pflege ist unter den Bedingungen des militärischen Dienstes nicht immer in ausreichendem Maße möglich, besonders bei Übungen, an Bord und in Stellungen, die ständig besetzt sein müssen." Fazit des Wehrbeauftragten: „Die Truppe ist schlampig und verdreckt." Schmidt kapituliert ein weiteres Mal und schickt seine Rekruten tatsächlich zum Friseur. Nicht ohne Gegenwehr: Angehörige des Bundeswehr-Panzerbataillons im württembergischen Stetten lassen sich aus Protest eine Glatze schneiden.

★ ★ ★

Der Bund der Vertriebenen hat für den 8. Mai eine Demonstration gegen die Ostverträge organisiert, an der sich in Bonn rund 20.000 Menschen beteiligen. Zufrieden blickt der Vizepräsident des Bundes, Herbert Hupka, ehemals SPD, jetzt CDU, vom Podium auf die Protestplakate herab: „Volksverräter Willy Brandt – heraus aus unserem Vaterland" kann er dort lesen, und, verstechnisch etwas holpriger: „Willy Brandt nach Norwegen, nach Moskau Herbert Wehner – hier ist kein Platz für Volksverräter". Stark vertreten ist aber auch die NPD, die bald ihre eigenen Plakate auspackt („Jetzt hilft nur noch NPD") und am Ende die Szene beherrscht. „Widerstand, Widerstand!", brüllen ihre Anhänger und recken dabei den rechten Arm in die Luft, drei Finger zum symbolischen „W" gespreizt.

Im Bundestag herrscht derweil ein Patt, weder Koalition noch Opposition verfügen über eine absolute Mehrheit. Doch allen Abgeordneten ist klar: Wenn die Ostverträge mit Moskau und mit Warschau nicht verabschiedet werden, könnte dies unabsehbare außenpolitische Folgen haben. Am 9. Mai setzen sich daher die Bundestagsfraktionen zusammen und hecken eine Zusatzerklärung mit allerlei Floskeln aus. Sie ermöglicht es der Union, die Verträge eine Woche später durch Stimmenthaltung passieren zu lassen. Ein Kernstück von Willy Brandts Außenpolitik ist damit realisiert.

Der Schriftsteller Günter Grass kommentiert die Haltung der CDU/CSU: „Wer dem Volk landauf, landab erzählt, die Ost-verträge bedeuten Verzicht, Verkauf, Verrat, der wird die NPD-Geister, die er rief, nicht mehr los, dem ist sein Lügengespinst zur Fessel geworden, der ist nun, nachdem er sich der Stimme ent-halten hat, sogar als Lügner unglaubwürdig geworden."

★ ★ ★

Die „Mai-Offensive" der RAF nimmt ihren blutigen Lauf. Einen Tag nach dem Anschlag auf das US-Offizierscasino, gegen Mittag des 12. Mai, gehen in der Augsburger Polizeidirektion zwei Rohr-bomben hoch, fünf Polizisten werden verletzt. Nur zwei Stunden darauf detoniert auf dem Parkplatz des Münchner Landeskri-minalamtes ein mit Sprengstoff beladener Ford, einige Dutzend Autos werden demoliert. Und in Karlsruhe explodiert am 15. Mai der Volkswagen des Bundesrichters Wolfgang Buddenberg, doch nicht er sitzt im Fahrzeug, sondern seine Frau, die schwer verletzt wird. Buddenberg spielte im März eine Rolle bei der Inhaftierung des RAF-Mitglieds Manfred Grashof.

„In fünf Minuten geht bei Ihnen eine Bombe hoch", hört am 19. Mai gegen 15:30 Uhr eine Telefonistin im Hamburger Axel-Springer-Haus einen anonymen Anrufer sagen. Sie nimmt die Drohung nicht ernst, zu oft wird dem Springer-Verlag alles mög-liche Unheil angekündigt. Springer ist zum Hassobjekt der Linken geworden, weil vor allem seine Boulevardzeitungen, die „Bild" und die Berliner „BZ", verleumderisch und reißerisch über die außerparlamentarische Opposition herziehen. Nach dem Attentat auf Rudi Dutschke im April 1968 haben wütende Demonstranten im gesamten Bundesgebiet versucht, die Auslieferung der „Bild"-Zeitung zu blockieren, die man als den letztlich Schuldigen für den Mordversuch ansieht. In den Jahren danach bleiben die Hamburger und die Westberliner Springer-Zentralen Zielscheibe von Protesten.

Der anonyme Anrufer am 19. Mai meint es ernst, doch bevor seine Warnung Wirkung zeigt, explodiert die erste Bombe im Korrektursaal des Springer-Hauses, wo 15 Mitarbeiter sitzen und Zeitungstexte Korrektur lesen. Kurz drauf gehen in den Toiletten weitere Bomben hoch. Mauern stürzen ein, 17 Menschen werden verletzt, einem Angestellten wird die Hand abgerissen. Durch einen neuerlichen anonymen Hinweis findet die Polizei am folgenden Tag zwei weitere Bomben, die nicht gezündet haben und bei der Durchsuchung des Gebäudes übersehen worden sind. Das Bekennerschreiben eines „Kommando 2. Juni" behauptet: „Wir sind zutiefst betroffen darüber, dass Arbeiter und Angestellte verletzt worden sind", und beschuldigt die Verlagsleitung, absichtlich keinen Alarm ausgelöst zu haben. Verleger Axel Springer hingegen sieht „die Teufelssaat von Linksradikalen, die jetzt aufgegangen ist".

Der schwerste Anschlag ereignet sich schließlich am 24. Mai. Den RAF-Leuten ist es gelungen, zwei Fahrzeuge auf dem Kasernengelände der 7. US-Armee in Heidelberg abzustellen. Dort läuft im Casino eine Cocktailparty. Kurz nach 18 Uhr detonieren insgesamt 120 Kilo Sprengstoff und sorgen für Verheerungen. Ein Soldat wird durch die Explosion zerrissen, ein zweiter gegen eine Hauswand geschleudert, ein dritter liegt unter einem schweren Cola-Automaten begraben. Alle drei sterben, fünf weitere GIs werden schwer verletzt. Ein Bekennerschreiben reklamiert für sich, den Willen „der Menschen in der Bundesrepublik" ausgeführt zu haben: „weil sie wissen, dass gegen die Massenmörder von Vietnam Bombenanschläge gerechtfertigt sind; weil sie die Erfahrung gemacht haben, dass Demonstrationen und Worte gegen die Verbrecher des Imperialismus nichts nützen".

Die Formulierung ist wohl auch eine trotzige Erwiderung auf Heinrich Bölls Formulierung vom RAF-Krieg der „sechs gegen sechzig Millionen".

„Jaulende Hofhunde"

In Bonn müht sich die Opposition, die Regierung für das Treiben
der RAF in Mithaftung zu nehmen. Der CDU-Bundestagsabgeordnete Carl Damm meint ironisch in Richtung Willy Brandt:
„Sie sollten sich darauf einrichten, als ‚Entlastungszeuge' genannt
zu werden, wenn die Bombenleger vor Gericht stehen." CSU
und Springer-Presse rufen nach einem „entschlossenerem Staat",
Innenminister Hans-Dietrich Genscher wehrt noch ab: „Wir
werden der Bande nicht den Gefallen tun, autoritär und faschistoid zu antworten. Das wollen die ja bloß." Allerdings rüstet auch
die sozialliberale Regierung auf: Befugnisse und Personal des
Bundeskriminalamtes werden seit zwei Jahren massiv ausgebaut,
und im Bundestag liegt eine Gesetzesvorlage zur Entscheidung,
die Ähnliches beim Bundesamt für Verfassungsschutz vorsieht.
Das Amt erhält weitreichende Befugnisse für Überprüfungen und
Datenerhebungen zu Privatpersonen, ebenso zum Abhören sowie
zum Einsatz von V-Leuten. Ein Teil der Linken lastet die staatliche Aufrüstung auch den Baader-Meinhof-Leuten an. „Konkret"
schreibt: „B&M haben in einer Situation, die die Solidarität aller
Linken erfordert, Provokationen losgelassen, die wirklich alle
Hoffnungen der Genscher-Springer-Bande erfüllt und übertroffen
haben."

Das Verfassungsschutz-Gesetz wird im Juni noch einhellig
vom Bundestag verabschiedet werden, ansonsten läuft dort nicht
mehr viel. Denn als der Etat des Kanzlers mit Stimmengleichheit
abgelehnt wird, ist klar: Die SPD/FDP-Koalition kann nicht mehr
weiterregieren. Am 19. Mai erklären Willy Brandt und Walter
Scheel sich bereit, Neuwahlen abzuhalten, um wieder klare Mehr-
heitsverhältnisse zu schaffen.

Franz Josef Strauß und seine CSU sehen sich bereits im Wahl-
kampfmodus. Die Parteizeitung „Bayernkurier" greift Brandt

massiv an, nennt ihn einen Politiker, „dessen einzige Attribute Heuchelei und gespielte Egozentrik sind". Dafür, so der „Bayern-kurier", stilisiere Brandt „seine Emigrantenrolle zur Hamlet-Figur eines deutschen Sozialismus hoch". In Wahrheit aber sei er „der alte Berufsrevolutionär, der die Betriebe mobilisieren und die Volksfront wiedererwecken will". Brandt sei bereit, „auf dem Altar seiner eigenen Karriere die Demokratie notfalls zu opfern". In einer anderen Ausgabe sinniert das Parteiblatt, die bevorstehende Neuwahl sei womöglich „die letzte freie Wahl". Sollte die SPD gewinnen, sei sogar unklar, „ob 1976 überhaupt noch gewählt würde".

Strauß hadert zudem mit den Medien. Die Begriffe „Lügenpresse" und „Fake News" gibt es noch nicht, aber was Strauß auf dem Bezirkstag der CDU Rheinland-Pfalz ins Mikrofon schimpft, klingt ähnlich. Ein Großteil der Medien, so sagt er, habe sich „auf dem Wege der Selbstgleichschaltung und der intellektuellen Selbstentmannung in den Chor der jubel-jaulenden Hofhunde eingereiht".

(Die Neuwahlen finden im November 1972 statt. Ihnen geht ein Wahlkampf voraus, der so intensiv und politisch geführt wird wie nie zuvor in der Bundesrepublik. Am Ende stehen eine historisch hohe Wahlbeteiligung von 91,1 Prozent und ein persönlicher Triumph für Willy Brandt: Seine SPD wird mit 45,8 Prozent erstmals stärkste Fraktion. Zusammen mit der FDP, die auf 8,4 Prozent kommt, kann er sich nun auf eine stabile Mehrheit stützen. Theoretisch.)

★ ★ ★

Schalke 04 gewinnt in der Glückauf-Kampfbahn gegen Arminia Bielefeld 6:2, der Sieg hätte sogar noch höher ausfallen können, denn die Königsblauen vergeben ein paar Hundertprozentige. Frustriert ist man dennoch: Nur 10.000 Zuschauer sind gekommen, um den Meisterschaftsanwärter zu unterstützen. Und die beginnen auch noch zu pfeifen, als es ihre Mannschaft beim Stand von 5:1 nach gut einer Stunde etwas langsamer angehen lässt.

Im Tor der Bielefelder steht Dieter Burdenski, bis Sommer 1971 Schalke 04, jetzt Arminia. Dem sonst so zuverlässigen Keeper unterlaufen in diesem Spiel serienweise grobe Schnitzer. Das hat seine Gründe. Burdenski hat am 12. Mai vor der Staatsanwalt-schaft Bielefeld unter Eid ausgesagt, er habe damals, beim Spiel gegen Arminia Bielefeld vor knapp einem Jahr, einen Schalker Spieler mit einem Päckchen voller Tausendmark-Scheine in der Hand gesehen. Hinterher hätten diverse Kollegen fröhlich mit Geldscheinen gewedelt, und auch ihm seien vor dem Löwenpark in Gelsenkirchen 2.000 Mark übergeben worden. Einige Hundert-mark-Scheine, die noch fehlten, habe er später bekommen.

Sein Geständnis löst in Schalke ungläubige Empörung aus, die sich am Spieltag in Hassattacken äußert. Burdenski über sein Einlaufen in die Glückauf-Kampfbahn: „Da sind Bierpullen geflogen, ich wurde bespuckt und beschimpft, mir wurden Beine gestellt. (...) Ich war nervlich total am Ende nach den ganzen Anfeindungen, so habe ich dann auch gehalten." Die psychische Belastung ist schon deshalb gewaltig, weil sich Burdenski als ein-gefleischten Schalker sieht. Sein Vater Herbert, derzeit glückloser Trainer in Dortmund, zählt zu den Säulenheiligen der Kuzorra-Ära. Dennoch mag er mit einer Lüge nicht mehr weiterkicken.

Nun steht also auch sein Eid gegen den seiner ehemaligen Schalker Kollegen. Klaus Fischer sagt dazu: „Ich weiß nicht, wie Dieter Burdenski zu solch einer Aussage kommt."

★ ★ ★

Die Bayern üben Revanche in Köln. Auf ihre 1:5-Pokalpleite folgt nun ein 4:1-Erfolg, bei dem vor allem Sepp Maier glänzt. Bei den Kölnern feiert der lange verletzte Wolfgang Overath in der zweiten Halbzeit eine umjubelte Rückkehr, zeigt prompt einige seiner zentimetergenauen Pässe, oft über 40, 50 Meter und steil in den freien Raum. Mit ihm werden die Kölner besser, doch mehr als einen Ehrentreffer lässt Maier nicht zu. In der Radrennbahn singen die Fans aus München: „Ja, mir san mi'm Schnellzug da …"

Am Tag vor der Begegnung saßen die Bayern-Spieler als Zuschauer im Stadion Rote Erde und sahen ein elendes 1:1 zwischen dem BVB und dem VfL Bochum. Das Dortmunder Publikum feiert die bayerischen Gäste begeistert als Feinde ihres Erzfeindes und skandiert: „Bayern wird Meister", und: „Nieder mit dem Schalker Pack!"

Die Bayern haben jetzt 89 Tore auf dem Konto, mehr als jemals ein Verein in einer ganzen Saison erzielt hat. Die letzte Bestmarke für eine Saison stammt auch von ihnen, 1969/70 erzielt als Vize hinter Gladbach: 88 Treffer. Die gemeinhin als offensiv gefeierten Fohlen kamen damals „nur" auf 71.

★ ★ ★

Währenddessen beginnt die Aufstiegsrunde, in der die beiden Bundesliga-Neulinge für die kommende Saison ermittelt werden. Zehn Teams aus den fünf Regionalligen haben sich dafür qualifiziert. Westmeister Wuppertaler SV holt zum Auftakt am 22. Mai bei Tasmania Berlin ein klares 3:0, den Grund dafür nennt eine Schlagzeile: „Pröpper einfach nicht zu halten!"

Gemeint ist der Torjäger der Wuppertaler, der schon seit Monaten für Furore sorgt. Wie die gesamte Mannschaft, die in der ganzen Saison nur zwei Spiele verloren hat und eine Bilanz von 60:8 Punkten vorweisen kann. Der Erfolg ist kein Zufall. Ähnlich wie bei der Bremer „Millionenelf" hat eine Allianz aus Stadt und lokalen Sponsoren Geld zusammengekratzt, um der Welt zu demonstrieren, dass Wuppertal mehr zu bieten hat als eine marode Schwebebahn. Nachdem der Aufstieg mehrfach verpasst wurde, zeigen „vor allem die Stadtväter (…) ein offenes Ohr und eine offene Hand" („Kicker") für die Wünsche des Vereins. Mit dem Geld geht der umtriebige WSV-Präsident Günter Fölsch, der gerne im schicken Pelzmantel durchs Stadion am Zoo flaniert, auf Einkaufstour. Sogar beim FC Bayern wird er fündig und verpflichtet Jugendnationalspieler Gustl Jung.

Bester Einkauf aber ist Günter Pröpper, der sich zuvor bei Rot-Weiss Essen nicht recht durchsetzen konnte und in Wuppertal nun durchstartet. Hier profitiert er von dem variantenreichen Offensivfußball, den Trainer Horst Buhtz der Mannschaft verordnet. Von den 111 Treffern, die der WSV 1971/72 in der Regionalliga erzielt, stammen erstaunliche 52 vom Goalgetter, meist per Kopfball. Seine Torquote bringt ihm den Spitznamen „Meister Pröpper" ein, nach einem damals populären Badezimmer-Reinigungsmittel („Meister Proper putzt so sauber, dass man sich drin spiegeln kann"). Passend dazu wird er im Bäderamt der Stadt angestellt, denn die Wuppertaler sind Halbprofis und bleiben es auch in der Bundesliga.

Der ehrgeizige Plan des lokalen Establishments zeitigt im Mai 1972 mit der Regionalliga-Meisterschaft endlich seinen Erfolg. Die Mannschaft verweist den Bundesliga-Absteiger Rot-Weiss Essen, der aus unerfindlichen Gründen als „Erzrivale" gilt, deutlich auf den zweiten Platz. Zur Legende wird der große 5:0-Auswärtssieg, mit dem der WSV von der Essener Hafenstraße zurückkehrt; Meister Pröpper trifft dort gleich viermal gegen die alten Kollegen.

Auch die Aufstiegsrunde wird zum Triumphzug: acht Siege in acht Spielen, für Bundesliga-Aufsteiger ein Rekord mit Ewigkeitswert. Die halbe Stadt steht an den Straßenrändern, als die Spieler in 18 offenen Porsche-Cabrios durch das Tal der Wupper kutschieren, dabei auch der freigebige Oberbürgermeister. Sogar Bundesinnenminister Hans-Dietrich Genscher, der seinen Wahlkreis in Wuppertal hat, sich daher als WSV-Fan gibt und manchmal im Stadion zuschaut, empfängt die Helden in seinem Bonner Amtssitz. (Die erste Bundesliga-Saison wird der WSV mit dem vierten Platz erstaunlich erfolgreich abschließen, Meister Pröpper trifft 21-mal. Danach geht dem Projekt die Luft aus. 1975 rutscht man in ein Millionenloch an Schulden und retour in die Zweitklassigkeit, die erste Liga wird man nicht mehr wiedersehen. Dafür wird nach und nach die Schwebebahn modernisiert.)

★ ★ ★

Die Scherben verbringen das lange Pfingstwochenende, 22. und 23. Mai, damit, im Hamburger Alsterstudio ihr neues Album abzumischen. Es wird eine Doppel-LP mit Stücken, die sie Ende April im gleichen Studio eingespielt haben. Binnen drei Tagen haben sie damals die Aufnahmen abgeschlossen (und nebenbei noch das Wembley-Spiel im Fernsehen angeschaut). Bassist Kai Sichtermann: „Es war erstaunlich, wie zügig und problemlos die Aufnahmen vorangingen. Geradezu sensationell war, dass die Aufnahme zu ‚Der Traum ist aus' nur aus einer einzigen Session bestand." Die ist als Probelauf gedacht, doch das Band läuft mit, und den Scherben scheint die Einspielung perfekt.

„Der Traum ist aus" beginnt mit einer nahezu biblischen Verheißung, die Rios religiöser Ader zuzuschreiben sein dürfte: „Ich hab geträumt, der Winter wär vorbei / Du warst hier und wir waren frei. / Und die Morgensonne schien. / Es gab keine Angst und nichts zu verlier'n, / Es war Friede bei den Menschen und unter den Tier'n. / Das war das Paradies." Der Refrain, so Rio-Biograf Wolfgang Haberl, „schwingt zwischen Resignation und verzweifelter Hoffnung": „Der Traum ist aus! / Aber ich werde alles geben, dass er Wirklichkeit wird."

16 Jahre später macht der Song noch einmal Furore: bei einem Auftritt von Rio in der Ostberliner Werner-Seelenbinder-Halle. Es sind die Zeilen der dritten Strophe, die der Stimmungslage in der dem Untergang entgegendämmernden DDR einen drängenden Ausdruck verleihen: „Gibt es ein Land auf der Erde / wo der Traum Wirklichkeit ist / Ich weiß es wirklich nicht / Ich weiß nur eins, und da bin ich sicher / Dieses Land ist es nicht!" Rios Bruder Gert Möbius: „Bei dem Song ‚Der Traum ist aus' kollabierte das

264

Publikum beinahe, und bei dem Refrain: ‚Dieses Land ist es nicht' machten 6.000 Menschen ihrem Zorn auf ihre Regierung Luft und trampelten, dass die Halle bebte." Aus der zeitversetzt gesendeten Fernsehübertragung schneiden die DDR-Zensoren den Song heraus. Scherben-Alben kursieren schon seit Anfang der siebziger Jahre unter den oppositionellen DDR-Jugendlichen. Roland Jahn, damals knapp 20 Jahre alt und später Bundesbeauftragter für die Stasi-Unterlagen, singt die Lieder als Mutmacher im Knast.

In seiner systemneutralen Zeitlosigkeit hat sich „Der Traum ist aus" letztlich als wirkmächtiger erwiesen als das deutlich agitatorischer daherkommende Stück „Die letzte Schlacht gewinnen wir". Dessen Schlüsselzeilen „Die schwarze Front / und die rote Front / sind wir!" bewährt sich allerdings als fraktionsübergreifendes Liedgut, das bei unzähligen Demonstrationen aus den Lautsprechern wummert.

Die Doppel-LP, benannt nach dem Titelsong „Keine Macht für Niemand" und ausgestattet mit einfachem weißem Cover – erneut entworfen von Rios Bruder Gert –, wird das erfolgreichste Album der Scherben und gilt als ihr bestes. In den gängigen Musikzeitungen wird es seinerzeit nicht besprochen, in den Medien nicht abgespielt. Bassist Kai Sichtermann zitiert den Musikjournalisten Ralf Schlüter, der 20 Jahre später in „Sounds" zu einer Würdigung findet: „Musikalisch wesentlich differenzierter, fanden die Scherben hier den gemeinsamen Nenner der linken Zeit. ‚Der Traum ist aus' kam dem zarten, christlichen Gemüt entgegen, der ‚Rauch-Haus-Song' wurde zur Hymne der Besetzer-Szene, ‚Keine Macht für Niemand' brachte das Unmögliche auf den Punkt: für den Besetzer und den Sponti, den Marxisten und den Anarchisten. Keine deutsche Platte erreichte diese Energie und Kraft."

Als die LP im Herbst 1972 herauskommt, verschicken die Scherben einige Exemplare an Prominente, die sie sympathisch finden, darunter an Heinrich Böll, der sich mit einem Paket eigener Bücher bedankt, und an Paul Breitner, verbunden mit der etwas farbenblinden Bitte: „Mach Bayern München rot!" Ein paar

Wochen später, am 11. Januar 1973, steht der Kicker im Trainingsanzug vor dem Haus am T-Ufer und klopft an: „Ja, Servus. Ihr habt mir hier diese Platte geschickt, gell? Und jetzt wollte ich mal wissen, was ihr für Leute seid." Kai Sichtermann ist „sprachlos. Auf Überraschungsbesuche von Terroristen, Trebekindern oder Sondereinsatzkommandos waren die Scherben jederzeit vorbereitet. Aber ein Fußballgott vor der Wohnungstür – das war einfach zu viel."

Man macht es sich auf dem Fußboden bequem und quatscht ein bisschen herum: über Mao, Musik und die Bayern. Einer der Scherben dreht einen Joint, Breitner pafft eine Zigarre und verteilt Eintrittskarten für ein Hallenturnier in Berlin. Später erzählt er: „Es gab in München eine Gruppe, die sich SDAJ nannte [Sozialistische Deutsche Arbeiterjugend, die Jugendorganisation der DDR-orientierten DKP, Anm. d. A.]. Anfang 1972, zu dem Zeitpunkt war ich schon Profi bei Bayern München, beteiligte ich mich an einigen ihrer Aktionen, und dabei habe ich auch Ton Steine Scherben kennen gelernt. (…) Ich mochte die Musik der Scherben, war aber kein eingefleischter Fan. Was mich interessierte, war ihre kritische Haltung zum Establishment und ihre Verbindung zu nicht-privilegierten Gruppen, zu Studenten. Ich selbst war ja nicht nur Fußballer, sondern studierte auch noch Sonderpädagogik. Ich führte so eine Art Zwitter-Dasein. Einerseits stand ich als Fußballer auf der Seite der Privilegierten, andererseits war ich selbst Student. Deshalb fühlte ich mich Ton Steine Scherben verbunden."

Rio Reiser, dessen Desinteresse am Fußball bekannt ist, verpasst den prominenten Besuch. Schlotterer erzählt später der Zeitschrift „11 Freunde": „Als der Fußballstar bei uns an der Tür klopfte, träumte Rio noch von einer besseren Welt. Ich ließ ihn schlafen."

„Diese Elf kann alle schlagen"

Das neue Stadion in München, erbaut für die Olympischen Spiele, erlebt eine glanzvolle Premiere: Die DFB-Elf spielt in Freundschaft gegen die sowjetische Auswahl. Politisch passt der Besuch bestens in die Ära der Brandt'schen Entspannungsbemühungen, weshalb die Sbornaja von einer ungewöhnlich hochrangigen Delegation begleitet wird, mit Sportminister Pawlow an der Spitze. Die Herren schauen nicht nur dem Spiel zu, sondern treffen sich auch mit gewichtigen Persönlichkeiten aus der bundesdeutschen Politik und Wirtschaft. Ein ähnliches Signal setzt die Tatsache, dass erstmals ein Fußballspiel, das in der Bundesrepublik stattfindet, live nach Osteuropa übertragen wird. Der Ostberliner Deutsche Fernsehfunk verschiebt dafür sogar seine Nachrichtensendung „Aktuelle Kamera".

Die sowjetische Elf reist selbstbewusst an. Sie ist für die EM-Finalspiele qualifiziert und seit zwei Jahren bzw. 19 Länderspielen unbesiegt. Doch diese Serie geht mit einem 1:4 rauschend zu Ende. Die Deutschen zeigen eine ähnliche Leistung wie einen Monat zuvor im Wembleystadion, vor allem in der zweiten Halbzeit, in der alle Tore fallen, die vier deutschen allesamt durch Gerd Müller. Vor dem vierten Treffer rennt Netzer wie ein Phantom durch die sowjetische Abwehr und zieht ab. Sein Schuss prallt gegen den Pfosten, und Müller staubt ab. „Es ist begeisternd, mit dieser fabelhaften Mannschaft zu spielen", kommentiert Beckenbauer. „Sie ist spielerisch so stark wie nie." Und der „Kicker" titelt stolz: „Diese Elf kann alle schlagen."

Helmut Schön glaubt, er habe nun „eine ideale Truppe beisammen". Er hat Abwehr und Mittelfeld genauso aufgestellt wie in London; nach der Halbzeitpause setzt er noch einen zusätzlichen offensiven Impuls, als er Rainer Bonhof für Höttges bringt. Auf den Flügeln vorne stehen Jupp Heynckes und Erwin Kremers.

Das Schalker Talent kommt verspätet zu seinem Länderspieldebüt. Seine Absage zum Juniorenspiel gegen Ungarn im März – vermutlich aus Solidarität mit seinen nicht nominierten Schalker Kollegen – hat Bundestrainer Schön so vergrätzt, dass er ihn gegen England noch zu Hause ließ. Kremers rehabilitiert sich mit tollen Dribblings und weiten Flanken vors Tor.

Abends im ZDF-Sportstudio wird Kremers dann doch wieder nach dem Bundesligaskandal befragt, obwohl er in der letzten Saison gar nicht für Schalke gespielt hat. „Nein, unsere Jungs haben nichts mit der Sache zu tun", versichert er.

★ ★ ★

„Fußballzauber unterm Olympiazelt", beschreibt „Bild" das Spiel und verweist damit auf das spektakulärste und stilprägende Element des Olympiageländes in München: das 34.500 Quadratmeter große, aus Acrylglas bestehende Zeltdach. Teile der Zuschauerränge werden davon überdacht, zugleich werden die benachbarten Olympia- und Schwimmhallen angebunden. Die optisch gewagte Konstruktion soll den Plan heiterer, weltoffener Spiele architektonisch unterstreichen, soll ein Gefühl von Entspanntheit und Leichtigkeit, von Transparenz und moderner Ästhetik vermitteln. Damit wird ein bewusster Gegenpol zur Kolossal-Architektur des Berliner Stadions von 1936 gesetzt. Passend zur aktuellen gesellschaftlichen Aufbruchsphase formuliert die ins Stadionfundament eingelassene Urkunde, der Bau zeuge „vom Geist unseres Volkes im letzten Drittel des 20. Jahrhunderts".

Die Kommentatoren der Eröffnungsveranstaltung sehen die Sache prosaischer. Sie erinnern an die unglaubliche Kostenexplosion von ursprünglich 16 Millionen Mark auf schließlich 195 Millionen, was dazu führt, dass die Osttribüne unüberdacht bleibt. Unter dem Zeltdach, diesem „Meisterwerk gigantischer Sinnlosigkeit", ziehe es gewaltig, schimpft die „Süddeutsche", Zigarettenasche und Papier wirbelten auf der Tribüne durcheinander, und selbst der Regen habe fast ungehinderten Zugang, vor allem bei Ostwind. Grimmig schreibt der Journalist Hans Eiberle: „Es ist das größte Dach der Welt und wohl auch das einzige, unter dem man nass wird." Selbst die Ästhetik der Konstruktion findet nicht überall Anklang. Der schwedische „Expressen" vergleicht das Dach wahlweise mit einer „kriechenden Rieseneidechse" oder einem „schimmeligen Spinnennetz".

★ ★ ★

Eine ganz eigene Interpretation zum „Geist unseres Volkes im letzten Drittel des 20. Jahrhunderts" zeigt die DFB-Spitze. Sie erlaubt sich bei diesem Länderspiel einen peinlichen, damals öffentlich nicht beachteten Fauxpas. Ex-Bundestrainer Sepp Herberger hat per Brief vorgeschlagen, zur Begegnung gegen die Sowjetunion als Ehrengast Gottfried Fuchs einzuladen. Der ehemalige Nationalstürmer, einst Herbergers fußballerisches Idol, hat 1912 in einem Spiel gegen Russland zehn Tore erzielt, eine bis heute sogar von Gerd Müller unerreichte Zahl. Als Jude musste Fuchs in der NS-Zeit nach Kanada emigrieren, wo er als Godfrey Fochs heimisch wurde. Die Nazis tilgten ihn aus den Annalen des deutschen Fußballs; in einem Buch über die Nationalspieler wurde er zusammen mit seinem Glaubensgefährten Julius Hirsch einfach unterschlagen. Hirsch wurde von den Nazis in Auschwitz ermordet; doch dem Überlebenden Fuchs will Herberger mit der Einladung eine späte Geste der Ehrung und Wiedergutmachung übermitteln.

Für den DFB-Vorstand ist das eine heikle Idee. Schließlich sitzen dort neben dem ehemaligen SS-Mann Rudi Gramlich, jetzt wie erwähnt Vorsitzender des Bundesliga-Ausschusses, noch mindestens drei weitere alte Parteikameraden. Auch DFB-Präsident Dr. Hermann Gösmann ist Mitglied der NSDAP und der SA gewesen und hat sich schon in der Nazi-Zeit als Fußballfunktionär betätigt: als regimetreuer „Vereinsführer" des VfL Osnabrück. Im Nachkriegsdeutschland wird auch bei ihm über die Parteimitgliedschaft nicht groß gesprochen. Gösmann bleibt nach 1945 noch einige Jahre Vereinsvorsitzender des VfL Osnabrück und startet anschließend eine Verbandskarriere, die ihn bis an die Spitze des DFB und ins Exekutivkomitee der FIFA bringt. (Seltsamerweise wird Gösmanns NSDAP-Zugehörigkeit bis heute nirgendwo erwähnt, weder in den Vereinschroniken des VfL, noch in Gösmanns Präsidenten-Porträt auf der DFB-Homepage, das ihn als „integren Charakter" lobt.)

Jedenfalls, den DFB-Herren kommt die Causa Fuchs höchst ungelegen, erinnert sie doch an Zeiten, die man lieber verdrängt sehen will. Wochenlang hält man Herberger hin, dann lehnt man seine Bitte ab. Schatzmeister Hubert Claessen übermittelt ihm die fadenscheinige Begründung: „Die Mitglieder des Präsidiums meinen, dass ein Präzedenzfall geschaffen würde, der auch für die Zukunft noch erhebliche Belastungen mit sich bringen könnte. Hinzu kommt, dass die Haushaltslage angespannt ist und dringend notwendige Vorhaben den Vorrang genießen müssen." Für einen Flug des jüdischen Exilanten von Montreal nach Frankfurt, so wird damit suggeriert, sei nicht genug Geld in der DFB-Kasse.

Herberger reagiert frustriert: „Diese Absage ist für mich eine einzige Enttäuschung." Gottfried Fuchs selbst hat die absurde Ausladung nicht mehr erreicht. Als Herbergers briefliche Information „mit dem nochmaligen Ausdruck tiefen Bedauerns über die fehlgelaufene Entwicklung meiner Wünsche" in Kanada eintrifft, ist er bereits tot. Und vier DFB-Vorstandsherren mit brauner Vergangenheit müssen beim Länderspiel in München keine unangenehme Begegnung befürchten.

★ ★ ★

Ebenfalls am 26. Mai, zwei Tage nach dem brutalen Anschlag der RAF in Heidelberg, schickt Heinrich Böll einen Brief an Horst Mahler. Der ehemalige RAF-Anwalt sitzt inzwischen wegen

Bankraubs und der Baader-Befreiung von 1970 im Gefängnis. Der Schriftsteller beantwortet damit ein Schreiben, das ihm Mahler als Replik auf Bölls „Spiegel"-Essay geschickt hat. Horst Mahler, einst schlagender Verbindungsstudent, dann SPD, dann SDS, dann RAF, nach seiner Haft FDP-Sympathisant, dann NPD, schließlich rechtsradikaler Holocaust-Leugner, jetzt aber eben noch RAF, wirft dem gewaltfreien Heinrich Böll mangelnde Konsequenz vor: „Um die Verhältnisse wirklich zu ändern, muss man auf die Wonne verzichten, dem Publikum als ‚schöne Seele' zu gelten."

In seinem Brief wundert sich Böll zunächst über die Humorlosigkeit von Mahler und Genossen: „Ein Königreich für den Ansatz eines Lächelns! Mein Gott, steckt denn wirklich in jedem Deutschen ein Rekrutenausbilder?" Er fragt: „Wollen auch Sie in den Anti-Intellektuellen-Chor einstimmen, der hierzulande immer stärker wird; die unnachahmliche Süffisanz, mit der Innenminister Genscher Verdächtigungen ausspricht, ohne die Verdächtigen anzusprechen, so ganz im Vollgefühl des Einverständnisses mit den Schreihälsen von der ‚schweigenden' Mehrheit, macht mir Angst." Böll gesteht, dass er die Entschlossenheit der RAF, zu töten, unterschätzt habe: „Ich hab's nicht glauben wollen. (…) Sinnloser Mord, in einer ausweglosen Situation irgendeinen Polizeibeamten zu erschießen, der eben nicht irgendeiner war, sondern Hans Eckhardt hieß." Und so bekennt er: „Vor Ihnen fürchte ich mich, vor Ihrem verfluchten deutschen Zeigefinger und vor der erbarmungslosen, puritanischen Kunst- und Literaturfeindlichkeit. (…) Ich bin bereit, mich noch lächerlicher zu machen und für reaktionär zu gelten, indem ich für Poesie und Zärtlichkeit plädiere." Der Brief endet mit der politischen Maxime: „Das Streben zur eigenen Freiheit darf die Freiheit der andren nicht gefährden. Denn sonst führt dieses Streben direkt zur Diktatur und zum Tod jeglicher Freiheit. Das Recht auf die Entfaltung des eigenen Ichs darf die anderen Ichs nicht entrechten."

Der Brief wird seinerzeit nicht veröffentlicht; Heinrich Böll will den Eindruck vermeiden, er habe dieses neuerliche Plädoyer für Gewaltfreiheit unter dem Druck der Medien verfasst. Nicht nur der konservativen Presse gilt er weiterhin als ein Sympathisant des Terrors, sondern auch den Behörden. Am 1. Juni 1972, eine Woche, nachdem er den Brief an Mahler abgeschickt hat, umstellen schwerbewaffnete Beamte des Landeskriminalamtes Bölls Wohnhaus in der Eifel und durchsuchen es. Man verdächtigt ihn, RAF-Mitgliedern Unterschlupf zu gewähren; zwei Gäste – ein Universitätsprofessor und seine Frau – müssen sich ausweisen. Böll beschwert sich bei Bundesinnenminister Genscher und nennt den Vorgang „lächerlich und gruselig zugleich". Er bittet um Aufklärung „auf Grund welcher Vermutungen, Verdächtigungen, möglicherweise Denunziationen eine solche Aktion zustande kommen kann". Tage später klärt Genscher auf: Es sei beobachtet worden, wie zwei Personen aus einem Taxi gestiegen und in Bölls Haus gegangen seien. Und das sei doch so verdächtig gewesen, dass man der Sache habe nachgehen müssen.

JUNI 72

„Eine Art Sonnenscheinfußball, den der Rest Europas
fast vergessen hat."

Die Londoner „Times" über das Spiel der DFB-Elf im
Finale der Europameisterschaft am 18. Juni

„So angesehen der ‚Kanzler der Ostpolitik' südlich der
Alpen auch sein mag, die Mehrheit des italienischen Volkes
identifiziert Deutschland in diesen Tagen weniger mit ihm als
mit Männern wie Beckenbauer, Netzer und Müller."

Der Italien-Korrespondent der „Welt" nach demselben Spiel

„Deutscher Meister – das ist für mich noch
mehr wert als Europameister."

GERD MÜLLER, ebenfalls nach demselben Spiel

Aktion Wasserschlag

Gerd Müller im Torrausch. Beim 6:3 seiner Bayern gegen Eintracht Frankfurt steuert er drei Treffer bei. Allesamt sind sie gut herausgespielt, womit Hennes Weisweiler sein Urteil bestätigt sieht, dass Müller weniger ein „Bomber" als vielmehr einer der besten Doppelpass-Spieler der Liga sei. Des Goalgetters früherer Trainer bei den Bayern, Cajkovski, ist Zuschauer gegen Frankfurt und schwärmt von Müller als „bestem Torjäger der Welt", Bayern-Geschäftsführer Walter Fembeck erinnert den Tschick: „Weißt du noch, was du damals gesagt hast? Diese junge Mann hat dicke Beine, unmöglich!"

In der Saisonbilanz liegt Müller nun bei 40 Bundesliga-Toren und übertrifft damit seine eigene Bestmarke aus der Spielzeit 1969/70 um zwei Treffer. Ein einsamer Rekord (bis heute ist niemand diesen Werten nahegekommen), aber nicht sein einziger. „Der Gerd stellt alle Rekorde auf, die es gibt", sagt Bayern-Präsident Neudecker. „Er ist einmalig." Denn Müller ist mittlerweile bester Torschütze der Bundesliga insgesamt (derzeit 192 Treffer), ebenso bester Torschütze der Nationalelf (derzeit 46 Tore, der zweitbeste, Uwe Seeler, kommt auf 43), und er wird zum zweiten Mal bester Torschütze Europas. Gerd Müller antwortet auf die Frage, welche Rekorde er noch brechen wolle: „Meine eigenen."

Während Schalke durch ein 2:0 in Bochum Anschluss halten kann, ist der erbarmungswürdige Revier-Konkurrent Borussia Dortmund nun auch rechnerisch abgestiegen. 0:2 hat man in Stuttgart verloren und damit fünf Punkte Rückstand hinter dem Drittletzten Hannover 96. In zwei Spielen ist das (nach der gültigen Zweipunkte-Regel) nicht mehr aufzuholen. Sechs Jahre nach dem Gewinn des Europapokals müssten die Dortmunder eigentlich für die Regionalliga planen. Doch noch klammern sie sich an die vage Hoffnung, dass der Skandal sie rettet. Sei es, dass Oberhausen doch noch abgestraft wird. Oder sei es, dass die ganze Saison für irregulär erklärt wird, „weil Spieler mitwirkten, die später gesperrt wurden", wie BVB-Präsident Walter Kliemt moniert. Er fordert, letztlich vergebens, einen außerordentlichen DFB-Bundestag einzuberufen.

Doch momentan scheint alles noch offen und wird für eine Weile offen bleiben. Denn eine seltsame Dramaturgie will es, dass die Bundesliga kurz vor dem Ende für drei Wochen unterbrochen wird. Zunächst folgen die Rückspiele im Halbfinale des DFB-Pokals, dann die Endrunde der Europameisterschaft, erst dann die beiden letzten Ligaspiele, die über die Meisterschaft entscheiden.

★ ★ ★

Hannover 96 hat nach einer Serie von acht gewonnenen Heimspielen verloren: gegen den 1. FC Köln ziemlich klanglos 1:4. Der „Kicker" glaubt an „eigene Sorgen und Diskussionen zur augenblicklichen Situation, die die Nervensubstanz mit aufzehrten". Andere Zeitungen, wie die „WAZ", nennen die Ursache klarer: „Offene Rebellion". Der Protest des kampferprobten Kaders, der in der Hinrunde bereits Trainer Johannsen vertrieben hat, richtet sich nicht gegen dessen Nachfolger, den Dritte-Wahl-Coach Hans Hipp. Der hat die 96er immerhin vom Tabellenende weggeholt.

Anlass ist vielmehr die angekündigte Verpflichtung des ehemaligen Bayern-Spielers Charly Mrosko, der seit Sommer 1971 beim Regionalligisten 1. FC Nürnberg aufläuft und sich dort unter Wert spielen sieht. Als die Hannoveraner ihm ein Jahressalär von 140.000 Mark anbieten, greift der selbstbewusste Charly zu. Altgediente 96er-Spieler bringt das auf die Palme. „Ich verdiene nur ein Drittel des Mrosko-Gehaltes. Für diesen Betrag spiele ich aber nicht mehr", schimpft beispielsweise Libero Jupp Hellingrath, und sein Kapitän Hans Siemensmeyer stimmt zu: „Für diesen Verein gehen wir keinen Schritt mehr."

Außerdem kursieren Gerüchte, die 96er wollten groß einkaufen, Ablösesummen von 300.000 Mark und mehr sind im Gespräch, um Torjäger Ferdinand Keller zu ersetzen, der von der Vorstandspolitik schon längst genug hat und Hannover im Zorn verlässt. Um die Situation zu retten, setzt sich Vereinsboss Bock mit seinem Mannschaftskapitän zusammen und dementiert alle hohen Zahlungen. Was insofern glaubhaft ist, als Hannover 96 am Rand einer Pleite steht. Die Lizenz für die nächste Saison wird man nur unter starken Auflagen erhalten. Der angeblich „linke", jedenfalls bunte Vogel Mrosko bleibt die einzige teure Neuerwerbung, und nach nur einer Spielzeit wird er schon wieder weiterziehen.

★ ★ ★

Mittlerweile hat das Bundeskriminalamt (BKA) mit seinem Chef Horst Herold die „Aktion Wasserschlag" ausgerufen mit dem Ziel, „durch einen Schlag ins Wasser die Fische mal richtig in Bewegung zu bringen". Um die Fahndung nach der RAF zu konzentrieren, wird für Mittwoch, den 31. Mai, die Schutzpolizei aller Bundesländer unter den Oberbefehl des BKA gestellt. Von morgens bis in die Nacht werden an nahezu allen Bundesstraßen und Autobahnauffahrten Straßensperren errichtet, steigen Hubschrauber auf, landen für überraschende Kontrollen und fliegen wieder weiter. Es handelt sich bei diesem Fahndungstag laut Herold um „die erste, die größte und nicht mehr wiederholte öffentliche Aktion, die es jemals gegeben hat".

Die Hoffnung der RAF-Terroristen: „Die Menschen in der Bundesrepublik unterstützen die Sicherungskräfte bei der Fahndung nach den Bombenattentätern nicht", erweist sich als schieres Wunschdenken. Zwar kommt es zu einem riesigen Verkehrschaos, doch die Medien vermelden, die allermeisten Bürger äußerten Verständnis für das Vorgehen der Polizei. Schon vorher sind in fast allen Zeitungen Fahndungsfotos von 16 gesuchten RAF-

Leuten erschienen, und Plakate mit ihren Konterfeis hängen an jedem Bahnhof, jeder Poststelle, jeder Litfaßsäule.

Unmittelbaren Erfolg hat die spektakuläre Fahndungsaktion allerdings nicht. Der kommt durch normale Polizeiarbeit. Auf den Tipp eines Anwohners hin durchsuchen BKA-Beamte am Hofeckweg in Frankfurt am Main eine Garage und finden Sprengstoff. Während der „Aktion Wasserschlag" liegen sie vor der Garage auf der Lauer, doch zunächst tut sich nichts. Am Morgen des folgenden Tages taucht kurz vor sechs Uhr ein auberginefarbener Porsche Targa auf; drei Männer steigen aus. Zwei von ihnen verschwinden in der Garage, einer bleibt davor stehen. Als er zwei Polizeibeamte entdeckt, schießt er und versucht zu flüchten, wird jedoch gestellt. Es handelt sich um Jan-Carl Raspe.

Mit einem Fahrzeug blockiert die Polizei das Garagentor und ruft Verstärkung. Andreas Baader und Holger Meins sind eingeschlossen, wollen sich aber nicht ergeben. Als Tränengas die Garage einnebelt, öffnen sie eine Tür, bleiben aber drinnen. Es kommt zu Schusswechseln; die Polizei gibt über 300 Schüsse ab, ohne zu treffen. Erst nach zwei Stunden gelingt es einem Scharfschützen, Baader gezielt in den Oberschenkel zu schießen. Holger Meins kommt mit erhobenen Armen heraus, Baader wird aus der Garage gezogen und auf eine Trage gelegt. „Ihr Scheißbullen", schreit er, „ihr Schweine!" Die Universitätsklinik, in die er gebracht wird, ist bald von Journalisten umlagert, von denen sich manche als Ärzte verkleidet haben, um zu dem Verletzten vorzudringen.

★ ★ ★

Einen Tag später, Freitag, 2. Juni, um 13 Uhr in Stuttgart. Die Stadt liegt da wie ausgestorben. Nur selten fährt ein Auto vorbei, kaum ein Passant ist zu sehen. Dafür mächtig viel Polizei, insgesamt 3.000 Beamte. Ein „Kommando 2. Juni" hat angekündigt, zu diesem Zeitpunkt drei Autobomben hochgehen zu lassen, die

Wahl sei „durch das Los" auf Stuttgart gefallen. Die Menschen sollten die Fenster öffnen, in die Keller gehen und die Explosionen abwarten. Für eine Stunde, so heißt es, sollten sie Zustände „wie im Bombenkrieg der US-Imperialisten in Vietnam" kennenlernen, Zustände, „wie sie das Volk von Hanoi und vielen anderen Städten jeden Tag erleben muss". Tagelang berichten regionale und überregionale Medien groß über die Drohung. Die Polizei rätselt, ob tatsächlich die RAF dahintersteckt, nimmt die Ankündigung aber ernst.

Die Stuttgarter auch. Kindergärten bleiben am 2. Juni geschlossen, alle 140 Schulen schicken ihre Schüler früher nach Hause, Geschäfte machen dicht, Fabriken verlängern die Mittagspause. Und tatsächlich öffnen viele zu Hause ihre Fenster und verziehen sich in den Keller. Es passiert aber nichts.

Wahnsinn auf Schalke

DFB-Pokal, Halbfinale, Rückspiele +++ 10. Juni 1972

„Dramatik", „Spannung", „Wahnsinn" „Tempo", „Spielwitz", „Sensation" – die Medien ringen um Worte, um ein Spiel in der Glückauf-Kampfbahn zu beschreiben. Ein Spiel, das eigentlich Langeweile verhieß. Denn Schalke 04 muss im Pokal-Halbfinale einen schier aussichtslosen Rückstand aufholen. 1:4 hat man das Hinspiel beim 1. FC Köln verloren. Der Versuch, in der zweiten Halbzeit einen knappen 1:0-Vorsprung über die Zeit zu bringen, war gründlich schiefgegangen. Vor allem Libuda war mal wieder ein Totalausfall. Der „Kicker" schrieb: „Von Libuda darf man gar nicht sprechen. ‚War er überhaupt auf dem Platz?', fragten einige Schalker Vorstandsmitglieder erbost."

Jetzt, im Rückspiel, ist alles anders. Euphorisch berichtet die Zeitung: „35.000 Zuschauer erlebten in der Schalker Glückauf-Kampfbahn das dramatischste Spiel, das seit langer Zeit auf deutschem Boden stattfand. Zu vergleichen nur noch mit dem großen Spiel unserer Nationalmannschaft in Mexiko gegen Italien." Das ist ein hoher Maßstab, aber schon die Fülle der Treffer – sieben in der regulären Spielzeit, elf im Elfmeterschießen, insgesamt zählt man 21 Elfmeter – rechtfertigt den Vergleich. Und erst recht die Torfolge:

15. Min. 1:0: Fischer verwandelt per Flugkopfball einen Freistoß von Helmut Kremers.

32. Min. 2:0: Rüssmann ebenfalls per Kopf nach Kremers-Freistoß.

41. Min. 3:0: Fischer trifft den Pfosten, Scheer staubt ab.

42. Min. 3:1: Löhr schließt einen Konter ab.

59. Min. 3:2: Sobieray blockt einen Schuss im Strafraum mit der Hand, Schiedsrichter Heckenroth pfeift zum Strafstoß, wütende Zuschauer gehen auf ihn los, werden von Schalker Spielern abgedrängt. Löhr verwandelt unbeeindruckt.

80. Min.: Helmut Kremers wird im Kölner Strafraum gelegt, Beverungen donnert den Elfer über den Kasten. Auf der Laufbahn hinterm Tor haben sich schon Dutzende Zuschauer versammelt, die enttäuscht aufstöhnen.

83. Min. 4:2: Diesmal wird Erwin Kremers gefoult, und sein Bruder Helmut schießt den Elfmeter – ins Netz. Jetzt stehen bereits an die hundert Zuschauer auf der Laufbahn, die nun frenetisch jubeln.

4:2 steht es auch nach 90 Minuten, und damit wären die Kölner mit der besseren Tordifferenz weiter. Doch der Schiedsrichter lässt fünf Minuten nachspielen, weil einige der Zuschauer erneut auf den Platz gestürmt waren und das Spiel unterbrochen werden musste. Außerdem, weil die Kölner allzu offensichtlich Zeit geschunden haben. Fünf Minuten also. Sie sind fast herum, der Schiedsrichter hat die Pfeife schon im Mund, als Libuda hoch in den Strafraum flankt. Im Kampf um den Ball hält Kapellmann Rüssmann am Trikot fest und reißt ihn um. Elfmeter in letzter Sekunde! Die Kölner Spieler protestieren, bedrängen den Schiedsrichter, werden selber von Schalker Fans bedrängt. Polizisten und Ordner mit Hunden gehen dazwischen. Erneut läuft Helmut Kremers an – und er trifft. Die überfüllte Glückauf-Kampfbahn explodiert, Zuschauer rennen zu Dutzenden auf den Platz, bestürmen jubelnd den Torschützen. Inzwischen hat sich die gesamte Laufbahn rund um den Platz mit Menschen gefüllt.

Verlängerung. Wieder Elfmeter, der fünfte in diesem Spiel. Der Kölner Biskup läuft an, schießt flach ins linke Eck, aber Nigbur pariert. Kurz danach taucht Libuda alleine vor dem Kölner Tor auf, verstolpert aber die Entscheidung.

Schlusspfiff und Elfmeterschießen. Schalkes Präsident Siebert stöhnt: „Das ist zu viel für mich." Er verschwindet in die Kabine, legt sich auf eine Holzbank und schließt die Augen. Sein Vorstandskollege Aldenhoven bleibt auf der Tribüne und weiß: „Das kostet mich fünf Jahre meines Lebens." Im Innenraum der Kampfbahn konzentriert sich nun die Menschenmenge direkt hinter dem Tor, auf das die Elfmeter geschossen werden. Lautstarker Jubel für Fischer, als er trifft; Pfiffe für Löhr, als er anläuft (und ebenfalls trifft). Libuda versagen die Nerven. Er haut den Ball in die Wolken, aber direkt danach pariert Nigbur den halbhohen Schuss von Overath. Als nächster trifft Nigbur selbst, und auch alle weiteren Schützen verwandeln, bis es im Elfmeterdrama 5:5 steht. Da verschießt Beverungen, und alles scheint verloren. Denn wenn jetzt Glowacz trifft … Aber Nigbur hält auch dessen Schuss. Als Nächster läuft van Haaren an – und drin. Cullmann tritt für Köln an – und donnert den Ball an den Pfosten. Der 21. Elfmeter dieser Partie bringt die Entscheidung. Schalke steht im Finale!

Die Zuschauer fluten mit blau-weißen Fahnen den Platz, feiern ihre Spieler, allen voran Norbert Nigbur. Für manche Fans sind die Aufregung und die brütende Hitze zu viel gewesen. Immer wieder gibt es während des Spiels Schwächeanfälle und Kreislaufkollapse; Sanitäter holen bewusstlose Fans aus den Stehblöcken, die Krankenwagen sind im Dauereinsatz.

Wenig erbaut sind die Kölner Spieler vom Schalker Publikum. Ihr Präsident Oskar Maaß spricht von „Krawallszenen" und schimpft über den Schiedsrichter, der laut Löhr „nicht mal Kreisklassenformat" hatte. Einige Kölner Fans versuchen gar, den Pfeifenmann zu verprügeln. Schließlich legt man offiziell Protest ein. Hauptgründe: Bedrohung der Kölner Spieler durch Zuschauer, Befangenheit des Schiedsrichters. Man fordert eine Wiederholung des Halbfinals, beharrlich und sogar noch, als schon das Pokalendspiel längst vorbei ist. Erst Mitte August wird die Kölner Eingabe endgültig abgelehnt.

★ ★ ★

Das sportliche Drama also spielt sich bei den Schalkern ab, doch auch das zweite Pokal-Halbfinale, Werder Bremen gegen 1. FC Kaiserslautern, hat bemerkenswerte Begleiterscheinungen. Die Lauterer gewinnen Hin- und Rückspiel (2:1, 2:1), allerdings behaupten die unterlegenen Werderaner, die Roten Teufel seien beim Rückspiel im Weserstadion gedopt gewesen.

Im Bremer Hotel, in dem der FCK abgestiegen ist, entdeckt nämlich ein Zimmermädchen in den Quartieren der Spieler verdächtige Ampullen des Medikaments Frubiase sowie aufgebrochene Packungen des Mittels VIT 02. Sie informiert den Oberkellner, der zugleich Leiter der Amateurabteilung bei Werder ist. Dieser verständigt den Verein, dieser wiederum den DFB. Die Lauterer geben die Einnahme von Frubiase zu, ein eher harmloses Vitamin- und Stärkungsmittel. Die Verwendung des Aufputschmittels VIT 02 aber wird strikt abgestritten, und die Sache verläuft im Sande.

Extra für das DFB-Pokal-Halbfinale hat Werder den Trainer-Haudegen Fritz Langner engagiert, der die „Millionenelf"-Saison durch einen Pokaltriumph retten soll. Nach Zapf Gebhardt, Fischken Multhaup, Sepp Piontek, Pico Schütz und Hugo Scharmann ist er nun Werder-Trainer Nummer sechs in dieser Saison.

Der autoritäre Knochen, Jahrgang 1912 und Spitzname „Feld-
webel", macht aus dem Trainerkarussell absurdes Theater und
schickt seine beiden Vorgänger, Schütz und Piontek, nun wieder
als Spieler auf den Platz. Doch weil seine Mission krachend scheitert, darf er gleich wieder gehen, und der Spieler-Trainer-Spieler
Piontek kehrt auf die Bank zurück. Seinen Wiedereinstand feiert
er am vorletzten Spieltag mit einem 4:0-Heimsieg im Nordderby
gegen den HSV.

★ ★ ★

Nach der Verhaftung von Andreas Baader, Jan-Carl Raspe und
Holger Meins sind vom inneren Zirkel der RAF noch Ulrike
Meinhof, Gudrun Ensslin, Brigitte Mohnhaupt und Gerhard
Müller auf freiem Fuß. Ensslin wird am 7. Juni, nur eine Woche
nach ihrem Freund Baader, in einer Hamburger Boutique festgenommen; eine Verkäuferin hat bemerkt, dass sie eine Pistole in
der Jacke bei sich trägt. Am 9. Juni wird Mohnhaupt in Berlin
erkannt und lässt sich widerstandslos festnehmen. Und wiederum
eine Woche später, am 15. Juni, werden in einer Wohnung in Han-
nover-Langenhagen Meinhof und Müller verhaftet. Ein Lehrer, bei
dem sie Unterschlupf suchen, hat die Polizei verständigt, hat „als
Linker Linke preisgegeben", wie er selber sagt, weil er „eine blutige
Geschichte unblutig zu Ende bringen" will. Bei ihrer Festnahme
wiegt Ulrike Meinhof nur noch 90 Pfund und trägt Trauerklei-
dung. Nun sitzt die gesamte Führungsriege der RAF in Haft.
　Es gibt Berichte, wonach einige von ihnen kurz nach der Festnahme durch Polizeibeamte misshandelt werden. Als Holger
Meins von seinem Vater besucht wird, entdeckt dieser Prellungen
und Hämatome am Körper seines Sohnes. Holger Meins berichtet
ihm, man habe ihn mit dicken Stiefeln grün und blau getreten.
Ulrike Meinhof wird der Kontakt zu ihrem Anwalt Heinrich Hannover zunächst verwehrt; dieser wertet die Verzögerung als Versuch, „die Zeit, in der sie den Ausübern staatlicher Gewalt ohne

anwaltlichen Beistand ausgeliefert war, so lange wie möglich auszudehnen und sie durch entwürdigende Behandlung zu zermürben".

★ ★ ★

Auf einer Landstraße in Vietnam macht der Kriegsfotograf Nick Ut am 8. Juni eine Aufnahme. Sie zeigt ein umherirrendes neunjähriges Mädchen mit einem vor Schmerz und Angst verzerrten Gesicht. Kim Phuc, so heißt das Kind, hat sich die Kleider vom Leib gerissen, weil sie soeben von brennendem Napalm getroffen wurde. Doch auch auf der nackten Haut bleibt die Wirkung des Brandsatzes verheerend. Napalm, das von der US-Armee als Kampfstoff eingesetzt wird, erhitzt sich bis zu 1.200 Grad und kann nur schlecht mit Wasser abgespült werden. „Ich sterbe, zu heiß, zu heiß", schreit Kim Phuc verzweifelt.

Der Fotograf fährt sie ins Krankenhaus, sie überlebt, obwohl 30 Prozent ihrer Körperfläche verbrannt sind, doch sie ist für ihr Leben gezeichnet. Das Foto des leidenden Mädchens geht um die Welt als Fanal für die Sinnlosigkeit des Vietnamkrieges. Auch in Deutschland erscheint es in unzähligen Zeitungen und Magazinen. Truong Tan Sang, der spätere vietnamesische Staatspräsident, ist überzeugt, dass dieses Foto „einen enormen Beitrag dazu leistete, den Krieg zu beenden".

(Kim Phuc wird mehrfach operiert. Erst ein Jahrzehnt später, nach einer Behandlung in der Unfallklinik von Ludwigshafen im Jahr 1982, kann sie sich wieder vollständig bewegen. Bis heute leidet sie unter starken Schmerzen. 1997 gründet sie die Kim Phuc Stiftung, die jungen Kriegsopfern hilft.)

„Phänomen Müller"

Ein schwarz-rot-goldenes Fahnenmeer empfängt die DFB-Elf im Stadion von Antwerpen. Allerdings handelt es sich um die senkrecht gestreifte belgische Trikolore. Denn der Gastgeber der kleinen Endrunde hat selbst das Halbfinale erreicht und stellt sich den Deutschen als Gegner.

Helmut Schön schickt exakt die gleiche Elf aufs Feld, die gegen die UdSSR so berauschend gut gespielt hat. Schon in der sechsten Minute stürmt Beckenbauer nach vorne, doch sein Schuss bleibt an einem belgischen Verteidiger hängen. Die Gastgeber agieren hart an der Grenze des Erlaubten, oft darüber hinaus, vor allem Kremers am linken Flügel muss viele Fouls einstecken. Doch die Deutschen spielen stärker, erzielen in der 24. Minute die Führung: Beckenbauer schickt Netzer, der flankt gefühlvoll in den Strafraum. Der kleine Müller springt am höchsten und nickt ein.

Erst in der zweiten Halbzeit kommen auch die Belgier zu gefährlichen Chancen, Maier muss sich mehrfach auszeichnen. Auf beiden Seiten brennt es vor dem Tor. Weitschüsse von Netzer, von Beckenbauer, die sich mit ihren Vorstößen wieder abwechseln, doch der belgische Keeper pariert. Dann die 71. Minute: Wieder passt Netzer in den Strafraum, wo Müller lauert. Der wuselt sich zwischen zwei Belgiern durch und lupft den Ball über den herausstürmenden Torhüter ins Netz. 2:0.

Das ist die Entscheidung. „Das Phänomen Müller hat uns das Genick gebrochen", kommentiert Belgiens Trainer Raymond Goethals. Zwar kommt seine Mannschaft noch auf 1:2 heran, aber der deutsche Sieg gerät nicht mehr in Gefahr. Das Finale gegen die Sowjetunion (die Ungarn mit 1:0 ausschaltet) ist erreicht, und dort ist die DFB-Elf zweifellos Favorit.

Deutsche Fernsehzuschauer haben nicht das komplette Halbfinalspiel sehen können. Die Anstoßzeit 20 Uhr kollidiert mit der traditionellen Tagesschau. Die wird nicht verschoben, aber immerhin ein wenig verkürzt, bevor man nach Antwerpen schaltet.

★ ★ ★

„Stellenanzeige" im „Kicker" vom Juni 1972:
„Deutschsprechender Stürmer, 7 Jahre Profiliga, 25 Jahre, 1,77 m groß, mit seinem Club zweimal im Weltcup-Finale d. Landesmeister, will sich bei günstigen Ablösebedingungen in ein deutschsprachiges Land verändern. Zuschriften an Kennziffer 55732, kicker, Abt. Anz., 85 Nürnberg 1, Postfach."
Ein Kuriosum, selbst in einer Zeit, in der es Spielerberater noch nicht gibt. Den Urheber der Anzeige kann man nur vermuten: „Zweimal im Weltcup-Finale d. Landesmeister" hat in den vergangenen Jahren allein der argentinische Verein Estudiantes de la Plata gestanden. In dessen Reihen kickte neben dem späteren Weltmeistertrainer Carlos Bilardo auch ein Spieler mit dem deutsch klingenden Namen Christian Rudzki, geboren am 26. Juli 1946, momentan also noch 25 Jahre alt. Im Weltcup-Finale 1970 ist er in Hin- und Rückspiel jeweils eingewechselt worden. In der Saison 1972/73 wird er im Kader von Hannover 96 auftauchen. Nach vier Kurzeinsätzen in der Bundesliga und einem Tor gegen den VfB Stuttgart aber ist seine Karriere in Deutschland schon wieder beendet.

★ ★ ★

„Ich über mich": So lautet der sanft hedonistisch angehauchte Titel einer Serie, die Günter Netzer ab Juni in der „Bild" veröffentlicht. Schon in den Monaten zuvor hat der Buchtitel-„Rebell" für das gleiche Blatt ebenso lukrative wie kreuzbrave Kolumnen verfasst, in denen er das laufende Geschehen kommentiert.
Von der Strahlkraft Netzers, die seit Wembley noch heller glänzt, möchte auch der „Kicker" ein wenig profitieren. So prä-

sentiert das Blatt seinen Lesern am 19. Juni Einblicke in: „Ein Tag aus dem Leben des Günter Netzer", garniert mit einem schicken Foto vom schicken Netzer mit seiner schicken Freundin Hannelore Girrulat, beide ganz in Schwarz gewandet.

„Zwei- bis dreimal die Woche beschäftige ich mich sowohl mit Fußball als auch mit meinen sämtlichen Privatgeschäften", eröffnet der Star dem Reporter. Zieht man den Spieltag ab, bleiben noch drei ungeklärte Tage, die nicht weiter erwähnt werden. Der Ablauf der Arbeitstage sieht dann so aus:

9:30 Uhr. Visite im „Werbeverlag Günter Netzer", wo das Stadionblatt „Fohlenecho" von zwei Angestellten produziert wird. „Ich selbst mache eigentlich sehr wenig", gesteht der Chef.

11:00 Uhr. 90-minütiges Training. Danach Mittagessen; das wird er demnächst im eigenen Restaurant einnehmen können, es steht kurz vor der Eröffnung.

14:30 Uhr: Visite bei der Werbeagentur „Werbeteam" in Rheydt, an der er als Gesellschafter beteiligt ist. Prominentester Kunde: die Hannen-Brauerei.

15:00 Uhr: zweieinhalbstündiges Training.

18:00 Uhr: Arbeit im Werbeverlag, vor allem bezüglich seines Immobilienbesitzes, Anfragen zu Autogrammstunden, zu Werbeterminen etc.

22:30 Uhr: Besuch in seiner Diskothek Lovers Lane, wo er aber nicht hintern Tresen steht, sondern mit Gästen spricht und Autogramme verteilt.

23:00 Uhr: Schlafen.

Aus dem Buch „Rebell am Ball" weiß man außerdem, dass Netzer über illustres Personal gebietet: „zwei Barkeeper, ein Versicherungsfachmann, zwei Servierfräuleins, ein Prokurist, drei Werbefachleute, ein Portier". Und einer gleichfalls 1972 erschienenen Biografie kann man entnehmen, dass er in diesem Jahr eine viertel Million verdient, inklusive diverser Nebenjobs, und dass er für seinen neuen Ferrari 77.000 Mark hinblättern wird.

Erstaunlich, was der Fußballer, der auch noch als Repräsentant für Puma arbeitet, nebenbei so alles stemmt. In „Bild am Sonntag" sagt er über seine Berufsauffassung als Profi: „Ich betrachte einen Bundesliga-Klub wie eine Firma. Man trainiert und spielt – und wenn Feierabend ist, dann geht man wieder nach Hause – wie andere Arbeitnehmer auch."

Dass die Profis nicht gerade mit extensiver Trainingsarbeit belastet sind, bestätigt Gerd Müller in einem anderen Interview. Auf die Frage, wie viele Trainingsstunden er bei den Bayern habe, antwortet er: „Ich trainiere Montag, Dienstag, Mittwoch und Donnerstag von halb vier bis fünf Uhr und am Freitag von elf bis zwölf."

★ ★ ★

149 prominente deutsche Schriftsteller, Künstler und Wissenschaftler solidarisieren sich im Juni mit Heinrich Böll. Gegen ihn führt die „Bild"-Zeitung seit Monaten eine regelrechte Kampagne. In der Bundestagsdebatte am 7. Juni bezichtigen CDU-Abgeordnete den Autor wieder einmal der Wegbereitung und geistigen Mittäterschaft am Terrorismus. Böll erklärt dazu: „Es lief mir eiskalt den Rücken herunter, nicht, weil mein Name gefallen war, sondern weil ich feststellen konnte, dass die CDU/CSU offenbar entschlossen gewesen war, sich beim Problem ‚innere Sicherheit' auf die Intellektuellenhetze einzuschießen." Im Zuge der Terroristenfahndung betreibe man „eine Einschüchterung Tausender oder gar Zehntausender von Lehrern, Redakteuren, Autoren und Professoren". Jede intellektuelle Arbeit, so Böll, sei unmöglich, wenn differenziertes Analysieren kriminalisiert werde.

Auch seine 149 Unterstützer, darunter Günter Grass, Uwe Johnson, Marie-Luise Kaschnitz, Joseph Beuys, Ernst Bloch und Alexander Mitscherlich, sehen Intellektuelle durch „gezielte Hetze" und eine „Treibjagd" pauschal diskriminiert. Böll sei fälschlich unterstellt worden, „ein offenkundiger Sympathisant der Baader-Meinhof-Gruppe und geistiger Mittäter zu sein, Gewaltakte zu akzeptieren und als Helfershelfer sich mehr schuldig gemacht zu haben als die Terroristen selber".

(Nur einige Monate später wird Heinrich Böll mit dem Nobelpreis für Literatur ausgezeichnet. In seiner Erzählung „Die verlorene Ehre der Katharina Blum" fasst er seine Erfahrungen mit Terrorismusfahndung und Mediengewalt in literarische Form. Das Buch wird mit weltweit mehr als zwei Millionen verkauften Exemplaren sein erfolgreichstes Werk. Margarethe von Trotta und Volker Schlöndorff verfilmen es; ihr Spielfilm mit Angela Winkler in der Titelrolle wird vielfach ausgezeichnet.)

„Traumhaft schön"

Finale der Europameisterschaft +++ 18. Juni 1972

Hymnen nach dem Spiel:

„France Soir" (Frankreich): „Die Deutschen boten ein großartiges Schauspiel totalen Fußballs und zeigten, dass sie die Besten in Europa und vielleicht der ganzen Welt sind."

„L'Équipe" (Frankreich): „Brüssel wohnte der Rehabilitierung des Offensivfußballs bei, der Spielfreude und der Freude am Ball. Netzer ist das Symbol für diese komplette, junge Mannschaft, die auf dem Kontinent ihresgleichen sucht. Netzer ist der beste Spieler unseres Erdteils."

„Het laatse News" (Belgien): „Ein Spiel zwischen deutschen Artisten und russischen Automaten. Wir haben ein neues Wunderteam gesehen."

„La libre Belgique" (Belgien): „Die Deutschen sind voller Ideen, voller Erfindung. Diese Mannschaft ist ein Wunderteam."

„Corriere dello Sport" (Italien): „Vor dem Schauspiel der Kraft, Spurtschnelligkeit, Phantasie und Genialität, das die Deutschen in Brüssel boten, muss man sich mit Respekt und Bewunderung verneigen."

„Il Giorno" (Italien): „Eine fast perfekte Mannschaft."

„The Times" (England): „Es ist eine Freude, den Deutschen zuzuschauen. Sie spielen elegant und einfallsreich. (…) Eine Art Sonnenscheinfußball, den der Rest Europas fast vergessen hat."

„Daily Mirror" (England): „Wunderbar! What great Germans!"

„Daily Telegraph" (England): „Ein brillantes Schauspiel von Angriffsfußball."

„Der Kicker" (Bundesrepublik): „Eine Demonstration aller der Fähigkeiten, die Deutschlands Nationalelf zu einer Mannschaft der absoluten Weltklasse werden ließ. (…) Ich hoffe, das Wort vom ‚deutschen Kraftfußball', das ja nie stimmte, ist jetzt endgültig in der Mottenkiste verschwunden!"

„Bild" (Bundesrepublik): „Deutschlands Wunderknaben tobten durch die russische Hälfte. (…) Die sowjetische Mannschaft hatte keine Chance gegen die Fußballkünste von Beckenbauer, Netzer, Müller und Co."

„Süddeutsche Zeitung" (Bundesrepublik): „Traumhaft schön".

Spaniens Trainer Laszlo Kubala: „Deutschland spielte das modernste Teamwork, das ich jemals gesehen habe."

★ ★ ★

Die DFB-Elf tritt an diesem Sonntagnachmittag um 16 Uhr in exakt der gleichen Aufstellung an wie im Halbfinale und davor schon im Freundschaftsspiel gegen die UdSSR:

Maier
Breitner / Schwarzenbeck / Beckenbauer / Höttges
Wimmer / Netzer / Hoeneß
E. Kremers / Müller / Heynckes

Für den jungen Erwin Kremers ist es erst das dritte Spiel im DFB-Dress überhaupt, für Hoeneß das sechste. Für eine Auswechslung wird Bundestrainer Helmut Schön während des gesamten Spiels keinen Anlass sehen.

Warum auch. Von Beginn an zeigt die Elf spielerisch und technisch glanzvollen Angriffsfußball. Mit Beckenbauer als lässigem Souverän, mit Breitner als stürmendem Verteidiger, mit Netzer als Zauberer, mit Müller als Vollstrecker. In der 28. Minute erzielt er seinen 50. Treffer für die Nationalmannschaft, ein irres Tor: Beckenbauer eilt aus der eigenen Hälfte mit langen Schritten nach vorne, überspielt einen Gegenspieler, passt zu Müller, der das Leder sofort zu Netzer spitzelt. Der nimmt den Ball halbhoch und donnert ihn an die Latte. Den abgeprallten Ball köpft ein sowjetischer Abwehrspieler aus dem Strafraum, doch Heynckes erwischt ihn an der Strafraumgrenze mit der Brust, lässt abtropfen und zieht volley ab. Der Torhüter kann nur mit Mühe abwehren – genau vor die Füße von Müller.

Auch Maier muss einige Male eingreifen, doch wirklich gefährlich wird es vor dem deutschen Kasten nicht. Aber vor dem sowjetischen: In der 52. Minute schickt Netzer Heynckes, der bedient den vorwärtsstürmenden Wimmer, der schießt flach, und wieder kann der Torhüter den Ball nicht festhalten. Diesmal rollt er nicht vor Müllers Füße, sondern einfach weiter ins Netz. Dorthin gelangt er fünf Minuten später noch einmal. Jetzt hat es Katsche Schwarzenbeck nach vorne getrieben, Breitner schiebt ihm im Strafraum den Ball zu, Katsche sieht den heranbrausenden Müller, und der müllert: 3:0.

Es gibt noch weitere solcher Szenen, manchmal steht dann im letzten Moment ein sowjetisches Bein im Weg oder der Torschuss wird pariert oder Hoeneß trifft nur die Latte. Immer wieder wechseln sich, wie im Wembley, Beckenbauer und Netzer mit ihren Vorstößen ab, flankiert von einem perfekt harmonisierenden Team. „Mit solchen Spielern zu arbeiten, das macht einfach glücklich", sagt hinterher Helmut Schön und blickt auf die letzten Spiele zurück, auf Wembley, München und nun Brüssel: „Die gesamten letzten Monate waren Traummonate für mich als Trainer."

★ ★ ★

Auch im Brüsseler Heysel-Stadion, mit knapp 50.000 Zuschauern voll besetzt, dominieren die schwarz-rot-goldenen Fahnen, diesmal quergestreift. Doch es gibt nicht wenige deutsche Fans, in diesem Fall passend „Schlachtenbummler" genannt, die sich heftig danebenbenehmen. „Schon zwei Nächte vor dem Endspiel trieben sie ihr Unwesen, zogen lärmend durch die nächtliche Stadt, pöbelten Passanten an", empört sich „Kicker"-Chefredakteur Karl-Heinz Heimann.

Gegen Ende des Spiels steigen deutsche Zuschauer über die Absperrungen in den Innenraum, rennen schon in der 88. Minute aufs Spielfeld, so dass die Partie unterbrochen werden muss; Bundestrainer Schön befürchtet sogar einen Abbruch. Er selbst und Sepp Maier versuchen, die Störenfriede hinter die Linien zu drängen. Die deutschen Kicker verlagern in den letzten Minuten ihre Spielzüge auf die linke Seite, wo es schneller zum Ausgang geht.

Nach dem Schlusspfiff gibt es kein Halten, Hunderte strömen aufs Spielfeld, deutsche wie sowjetische Spieler werden überrannt. Der junge Student Wolfgang Niersbach (40 Jahre später wird er DFB-Präsident) bleibt auf der Tribüne und beschreibt in einem Leserbrief „empörende Szenen": „Netzer z. B. musste schneller laufen als im ganzen Spiel, um den vorwiegend betrunkenen ‚Fans' zu entkommen." Andere deutsche Spieler gehen zu Boden, als man ihnen das Trikot gewaltsam vom Leib zerren will. Maier bekennt, er sei um sein Leben gelaufen. Netzer gesteht, er habe „panische Angst" gehabt.

Alles nur überbordende Euphorie? Bei vielen Fans sicherlich. Aber andere sind nicht nur randalierend durch Brüssel und Lüttich gezogen, sondern fallen auch dadurch auf, dass sie zur Nationalhymne die „großdeutsche" erste Strophe singen und während des Spiels Parolen schreien wie: „Nieder mit dem Russenpack!" oder „I-A-O – der Iwan geht k. o.!"

„Diese überragende deutsche Mannschaft hat eine bessere Anhängerschaft verdient als jenen Teil, der allen sportlichen Anstand vergaß", schreibt Heimann im „Kicker". Der „Spiegel" stimmt ihm zu: „Das Gefolge der deutschen Balltreter entpuppte sich als nationaler Bodensatz." Auch die „Frankfurter Allgemeine Zeitung" sieht Fans, die „ohne Spur von historischem Bewusstsein (…) ‚Deutschland, Deutschland über alles' grölten (…) und dringend Nachhilfe in Zeitgeschichte und Takt" nötig hätten. Die „Süddeutsche" schließlich sieht durch die Vorfälle „unsere Nationalspieler bis aufs Hemd blamiert" und berichtet: „Von den grölenden, pöbelnden und – im doppelten Sinne – Fahnen schwingenden Massen wurde in Lüttich und Brüssel das fußballerische ‚Deutschland über alles' so geschickt mit Schmähungen für die Gegner angereichert, dass selbst dickhäutigen Sportreportern die nationale Schamröte ins Gesicht stieg."

★ ★ ★

Zwei altbewährte Kämpen, die Helmut Schön gerne im Kader gesehen hätte, fehlen in Brüssel. Und das aus erstaunlichen Gründen. Karl-Heinz Schnellinger erhält für die EM-Endrunde keine Freigabe seines AC Mailand – er muss stattdessen im Viertelfinale des italienischen Pokals mitwirken. Und Sigi Held, einer der Wembley-Helden, dient seinem Regionalligateam Kickers Offenbach in der Aufstiegsrunde zur Bundesliga. Er spielt gegen Röchling Völklingen an dem Tag, da die Nationalelf das Halbfinale bestreitet, und gegen Wacker 04 Berlin kurz nach dem Brüsseler Endspiel. Am 25. Juni gewinnen die Kickers in der letzten Runde 6:0 gegen den FC St. Pauli, einen Treffer steuert Held bei. Damit haben sie in ihrer Aufstiegsgruppe in acht Spielen 29 Tore geschossen, genug, um vor den punktgleichen Essener Rot-

Weißen zu liegen. (In der zweiten Gruppe setzt sich wie erwähnt der Wuppertaler SV durch.) Kickers Offenbach, dessen Präsident Canellas ein Jahr zuvor den Skandal erstmals ruchbar machte, ist zurück in der Bundesliga. Nur kann sich Sigi Held leider nicht Europameister nennen.

Dafür aber kann er als Aufsteiger in Offenbach eine große Feier erleben, die es für die europäischen Champions nicht gibt. Schon beim Abendbankett nach dem Finale in Brüssel haben die Spieler andere Probleme: Ein Pilotenstreik hat den Flugverkehr in Belgien lahmgelegt. Die Bayern aus der Nationalelf sind abends noch mit einer der letzten Maschinen entwischt, der Rest telefoniert herum, um eine Rückreise-Gelegenheit per Auto oder Bahn zu ergattern. Schon gegen 21 Uhr, das Dessert ist kaum vernascht, machen sich die frisch gekürten Europameister getrennt und ziemlich nüchtern auf den Heimweg. Günter Netzer hat es eh nicht weit und betritt zur gewohnten Zeit seine Disko, das Lovers Lane, keine fünf Stunden nach Abpfiff des europäischen Finales.

★ ★ ★

Man kann nicht behaupten, dass der Titelgewinn in Deutschland als Ereignis von nationaler Bedeutung wahrgenommen wird. Kein Bundeskanzler in der Umkleidekabine (nicht einmal auf der Tribüne), und auch kein großer (nicht einmal ein kleiner) Bahnhof für die siegreichen Heimkehrer. Die haben am nächsten Morgen selbst in der „Bild"-Zeitung die Schlagzeilen nicht für sich allein, sondern müssen sie mit der RAF teilen. Rechts oben auf der Titelseite steht in großen Lettern: „3:0 – Klasse! Europameister!", und links daneben in gleicher Größe: „Die Meinhof hat alles verraten".

Die erste Meldung stimmt bekanntlich, die zweite bestenfalls halb. Ulrike Meinhof hat keine Aussagen gemacht. Doch als sie festgenommen wird, findet die Polizei bei ihr ein Kassiber von Gudrun Ensslin und andere wichtige Unterlagen, die Aufschluss über einige konspirative Wohnungen sowie Bankkonten geben.

Nicht nur ist die komplette Führung der RAF nunmehr inhaftiert; zugleich ist ein großer Teil ihrer Infrastruktur aufgeflogen.

Privater Umsturz

Bundesliga, 33. Spieltag +++ 23./24. Juni 1972

„Die deutsche Meisterschaft ist wichtiger für uns." Das will Gerd Müller nach dem Titelgewinn in der Europameisterschaft mal eindeutig klarstellen, er wiederholt das gleich mehrmals in unterschiedlichen Varianten. Kollege Beckenbauer ist da ganz bei ihm. „Die Meisterschaft ist allemal das höchste Ziel", verkündet der Kaiser vor den letzten beiden Spielen. Diese nüchterne Haltung findet sogar außerhalb Bayerns Verständnis. Hans-Josef Justen, hellsichtiger Sportchef der „WAZ", weiß, „wonach dem professionellen deutschen Spitzenfußballer heute der Sinn steht: nicht nach Feiern, nach alkoholbedingtem Sich-auf-die-Schulter-Klopfen. Einig sind sie sich in der Suche nach dem Erfolg, dann trennen sich ihre Wege." In den seligen fünfziger Jahren sei „eine Fußball-Europameisterschaft anders gewürdigt" worden. Doch sei es „just diese Einstellung, diese modifizierte und modernisierte Beziehung zum Fußball", die Beckenbauer und Co so stark mache.

Die begehrte Meisterschale könnte bereits am 33. Spieltag vergeben werden: falls die Bayern gewinnen, Schalke 04 aber nicht. Denn die Königsblauen liegen einen Punkt hinter den Münchnern und haben die um sechs Treffer schlechtere Tordifferenz. Der FC Bayern, dessen sechs Nationalspieler nur sechs Tage zuvor im Brüsseler Endspiel standen, erledigt seine Aufgabe ziemlich uninspiriert beim Absteiger Borussia Dortmund. 26.000 Zuschauer begleiten das letzte Bundesligaspiel, das in der traditionsreichen Roten Erde stattfindet. (Als die Dortmunder 1976 wieder aufsteigen, steht nebenan bereits das Westfalenstadion.) Sie sehen einen BVB, der ab der 4. Minute einem 0:1-Rückstand vergebens hinterherläuft. Seit 295 Minuten, so rechnen die Statistiker nach, haben die Borussen nun kein Feldtor mehr erzielt.

Und die Schalker? Scheinen die Chance zu verspielen. Noch eine Minute vor Abpfiff steht es gegen den VfB Stuttgart nur 1:1, die ersten enttäuschten Zuschauer verlassen die Glückauf-Kampfbahn. Da wird Erwin Kremers im Gäste-Strafraum gelegt – Elfmeter. Klaus Fischer behält die Nerven und verwandelt. Grenzenlose Erleichterung. Erstaunlicherweise sind zu diesem wichtigen Spiel nur 17.000 Zuschauer gekommen, um ihre junge Mannschaft zu unterstützen. Die bejubeln zwar den frühen Führungstreffer ihrer Elf, doch als Schalke nicht nachlegt und stattdessen der VfB ausgleicht, werden sie unruhig und beschimpfen schließlich Libuda als Sündenbock.

52 Punkte hat Schalke nun auf dem Konto. In allen bisherigen Bundesligasaisons hätte das zum Titelgewinn gereicht. Die nächsten Verfolger, Gladbach und Köln, liegen satte zehn Punkte hinter Schalke. Doch die Bayern liegen eben den einen Punkt davor. Nun kommt es tatsächlich zum Showdown in München, zu einem echten „Endspiel" um die Deutsche Meisterschaft: FC Bayern gegen FC Schalke 04. Das Olympiastadion ist schon seit Wochen ausverkauft, 79.000 Karten werden binnen Stunden abgesetzt. Bayern-Manager Robert Schwan: „Einen solchen Trubel haben wir noch nie erlebt." Er erwartet als Einnahme fast eine Million. Brutto allerdings. Und er will für die nächste Saison 10.000 Dauerkarten anbieten, was eine weitere Million einbringen würde. Das neue Stadion wird für die Bayern eine wichtige finanzielle Basis für ihre große Zukunft.

79.000 Zuschauer – das werden mehr sein, als am 33. Spieltag insgesamt zu allen Spielen gekommen sind. Der historische Minusrekord vom 28. Spieltag wird nochmals unterboten, und zwar kräftig: Gerade mal 78.500 zieht es diesmal noch in die Stadien, was einem Schnitt von 8.722 entspricht. Nur die Spiele in Dortmund und auf Schalke haben eine fünfstellige Zuschauerzahl angelockt. In der Kölner Radrennbahn verirren sich ganze 3.800

auf den Rängen, um beim letzten Heimspiel den Tabellenvierten gegen MSV Duisburg zu sehen.

Auf die gesamte Saison gerechnet, liegt der Zuschauerschnitt bei 17.932, in der Vorsaison waren es noch 20.661. Spitzenreiter 1971/72 sind auch in dieser Wertung der FC Bayern (26.568) und der FC Schalke (25.588), Schlusslicht Rot-Weiß Oberhausen (9.726). Die wachsenden Lücken auf den Zuschauerrängen bereiten den Vereinen finanzielle Sorgen. Da in Zukunft die Spielergehälter freigegeben sind, befürchten sie eine wachsende Kluft zwischen Kosten und Einnahmen. „Ich prophezeie, dass die Bundesliga in zwei Jahren pleite ist", meint Gladbachs Manager Helmut Grashoff. Schon jetzt stecken die meisten Profivereine in den roten Zahlen und häufen von Jahr zu Jahr mehr Schulden an.

Über die Ursachen des allgemeinen Zuschauerschwundes muss nicht lange gerätselt werden. „Die Leute überlegen sich's neuerdings, ob sie nicht lieber in den Wald gehen sollen und Maiglöckchen pflücken", witzelt Richard Kirn, „statt zu den Spielen, bei denen man oft nicht weiß, ob alles geheuer war."

★ ★ ★

Auf Schalke träumt man vom Double, dem Doppelerfolg in Meisterschaft und Pokal, aber dem Präsidenten Siebert würde schon eine Trophäe reichen: „Aufgrund unserer Spielstärke können wir durchaus beide Titel gewinnen. Wenn wir nur einen schaffen, geht die Welt für uns auch nicht unter." Wenn es nicht klappt mit dem Double, dann auch deshalb, weil sich mal wieder alles gegen Schalke verschworen hat. Jedenfalls singen Fans wie Verantwortliche auf Pressekonferenzen und in Leserbriefen reichlich Klagelieder:

▶ Die Terminhetze: Das Meisterschaftsfinale findet an einem Mittwoch statt, nur vier Tage nach dem vorletzten Spieltag, und das DFB-Pokalendspiel wiederum nur drei Tage später. Für die Schalker, die erst nach München und dann nach Hannover reisen müssen, ein Kraftakt. Vergeblich beantragt Günter Siebert, den Pokaltermin zu verschieben.

▶ Der Auswärtsnachteil: Den Schalkern werden lediglich 2.000 Karten für München angeboten. Vergebens fordert Siebert, dieses Kontingent auf 8.000 aufzustocken.

▶ Die Vertragsprobleme: Das Pokalendspiel steigt am 1. Juli – einen Tag, nachdem die Verträge für Libuda und van Haaren ausgelaufen sind. Sie wären dann ohne Lizenz, könnten also nicht eingesetzt werden. Nach einigem Hin und Her löst Schalke das Problem, indem es mit den beiden einen „Ein-Tages-Vertrag" abschließt.

▶ Der Nervenkrieg: Schalke sieht sich im Bundesliga-Skandal weiterhin als Opfer falscher Anschuldigungen, Hetzkampagnen und Prozesslawinen. Präsident Siebert ist sich sicher: „Nach meinen Erfahrungen mit Herrn Kindermann sind die sogenannten Beweise wahrscheinlich nicht 98-prozentig, wie er selbst behauptet, sondern umgekehrt höchstens zweiprozentig."

▶ Die ungerechte Sperre: Jürgen Sobieray ist der einzige Spieler aus der aktuellen Stammelf, den sein Ex-Kollege Burdenski namentlich erwähnt hat, als er über die Bestechungen aussagte. Der DFB hat daher kürzlich eine Sperre gegen ihn verhängt. Zwar ist Schalke durch einstweilige Verfügungen erfolgreich gegen die Sperre vorgegangen, doch Siebert hat dennoch angeordnet, Sobieray in den letzten (und entscheidenden) Spielen nicht mehr einzusetzen. Nicht weil er an seine Schuld glaubt, sondern um keinen Anlass für weiteres juristisches Tauziehen zu geben.

★★★

Keine Deutsche Meisterschaft gibt es im Frauenfußball, und im Bezirk Niederrhein nicht einmal eine regionale. Obwohl dort eines der stärksten Teams spielt, das vom Kaßfelder Ballsportclub (KBC) Duisburg 1888. Die Auftritte der Spielerinnen ziehen manchmal mehr als 2.000 Zuschauer an. Nachwuchsreporter

Rainer Holzschuh, später Herausgeber des „Kicker", zieht im Juni 1972 los, das Phänomen zu ergründen.

Paula Schmitz, Vereinswirtin beim vorher reinen Männerklub, heißt die Gründerin der Frauenabteilung; Jürgen Tenter, Unternehmer, ist der Sponsor, der sein Geld in das Projekt steckt. Er glaubt: „Es dauert kein Jahr mehr, dann sind die Kinderkrankheiten des Damenfußballs überwunden und wir stehen mitten im echten Leistungssport." Dafür will er die Sache profimäßig aufziehen. Er holt Bundesliga-erfahrene Berater und wirbt um starke Spielerinnen aus anderen Vereinen. „Wobei von Ankauf keine Rede sein kann. Alle hörten von unseren Ambitionen, von unseren Möglichkeiten, von der stetig wachsenden Spielstärke, und kamen freiwillig."

Vielleicht hörten sie auch vom gesunden Selbstbewusstsein der Frauencrew. Spielerin Rosi Kempke, so notiert Reporter Holzschuh in seinen Notizblock, „geht schon so weit, dass sie privaten Umsturz plant: ‚Mein Mann zieht nicht so richtig mit, ich lasse mich scheiden.'"

Rebellion tut not, denn noch gilt in der Bundesrepublik das Familienrecht aus dem Jahr 1900. Danach ist der Mann fürs Geldverdienen und die Frau für Kinder und Haushalt zuständig. Der Mann hat das Entscheidungsrecht in allen Fragen des Ehe- und Familienlebens; die Frau darf nur arbeiten, „wenn es mit den Interessen des Ehemannes vereinbar ist". Im Streitfall kann es ihr der Mann sogar verbieten, einer beruflichen Tätigkeit nachzugehen. Im Justizministerium liegt derzeit ein Entwurf, diesen Anachronismus zu ändern, doch weil die Legislaturperiode nun faktisch zu Ende ist, wird die Reform vertagt und erst 1976 realisiert. Spätestens dann kann Kempkes Ehemann ihr nicht mehr untersagen, dem Ball nachzujagen.

(Zählbare Erfolge übrigens verbuchen die KBC-Frauen erst ab 1975, als endlich die erste Niederrhein-Meisterschaft ausgetragen wird. Bis 1988 sind sie auf diesen Titel abonniert und holen ihn 13-mal. 1983 gewinnen sie den DFB-Pokal, und 1985 dürfen sie sich auch Deutsche Meisterinnen nennen: Sie schlagen die Frauen des FC Bayern mit 1:0.)

Inzwischen hat Martin Maier, der passionierte Frauenfußball-Feind aus der „Kicker"-Reaktion, seiner Antipathie (scheinbar?) abgeschworen und angekündigt: „Ich besuche demnächst ein Damenmatch." Nicht ohne einen Altherrenscherz zulasten der Kickerinnen: „Freilich, zu Beginn haben sie sich schon ein wenig zu arg in die Brust geworfen, wenn das Bild gestattet ist."

Endspiel auf dem Teppich

Bundesliga, 34. Spieltag +++ 28. Juni 1972

Die große Gala steht bevor: Erstmals in der Geschichte der Bundesliga kommt es zu einem echten Endspiel. Und erstmals sieht das neue Münchner Olympiastadion Bundesliga-Fußball. Alles dort ist nagelneu, das Spielfeld mit perfektem Grün, ein „Teppich", wie Beckenbauer schwärmt. „Wenn wir die Bayern schon nicht schlagen können, dann treten wir ihnen wenigstens den schönen Rasen kaputt", spricht Rüssmann finster, als er am Vorabend die Stätte besichtigt. Das feuchte Wetter wird diese Missetat begünstigen.

Die Schalker haben sich vor dem Spiel im Münchner Nobelhotel Sheraton verschanzt, während die Bayern den Gasthof Schreyegg am Ammersee beziehen. Dort geben sie sich locker und lassen sich freigebig von Reportern befragen, sogar, wie die „Süddeutsche" staunt, „von einem langmähnigen Interviewer, mit Fragebogen die politische Heimat und die Meinung über soziale Probleme erforschend".

★ ★ ★

Die politischen Ansichten prominenter Kicker sind in jenen diskursreichen Jahren öfter mal ein Thema in den Medien, sogar die ostdeutsche Stasi interessiert sich dafür. Die Resultate ihrer Späher, die DDR-Oberstleutnant Bock in einem internen Papier zusammenfasst, bleiben allerdings äußerst dürftig. Paul Breitner, heißt es wenig überraschend, sei „als ‚roter Student‘ bekannt“, seine Defensivkollegen in der Nationalelf hingegen, „Vogt“ (sic) und „Hoetges“ (sic), „schätzen sich selbst als ‚Deutsch-Nationale‘ ein“. Wie zutreffend des Oberstleutnants Erkenntnisse sind, mag man nicht nur an den fehlerhaften Namen ersehen, sondern auch daran, dass in seinem Bericht Günter Netzer als „bescheiden“ charakterisiert wird – diese Meinung hat die Stasi exklusiv.

Genauer hat die linke „Konkret“ nachgefragt, speziell unter den Bayern-Profis, und einige Wochen nach dem Bundesliga-Finale wird das Magazin einschlägige Ergebnisse seiner Nachforschungen veröffentlichen. Demnach bekennt sich Torhüter Sepp Maier klar zur bayerischen Staatspartei CSU und will demnächst gar Wahlkampf für sie machen – wenn er dafür ein entsprechendes Honorar erwarten könne. Generöser ist Franz Beckenbauer, der ebenfalls öffentlich für die CSU eintreten will – aber „umsonst natürlich“. Begründung gegenüber „Konkret“: „Ich bin politisch nicht uninteressiert und möchte weiterhin in Freiheit leben. Die ist von den Jusos gefährdet. Die haben einen kommunistischen Einschlag.“

Vom Kaiser kann man so etwas erwarten, der erzählt oft und gerne, „dass mir Franz Josef Strauß lieber ist als Willy Brandt“. Zwei Jahre zuvor hat er sogar verkündet, Kanzler Brandt sei ein „nationales Unglück“. Mittlerweile bestreitet Beckenbauer das und wirft dem ZDF-Journalisten Reinhard Mohn vor, er habe ihm die Aussage untergeschoben. Mohn, als ehemaliger Leiter der Kultursendung „Aspekte“ für Seriosität bekannt, dementiert seinerseits und legt sogar nach: Nicht nur das mit dem „nationalen Unglück“ habe der Kaiser vor Zeugen gesagt, sondern auch: „Ich prophezeie, wir werden alle enteignet und unsere Häuser loswerden, wenn die

Sozialdemokraten an der Macht bleiben. Dann heißen wir nicht mehr FC Bayern, sondern Roter Stern München."

Nicht glücklich über solche Statements ist Bayerns Vereinsboss Wilhelm Neudecker. Obwohl selber ein eingefleischter CSU-Fan, denkt er dann doch noch ein bisschen ans Geschäft. Schließlich weiß er, „dass unsere Kundschaft auf den Stadionrängen hauptsächlich aus Arbeitnehmern besteht, die mit der jetzigen Bonner Koalition sympathisieren".

Doch prinzipiell sieht es Neudecker durchaus mit Vergnügen, dass seine berühmte Bayern-Achse Maier-Beckenbauer-Müller eine komplett tiefschwarze ist. Denn auch der kleine Goalgetter lässt sich von den CSU-Granden umarmen und einverleiben. Strauß-Referent Peter Gauweiler findet es prima, wenn sich seine Parteifreunde „mit Leuten zeigen, von denen sie hoffen, dass ihr Glanz auf sie abfärbt". Dieses Vorgehen provoziert wiederum den einzig bekennenden Linken bei den Bayern. Paul Breitner zur „Konkret": „Nachdem ich in meiner engsten Umgebung gesehen habe, mit wieviel Demagogie Franz Josef Strauß und seine Freunde sich das Informationsdefizit von Sportlern zunutze machen, habe ich mich entschlossen, für die SPD im Wahlkampf etwas zu tun."

★ ★ ★

Doch jetzt geht es nicht ums politische, sondern ums sportliche Finale. Das alles entscheidende Spiel wird live im Dritten Programm des Bayerischen Rundfunks übertragen, das damals noch „Studienprogramm" heißt und tatsächlich nur in Bayern empfangen werden kann. Eine bundesweite Übertragung hat der DFB abgelehnt, lediglich am späten Abend gibt's eine Zusammenfassung. Den musikalischen Rahmen im vollbesetzten Olympiastadion besorgt nicht Helene Fischer, sondern der Musikzug der 1. Gebirgsjäger-Division.

Und so spielen an diesem Mittwoch, 28. Juni, ab 20 Uhr die Mannschaften, die eine ganze Saison dominiert haben:

FC BAYERN MÜNCHEN:
Maier
Breitner / Beckenbauer / Schwarzenbeck / Hansen
Zobel / Hoeneß / Roth
Hoffmann / Müller / Krauthausen

FC SCHALKE 04:
Nigbur
Huhse / Rüssmann / Fichtel / Helmut Kremers
Lütkebohmert / van Haaren / Scheer
Libuda / Fischer / Erwin Kremers

★ ★ ★

Eine Stunde lang ist es ein spektakuläres Spiel mit großartigen Szenen und Chancen hüben wie drüben. Das schönste Tor erzielt Breitner, als er im langen Solo nach vorne eilt, per Doppelpass mit Müller die Schalker Deckung aushebelt und gekonnt abschließt. Die schönste Einzelszene zeigt Erwin Kremers, als er auf dem linken Flügel Hansen mit einem kunstvollen Hackentrick dumm aussehen lässt. Das Spiel der Münchner erinnert ein wenig an den Auftritt der Nationalelf ein paar Wochen zuvor an gleicher Stelle: mit Beckenbauers brillanten Vorstößen, mit Hoeneß' schier unerschöpflicher Energie und Müllers Doppelpässen. Die Schalker halten mit blitzschnellen Kontern dagegen, ihr Libero Fichtel bleibt dabei, anders als sein Münchner Pendant, als ruhender Pol hinten.

Auf den Rängen machen die 2.000 Schalker Gästefans, die in der Südkurve unter der modernen Anzeigetafel stehen, anfangs mehr Krach als die übrigen 77.000 Zuschauer zusammen. Vielleicht fühlen sie sich herausgefordert durch ein windschiefes Doppelhalter-Transparent, auf das irgendein Einfaltspinsel folgenden Vers geknittert hat: „Und musst du mal scheißen und hast kein Papier, dann nimm doch die Fahne von Schalke 04".

Ab der 31. Minute wird der königsblaue Anhang deutlich leiser, denn da fällt das erste Tor: Nach einer Drangphase der Bayern mit drei Ecken hintereinander köpft Hansen schließlich ein. Zehn Minuten später erzielt Breitner sein Tor, und zur Halbzeit scheint Schalke schon fast geschlagen. Doch dann gelingt in der 55. Minute Klaus Fischer der Anschlusstreffer, nachdem Maier einen Kopfball von Scheer nicht festhalten kann. 2:1, alles scheint wieder offen.

Die Entscheidung kommt in der 67. Minute. Als Nigbur mit beherztem Einsatz (vergebens) versucht, gegen Hoffmann zu retten, verletzt er sich und wird auf einer Bahre vom Platz getragen. Sein Ersatzmann Helmut Pabst muss ins Tor, es ist seine Bundesliga-Premiere. Die Kräfte und die Moral der Schalker geraten ins Wanken. Als Pabst in der 80. Minute einen Weitschuss Beckenbauers nicht festhalten kann und Hoeneß abstaubt, besiegelt dies den Triumph der Münchner. Das letzte Wort aber gebührt dem Kaiser. 90. Minute, Freistoß für Bayern von der Strafraumgrenze. Neben dem Ball und mit dem Rücken zum Tor steht scheinbar unbeteiligt Franz Beckenbauer. Plötzlich dreht er sich um und schlenzt lässig aus dem Stand den Ball flach durch die Schalker Mauer ins rechte untere Eck. 5:1.

Es ist das 101. Bundesligator der Bayern in dieser Saison, ein Wert, der bis heute unerreicht bleibt (erst 48 Jahre später, 2020, kommen wiederum die Bayern mit 100 Toren in die Nähe der Bestmarke). Auch Müllers persönliche Trefferzahl, wie erwähnt unfassbare 40, gilt als Rekord für die Ewigkeit. Und die 55 Punkte, mit denen die Bayern am Ende die Tabellenspitze zieren, bleiben die höchste Marke für das Zeitalter der Zweipunkte-Regel, also bis 1995.

★ ★ ★

„Dieser Sieg ist mir noch mehr wert als der große Triumph unserer Nationalmannschaft in Brüssel." Als ein glückstrunkener Sepp

Maier die Meisterschale in der Hand hält, bestätigt er die Sichtweise seines Kollegen Gerd Müller. Da weiß er noch nicht, dass er mit dem Verein in den nächsten Jahren zum Seriensieger aufsteigen wird. Denn bekanntlich bleibt die erfolgreiche Mannschaft beisammen und steuert noch höhere Ziele an.

Sogar der angeblich wechselwillige Uli Hoeneß hält sich nun zurück, offenbar haben ihm die Bayern endlich die gewünschten Zusagen gemacht. Der Noch-Amateur hat zudem ein Problem, das man besser hinter den Kulissen löst: Einen Profivertrag kann er erst nach dem Ende der Olympischen Spiele abschließen, also ab Mitte September. Und zu den Spielen will er unbedingt, will den olympischen Geist, all „diese Ungezwungenheit, diese Fröhlichkeit" miterleben. Das tut er dann auch, auf seine eigene Art. Ottmar Hitzfeld, der ebenfalls in der Olympia-Auswahl steht, weiß über seinen Sturmkollegen zu berichten: „Er ist mit dem Porsche rumgefahren, während wir im Mannschaftsbus saßen." Dass es dem blonden Olympioniken nicht nur um das „Dabeisein" geht, offenbart er selbst: „Ich hoffe, dass mir mein Entschluss Popularität eingebracht hat und noch mehr einbringen wird. Ich hoffe, dass er sich nach den Spielen auch auszahlen wird."

Die rasche „Auszahlung" aber ist das Problem: Nach den geltenden DFB-Regularien käme ein Vertragsabschluss als Profi nach den Spielen zu spät für die kommende Ligasaison. Doch man wird sich einig. Ohne großes Aufheben verlängern die DFB-Bosse diese Frist auf Dezember und greifen die Bayern-Bosse tief in ihre Kasse. Mit Uli Hoeneß bleibt auch der sechste Europameister in München.

★ ★ ★

Das finale Spiel ist um 21:45 Uhr abgepfiffen worden, anschließend gibt es eine Ehrenrunde mit Schale durchs Olympiastadion, danach eine nicht eben trockene Siegesfeier. Und schon am nächsten Morgen müssen die verkaterten Bayern-Spieler ins

Flugzeug steigen, ihre Mission: Geld beschaffen für die Vereinskasse. Die Klubführung hat die Saison mal eben um zwei lukrative Gastspiele im Iran verlängert. Nach zwölfstündiger Anreise – der Anschlussflug in Frankfurt hat Verspätung – landet die Meistermannschaft nächtens in Teheran. Viel Zeit zum Ausruhen bleibt nicht, 22.000 Zuschauer und eine Stadtauswahl warten schon. In schweißtreibender Hitze kassieren die schlappen Münchner innerhalb der ersten zehn Minuten drei Gegentore, am Ende heißt es 6:3 für die Gastgeber. Nach einem ähnlich müden Kick gegen eine Polizeiauswahl (1:1) dürfen Beckenbauer und Co. wieder ins Flugzeug steigen; zurück bleiben enttäuschte Zuschauer und ein verärgerter Schah, der sich beim bundesdeutschen Botschafter über das Auftreten der Bayern beschwert.

★ ★ ★

In Gerd Müllers Geburtsort Nördlingen will Oberbürgermeister Hermann Keßler dem deutschen und europäischen Meisterschützen ein Denkmal errichten: Auf dem Hof der neuen Grundschule, so stellt er seine Idee vor, „soll eine Statue eines Sportlers entstehen. Sie soll nach Gerd Müller stilisiert werden." Begründung: „Der Gerd ist trotz des großen Ruhmes, den er sich und seiner Heimatstadt verliehen hat, ein so bescheidener und feiner Kerl geblieben, dass er ein Vorbild der Sportjugend ist."

Aus dem Plan wird aber nichts, weil Müller tatsächlich bescheiden ist. Er lässt ausrichten, für ein Denkmal fühle er sich zu jung.

JULI BIS SEPTEMBER 72

„Es ist für mich eine Ehre und Genugtuung, dass Schalke
nach 14 Jahren wieder einen Titel geholt hat."

Präsident GÜNTER SIEBERT nach dem Sieg
seines Vereins im DFB-Pokalfinale

„Wenn in der Schalker Mannschaft Spieler standen, die
nachweislich geschoben haben, dann wäre der Ausgang von
Meisterschafts- und Pokalwettbewerb irregulär."

HANS-JOSEF JUSTEN, Sportchef der „WAZ", bei gleicher Gelegenheit

„Ich werde in drei Jahren wieder für Schalke spielen,
in der Traditionsmannschaft."

STAN LIBUDA vor seinem Wechsel nach Frankreich

„Nach dieser ungeheuren Tragödie ist es ein Unding,
noch um Medaillen zu kämpfen."

Olympiateilnehmer ULI HOENESS nach der
Ermordung von elf israelischen Sportlern

Schalker Triumph, Schalker Tragik

Li-bu-da! Li-bu-da! Endlich hört man sie wieder, die rhythmischen Anfeuerungsrufe, die immer dann durchs Stadion hallen, wenn der Stan einen großen Tag hat. Heute hat er einen großen, einen ganz großen. Nach dem Ligafinale in München bangte er noch mutlos: „Ich bin mir nicht mehr so sicher, ob wir wenigstens den Pokalsieg schaffen." Doch heute, drei Tage später im Niedersachsenstadion, ist er der herausragende Spieler, dem alles gelingt: die unwiderstehlichen Dribblings, die feinen Finten, die butterweichen Flanken. Er ist es, der die Gegner aus Kaiserslautern schwindelig trickst und seine Schalker mitreißt. Sie alle spielen großartig, Libuda aber, so sein Kollege Fichtel, „wie ein Weltmeister".

Die Roten Teufel haben in diesem Endspiel keine Chance, denn da steht „Ballett gegen Bleisoldat", wie die „Westfalenpost" schreibt. 5:0 heißt es am Ende, es ist der bis dahin (und bis heute) höchste Sieg in einem DFB-Pokalfinale. In der 13. Minute eröffnet Helmut Kremers nach herrlichem Solo den Torreigen, ihm folgen Scheer, Lütkebohmert, Fischer und nochmals Helmut Kremers. Angetreten ist die gleiche Elf wie drei Tage zuvor in München, auch der angeschlagene Nigbur kann zwischen die Pfosten und hat zum Glück nicht viel zu tun. Rüssmann schafft hinten Stabilität, Lütkebohmert dominiert das Mittelfeld, das schafft Raum für die Attacken von Libuda und Kremers auf den Flügeln. Grandios der vierte Treffer, „ein Tor wie aus dem Lehrbuch", wie selbst der nüchterne ARD-Kommentator lobt: Nigbur wirft den Ball weit auf Libuda, der noch in der eigenen Hälfte Fahrt aufnimmt, mehrere Lauterer stehen lässt und im Strafraum präzise zu Klaus Fischer flankt. „Man kann sich Schalke einfach nicht im Europapokal ohne den Tausendsassa ,Stan' vorstellen", schreibt der „Kicker" in Hinblick auf die kommende Saison.

Als der Kapitän den Pokal überreicht bekommt, hört man es erneut, das innige „Li-bu-da! Li-bu-da!" und das langgezogene „Schal-ke! Schal-ke!". 61.000 Zuschauer sind im Niedersachsenstadion, mehr als die Hälfte von ihnen Schalker Anhang, die blau-weißen Fahnen dominieren.

Das gleiche Bild am nächsten Tag in Gelsenkirchen, als Hunderttausend ihren Helden zujubeln. Ein größerer Empfang ist nicht einmal der legendären Meistermannschaft um Kuzorra und Szepan zuteil geworden. Die ganze Stadt leuchtet blau-weiß; Straßen, Zäune, Rolläden und Autos sind in den Vereinsfarben angepinselt. Mit der Bahn ist die Mannschaft von Hannover aus gekommen, an jedem Bahnhof verlangsamt der Zug seine Fahrt, überall stehen auf den Bahnsteigen Schalker Fans und winken mit ihren Fahnen. Vom Gelsenkirchener Bahnhofsvorplatz geht die Triumphfahrt auf einem 35 Meter langen Lastwagen durch die Innenstadt, schrittweise durch die jubelnde Menge, die Kapelle von Zeche Consol spielt „Oh, wie ist das schön" in Endlosschleife. Die Medien stürzen sich vor allem auf den scheidenden Libuda, der sein typisch melancholisches Gesicht zeigt, bei dem man nicht weiß, ob er lachen oder weinen will. „Ich freue mich, dass ich in meinem letzten Spiel eine so gute Leistung gebracht habe", sagt er artig. Aber auch, mit Blick auf die feiernde Menge und seinen Abschied: „Ich bin ein bisschen traurig. Heimweh nach Schalke werde ich immer haben." Und dann rufen sie ihn wieder: „Li-bu-da! Li-bu-da!"

★ ★ ★

„Wenn diese Mannschaft zusammenbleibt, wird sie Deutscher Meister." Kein Geringerer als Franz Beckenbauer sagt das, unmittelbar nach dem finalen Spiel im Olympiastadion. Er meint Schalke, nicht seine Bayern. Das sieht man in Gelsenkirchen nicht anders. Von einer „Jahrhundertelf" ist die Rede, von der „besten Schalker Mannschaft aller Zeiten". Für einen Verein, in dem Kuzorra und

Szepan mystisch verehrt werden, ist das ein unerhörtes Etikett. Ernst Kuzorra selbst sagt: „Das Gespann Libuda / Erwin Kremes war brandgefährlich. Jede gegnerische Deckung musste auf beide höllisch aufpassen. Ich war in die Spielweise Libudas geradezu verliebt. An ihm erkannte ich Züge, wie sie bei uns früher gang und gäbe waren. Heute steht zwar der Kampf im Vordergrund. Wir früher neigten mehr zum Tänzerischen, zum Spielerischen."

Aber die Mannschaft bleibt eben nicht zusammen. Libuda und van Haaren ziehen nach Straßburg davon, den Rest verweht der Bundesligaskandal. Im Laufe der Saison 1972/73 werden alle beschuldigten Spieler überführt, gesperrt und vom DFB-Gericht zu einer Strafzahlung von 2.300 Mark verdonnert, manche zusätzlich zu einem Bußgeld von 10.000 Mark an die Krebshilfe: Klaus Fichtel, Rolf Rüssmann, Herbert Lütkebohmert, Jürgen Sobieray, Klaus Fischer, Heinz van Haaren, Reinhard Libuda und einige andere, die Schalke bereits verlassen haben. Die übrig gebliebene Schalker Rumpfelf entgeht nur knapp dem Abstieg. Später werden die mehrjährigen, teils sogar lebenslangen Sperren stark verkürzt. Klaus Fischer beispielsweise, zunächst ein „Lebenslänglicher", darf schon ab dem zehnten Spieltag der Saison 1973/74 wieder für Schalke auflaufen und wird auch noch 45-mal in die Nationalelf berufen.

Was bleibt, ist der Meineid, den sie alle geschworen haben und der dem Verein in den folgenden Jahren einen üblen Spitznamen anhängt: „FC Meineid". Die Spieler müssen als Angeklagte vor dem Essener Landgericht erscheinen, dort hört man endlich Geständnisse. Die Richter fällen ein mildes Urteil, die Angeklagten kommen mit Geldstrafen davon. Libuda, Fischer und Sobieray müssen 9.960 Mark zahlen, Rüssmann und Lütkebohmert 9.000.

Günter Siebert wird freigesprochen, ihm, dem Präsidenten sind kein Meineid und keine schmutzigen Deals mit Arminia Bielefeld nachzuweisen, ebenso wenig seinem Schatzmeister Heinz Aldenhoven. „Die Kammer ist von der Unschuld der Angeklagten nicht überzeugt", erklärt der Richter, „aber auch nicht von der

Schuld." Auf Schalke feiert man das als Freispruch für den ganzen Verein und als Sieg über böse Mächte, die ihm Übles wollen.

★ ★ ★

Und so scheint sich am 17. April 1971 der große Fehltritt abgespielt zu haben: Es ist der 28. Spieltag der vergangenen Saison, und Arminia Bielefeld, in schwerem Abstiegs-Fahrwasser, muss in Schalke antreten. Waldemar Slomiany, Spieler ehemals bei den Königsblauen, jetzt bei Arminia, hat seinen alten Kollegen im Auftrag seines neuen Vereins ein Angebot gemacht: 40.000 Mark für eine Niederlage, 2.300 für jeden einzelnen. In der Mannschaft wird darüber diskutiert. Klaus Fichtel meldet Bedenken an, Mannschaftskapitän Reinhard Libuda ist strikt dagegen: „Ich mache den Scheiß nicht mit!" 1.000 Mark Prämie würden sie schließlich schon für einen ehrlichen Sieg bekommen. Doch die Meinungen bleiben geteilt.

In der Halbzeitpause des Spiels taucht in der Schalker Kabine ein dicker Umschlag mit dem Geld auf, es gibt ein Hin und Her, und irgendwann neigt sich die Stimmung dahin, das Geld anzunehmen. Auch Libuda hat sich überreden lassen, vielleicht, weil er einfach nicht nein sagen will gegen die Mehrheit seiner Mannschaftskameraden. Die Spieler, die schon in der ersten Hälfte sehr zurückhaltend agiert haben, traben in der zweiten ihren Bielefelder Kollegen nur noch müde hinterher. In der 83. Minute gelingt den Gästen endlich ihr Tor: Im eigenen Strafraum schiebt ein Schalker Verteidiger den Ball Bielefelds Stürmer Gerd Roggensack so „genau vor die Füße, (…) dass der Arminen-Kapitän schon hätte eine Kehrtwendung machen müssen, wenn er hätte vorbeischießen wollen", wie das Bielefelder Ortsblatt „Neue Westfälische" staunend berichtet. Von den Rängen kommt ein Pfeifkonzert, dazwischen hört man empörte Rufe von „Schiebung" und „Betrug". Schalkes Säulenheiliger Ernst Kuzorra spricht von einer „Zumutung", Trainer Cendic von „Scham". In der Schalker Kabine hingegen herrscht anschließend eine fröhliche Stimmung, man glaubt an leicht verdientes Geld. Nun müssen nur noch alle dichthalten. Libuda wird vorgeschickt, aufkommende Gerüchte vorsorglich zu dementieren. „Das Geschwätz von einem verkauften Spiel ist Unsinn!", verrät er noch am gleichen Tag den Reportern.

Als im Zuge der DFB-Ermittlungen Geldbote Waldemar Slomiany auspacken will, schmieren ihn Schalker Spieler höchstwahrscheinlich, damit er der Öffentlichkeit die Story auftischt, er habe das Geld höchstselbst verprasst. Anfang März 1972 jedenfalls heben einige von ihnen Beträge zwischen 10.000 und 15.000 Mark von ihren Privatkonten ab. Insgesamt soll Slomiany mindestens 130.000 Mark Schweigegeld eingestrichen haben. Auch von Libuda heißt es, er habe 15.000 Mark beigesteuert.

Dennoch kommt schließlich alles ans Licht, und nun herrscht Fassungslosigkeit: dass Profis sich für solch einen lächerlichen Betrag haben kaufen lassen, dass sie dies bis zum Meineid geleugnet haben, dass sie den Hauptzeugen ihrerseits wohl bestochen haben. Damit haben sie ihren Ruf, manche ihre Karriere zerstört und zudem eine hoffnungsvolle Mannschaft auseinandergerissen. Die Ironie dabei: Durch ihre Mauer des Schweigens haben sie die Sperren so lange hinausgezögert, dass nahezu der gesamte Kader die wundersame Saison 1971/72 noch zu Ende spielen kann. Den Traum von der Meisterschaft und einer großen Zukunft, den Triumph des DFB-Pokalsieges – all das hätte es sonst nicht gegeben, und die Erinnerung daran auch nicht.

★ ★ ★

Die Liste derer, die in den Bundesliga-Skandal verwickelt sind, ist lang, viel länger, als in diesem Buch ausgeführt. Insgesamt werden 52 Spieler aus sieben Vereinen bestraft, dazu die Trainer von Arminia Bielefeld und Rot-Weiß Oberhausen sowie einige Funktionäre samt den Präsidenten von Kickers Offenbach (Horst-Gregorio Canellas), Rot-Weiß Oberhausen (Peter Maaßen) und Hertha BSC (Wolfgang Holst). Vermutlich gab es bei mindestens acht Spielen, die gegen Ende der Saison 1970/71 ausgetragen wurden, Manipula-tionen oder Versuche dazu. Zusammengerechnet sind dabei rund 1,1 Millionen Mark Schmiergelder geflossen. Ob damit alles auf-geklärt ist, bleibt sehr zweifelhaft. Vielen Hinweisen und Verdäch-tigungen wird nicht mehr nachgegangen. Gregorio Canellas ist sich sicher: „Es wurde noch viel mehr geschoben. Längst ist nicht alles ans Tageslicht gekommen." Aber: „Im DFB gibt es eine Gruppe, die endlich ihre Ruhe haben und einen Schlussstrich unter den Skandal ziehen will." Und schließlich: „Ich bin zu müde, alles aufzudecken."

Da zunächst nicht klar ist, ob die Sperren für alle FIFA-Ver-bände gelten, zieht es manche Sünder ins ferne Ausland. Die Herthaner Bernd Patzke, Peter Enders, Volkmar Groß, Arno Steffenhagen und Wolfgang Gayer beispielsweise spielen in Süd-afrika, das wegen der Apartheid vom Weltverband geächtet wird. Andere wandern in die Profiliga der USA, wo FIFA-Gesetze eben-falls nicht greifen.

(Im Sommer 1973 wechselt auch Günter Netzer ins Ausland, zu Real Madrid, aber bekanntlich aus anderen Gründen. Auf ihn und die andere Lichtgestalt jener Jahre, Franz Beckenbauer, fällt kein Schatten. Niemand beschuldigt sie, an den Betrügereien mit-gewirkt zu haben. Aus heutiger Sicht, anno 2021, wirkt es freilich wie eine „Ironie der Geschichte, dass diese beiden Namen noch ein halbes Jahrhundert später getrübte Berühmtheit erlangen – im vielleicht größten Skandal seit den verschobenen Spielen im Abstiegskampf 1970/71", wie Jan-Christian Müller schreibt, Sport-redakteur der „Frankfurter Rundschau". Aber das ist eine andere Geschichte.)

Jedenfalls: Die meisten Sperren, die DFB-Gerichte seinerzeit verhängt haben, werden schon bald verkürzt. Zwischen Sommer 1973 und Frühjahr 1974 kommt es zu einer Welle von Begnadi-gungen. Als im Juni 1974 das Weltmeisterschaftsturnier in der Bundesrepublik angepfiffen wird, gibt es nur noch einzelne, die auf der Sünderbank sitzen. Ganz offensichtlich will der DFB die schmutzige Affäre vom Tisch haben, bevor die Welt zu Gast ist.

„Schlimmste Nacht der Bundesrepublik"

**XX. Olympische Sommerspiele, 11. Tag +++
5. September 1972**

Im Spätsommer 1972 ist es die olympische Welt, die nach Bayern kommt. Zehn Tage lang sind es die „heiteren Spiele", die Gastgeber München versprochen hat. Es könnte schöner kaum sein: Das Publikum im Olympiastadion zieht begeistert mit, bejubelt unter strahlend blauem Himmel eigene wie ausländische Athleten und am zehnten Tag vor allem die überraschende Goldmedaille der erst 16-jährigen Hochspringerin Ulrike Meyfarth. Im olympischen Dorf, das die meisten der 7.170 Athletinnen und Athleten aus 130 Ländern beherbergt, herrscht eine entspannte Stimmung. Die Sicherheitskräfte halten sich im Hintergrund, treten meist unbewaffnet und ohne Uniform auf. Der bewusste Kontrast zu den martialischen Spielen von 1936 in Berlin ist augenscheinlich.

Frühmorgens am elften Tag, als um 4:10 Uhr noch Dunkelheit herrscht, klettern acht Mitglieder der palästinensischen Terrorgruppe Schwarzer September über den Zaun des olympischen Dorfes. Sie sind mit Sturmgewehren bewaffnet und dringen in ein Appartement der israelischen Mannschaft ein. Der Ringer-Trainer Mosche Weinberg und der Gewichtheber Josef Romano werden durch Schüsse verletzt. Weinberg stirbt kurz darauf bei einem Fluchtversuch, Romano erliegt zwei Stunden später seinen Verletzungen, weil kein Arzt zu ihm darf.

Neun Geiseln bleiben in der Gewalt der Terroristen. Der Schwarze September verlangt für ihren Austausch die Freilassung von 232 palästinensischen Gefangenen, die in israelischer Haft sitzen, sowie die Entlassung von Andreas Baader und Ulrike Meinhof aus dem Knast. Ein Krisenstab tritt zusammen, verhandelt mit dem Sprecher der Geiselnehmer, der eine Gesichtsmaske und einen weißen Hut trägt.

Radio- und Fernsehsender ändern ihr Programm, bringen Sondersendungen. Ein Kommentator erinnert an ein antisemitisches Attentat, das sich nur zwei Jahre zuvor ebenfalls in München ereignet hat. Bei einem Brandanschlag auf ein jüdisches Altenheim wurden im Februar 1970 sieben Menschen ermordet, zwei von ihnen waren Überlebende eines NS-Vernichtungslagers. Die Attentäter wurden (bis heute) nicht identifiziert.

Die olympischen Wettkämpfe gehen zunächst weiter, erst am Nachmittag werden sie unterbrochen, auf den Protest zahlreicher Sportler hin.

★ ★ ★

Abgesagt wird auch das Spiel der deutschen Amateur-Nationalelf gegen Ungarn. Es soll im Olympiastadion stattfinden, Zehntausende sind auf dem Weg dorthin, die Mannschaften laufen sich bereits warm, als die Durchsage kommt: „Das Spiel fällt aus." Kein Zuschauer protestiert, man klatscht Beifall, als eine IOC-Resolution verlesen wird, und geht still nach Hause.

Die DFB-Elf hat die Vorrunde gegen ausnahmslos zweitklassige Gegner zwar erfolgreich absolviert, doch zum Auftakt der Zwischenrunde gibt es ein enttäuschendes Unentschieden gegen Mexiko. Uli Hoeneß, der Noch-Amateur, der eine fiebrige Erkrankung kaum ausgeheilt hat, zeigt meist indisponierte, wenig engagierte Auftritte, wird manches Mal ausgepfiffen und muss zwischendurch sogar auf die Bank. Die Erwartungen an ihn sind hoch und letztlich kaum einzulösen. Gegen die favorisierten Staatsamateure aus Ungarn muss ein Sieg her, wenn das Finale noch erreicht werden soll. Diese Entscheidung ist nun auf morgen vertagt.

★ ★ ★

Inzwischen haben sich einige Sportfunktionäre und Politiker, darunter Bundesinnenminister Genscher, den Terroristen vergeblich als Ersatzgeiseln angeboten. Mehrfach werden Ultimaten verlängert. Am Ende beschließt der Krisenstab, zum Schein auf die Forderungen der Geiselnehmer einzugehen. Sie werden gegen Abend zusammen mit ihren Geiseln erst in einem Bus und dann per Helikopter zum Fliegerhorst Fürstenfeldbruck gebracht, wo eine Boeing 727 steht. Dort sollen die Geiseln gewaltsam befreit werden. Was folgt, nennt die sonst zurückhaltende „Zeit" die „schlimmste Nacht der Bundesrepublik".

Die Befreiungsaktion wird zum Fiasko. Die Münchner Polizei verfügt über keine ausgebildeten Scharfschützen, vielmehr eröffnen um 22:38 Uhr normale Streifenpolizisten das Feuer. Ihnen fehlen zudem Nachtsicht- und Funkgeräte. Statt zu einer Blitzaktion kommt es zu einem einstündigen Feuergefecht, das erst entschieden ist, als gegen Mitternacht endlich Panzerfahrzeuge eintreffen. Sämtliche Geiseln sterben, fast alle kaltblütig durch die Terroristen ermordet, als denen die Ausweglosigkeit ihrer Lage bewusst wird. Ein Polizeibeamter stirbt durch eine verirrte Kugel, ein zweiter wird durch den versehentlichen Beschuss eigener Kollegen schwer verletzt, der Pilot eines der Hubschrauber erleidet ebenfalls schwere Schussverletzungen. Fünf Terroristen sind tot, drei können lebend überwältigt werden.

Zunächst ist berichtet worden, alle Geiseln hätten überlebt. Auch Willy Brandt wird diese Falschmeldung übermittelt. Der Bundeskanzler ist vor Ort. In den vergangenen Tagen hat er das olympische Dorf besucht, wo viele Athleten den überaus populären Friedensnobelpreisträger überschwänglich begrüßt haben. „I like Willy very much", hat die Olympia-Legende Jesse Owens ihm zugerufen. Das scheint nun ewig her. Aus der Stätte heiterer Begegnung ist über Nacht ein Ort des Grauens geworden. In den frühen Morgenstunden erfährt Brandt die ganze Wahrheit. Mitarbeiter sehen ihn so niedergeschlagen wie noch nie. Mit starrer Miene murmelt er das Wort „Katastrophe" und zieht sich zurück.

★ ★ ★

Als es Tag wird in München, wehen die olympischen Fahnen auf Halbmast, und IOC-Präsident Avery Brundage entscheidet nach einer Trauerfeier im Olympiastadion: „The games must go on."

Die deutschen Fußballer sehen das anders. Uli Hoeneß: „Ich wäre sofort entschlossen gewesen, auf die Fortsetzung der Spiele zu verzichten. Ich glaube, dass unsere gesamte Mannschaft dieser Ansicht war." Doch sie muss sich vom Schock freimachen und die Tragödie ausblenden, wie alle Olympioniken.

Das Endspiel wird die DFB-Elf nicht erreichen und auch keinen Medaillenrang, denn sie verliert noch zweimal: gegen Ungarn klar, gegen die DDR knapp. Die Begegnung gegen das ungarische Team wird am Abend der Trauerfeier im vollbesetzten Olympiastadion nachgeholt. Viele Zuschauer sind da schon wieder im Wettkampf-modus: Es herrscht keine Stille mehr, zunächst gibt es Anfeue-rung, dann reichlich Pfiffe für die eigene Elf. Die Ordner haben Fahnen, Tröten, Glocken und allerlei Fastnachtskram ins Stadion gelassen. Doch als Jugendliche ein Spruchband entfalten mit dem Text „Sechzehn Tote schon vergessen?", werden sie ausgesperrt. The show must go on.

★ ★ ★

Den drei überlebenden Terroristen des Schwarzen September soll in der Bundesrepublik der Prozess gemacht werden, doch dazu kommt es nicht. Am 29. Oktober 1972 entführt ein paläs-tinensisches Kommando die Lufthansa-Maschine „Kiel" mit zwölf Passagieren an Bord auf dem Weg von Damaskus nach München. Die Bundesrepublik gibt der Forderung nach, die drei inhaftierten Terroristen freizulassen. Zwei von ihnen werden Jahre später durch den israelischen Geheimdienst Mossad auf-gespürt und liquidiert. Premierministerin Golda Meir hatte den Mossad beauftragt, eine Sondereinheit zusammenzustellen und die Schuldigen des Olympia-Attentats zu verfolgen. Dabei sterben zwölf verdächtige und eine Reihe vermutlich unschuldiger Palästinenser. Den eigentlichen Drahtzieher des Kommandos, Abu Daoud, jenen Mann mit den Neonazi-Kontakten also, kann der Mossad nicht stellen. Er stirbt 2010 und liegt auf dem Märtyrer-friedhof in Damaskus begraben.

Der Schwarze September rekrutiert seine Aktivisten vor allem aus der PFLP, zu deren Methoden Flugzeugentführungen gehören. Auch die Entführung der „Kiel", bei der die drei Attentäter von München freigepresst werden, geht auf das Konto dieser Gruppe. Eine PFLP-Splittergruppe schlägt fünf Jahre später, am 13. Oktober 1977, erneut zu. Auf dem Flug von Mallorca nach Frankfurt entführen zwei Männer und zwei Frauen die Lufthansa-Maschine „Landshut" mit 87 Passagieren. Sie fordern die Freilassung der in Deutschland gefangenen RAF-Mitglieder (von denen Ulrike Meinhof durch mutmaßlichen Suizid sowie Holger Meins infolge eines Hungerstreiks bereits tot sind). Zu dieser Zeit hat die zweite RAF-Generation den prominenten Arbeitgeber-Präsidenten Hanns Martin Schleyer entführt, ebenfalls, um Baader, Ensslin und die anderen freizupressen. Die Bundesrepublik im Ausnahmezustand – es herrscht der „Deutsche Herbst".

Die „Landshut" beginnt einen fünftägigen Irrflug, der zunächst über den Nahen Osten nach Dubai führt, wo die Terroristen den Flugkapitän Jürgen Schumann ermorden. Über Aden fliegt die Maschine nach Mogadischu. Dort wird sie schließlich von der Anti-terror-Einheit GSG 9 gestürmt – diese Elitetruppe war als Reaktion auf das Desaster bei der Geiselbefreiung in München gegründet worden. In Mogadischu sterben in einer siebenminütigen Aktion drei der vier Geiselnehmer, während alle Passagiere und Besatzungsmitglieder überleben. Am Morgen darauf findet man im Gefängnis von Stammheim die Leichen der RAF-Mitglieder Gudrun Ensslin, Andreas Baader und Jan-Carl Raspe. Höchstwahrscheinlich haben sie als Mord inszenierte Suizide unternommen. Der entführte Schleyer wird von der RAF erschossen.

Unter den Überlebenden an Bord der „Landshut" befindet sich auch Horst-Gregorio Canellas mit seiner Tochter. Fünf Tage lang

haben sie Todesangst ausgestanden, haben Schumanns Erschießung mitansehen müssen und Scheinexekutionen erlebt. Sie
leiden bei 55 Grad an Bord und einem unerträglichen Gestank –
von den Toiletten her und vom Schnaps, mit dem die Entführer
einige Passagiere übergossen haben, um sie bei einer Befreiungsaktion anzuzünden.

Als alles vorbei ist, bemerkt niemand den prominenten Passa-
gier, unerkannt steigt der ehemalige Kickers-Präsident in Frankfurt mit einer dicken Decke unterm Arm die Gangway hinunter.
Interviews, wie viele andere Entführungsopfer, gibt er nicht. Erst
sehr viel später denkt Canellas öffentlich über die beiden Tief-
punkte seines Lebens nach, die Kränkungen von 1971 und die
Entführung von 1977: „Mogadischu hatte noch menschliche Züge.
Der Skandal war schlimmer, viel schlimmer."

EPILOG

„*So wirkte Libuda auf viele Menschen (...):
wie jemand, der eigentlich lieber woanders wäre.*"

ULI HESSE, Fußballjournalist („11Freunde")

„*Dass er raus will, wusste Rio Reiser genau.
Wohin, dass wusste er nicht so genau.*"

KLAUS WALTER, Musikjournalist („Freitag")

„*Das Traumtier geht auf weite Reise /
und grauer Regen löscht das Feuer.*"

RIO REISER („Zauberland")

Stan und Rio

Im August 1996 sterben im Abstand von nur fünf Tagen Reinhard Libuda und Rio Reiser. Beide sind nicht alt geworden, 52 Jahre der eine, 46 der andere.

Rio Reiser hat Westberlin im Juni 1975 verlassen, wo er seine künstlerischen Ambitionen zerrieben sieht zwischen den politischen Zumutungen der Szene, wirtschaftlichen Problemen und den Verlockungen der großstädtischen Subkultur. Zusammen mit den Scherben wohnt er auf einem reetgedeckten Hof im schleswig-holsteinischen Fresenhagen. Auf dem Land vollzieht Rio eine Abkehr vom reinen „Agitrock". Im Album „Wenn die Nacht am tiefsten ist" klingen seine Songs inniger, melancholischer, verträumter.

Eine Tournee im Jahr 1981 verläuft von den Besucherzahlen her erfolgreich, doch finanziell wird sie wegen falscher Kalkulationen ein 300.000 Mark teures Desaster. Auch die neue Managerin Claudia Roth kann da nichts mehr retten. Die Band muss sich auflösen, mit einem hohen Berg an Schulden. Zwischendurch haben die Scherben in ihrer Not sogar versucht, Paul Breitner um 10.000 Mark anzupumpen, aber das klappt nicht, denn, so Schlotterer: „Wir waren ihm ein wenig unheimlich geworden."

Erst der Verkaufserfolg, den Rio zu Beginn seiner Solokarriere mit „König von Deutschland" hat, macht ihn schuldenfrei. Obwohl der „König" – wie manch andere Stücke seiner Solokarriere – noch zu Scherben-Zeiten konzipiert und gespielt worden ist, werfen ihm frühere Fans eine Kommerzialisierung und Hinwendung zur „Neuen Deutschen Welle" vor. Die jugendliche Subkultur bevorzugt längst den Punk. Und für die Schlagerfreunde, die den „König" zum Hit gemacht haben, ist Rios Repertoire wiederum zu anspruchsvoll. In einem seiner letzten Songs namens „Hoffnung" beschreibt er die Last, die die Königswürde für ihn bedeutet hat: „Nehmt mir die Krone ab, die mich erdrückt, nehmt mir die Krone weg, nehmt sie zurück. Ich weiß, irgendwo ist da ein Licht, doch ich kann euch nicht führen, denn ich weiß den Weg nicht."

Die Widersprüchlichkeiten in Rios Persönlichkeit: zugleich engagierter Linker, introvertierter Bibel- und Karl-May-Leser, Astrologie-Gläubiger und lebenshungriger Rebell, können in seinem Werk nur erahnt werden. Seine Lieder werden balladenhafter und wirken damit musikalisch ehrlicher, näher bei ihm selbst. Rio spielt jetzt die Musik, die er liebt. Seine Tourneen bleiben erfolgreich, die Zusammenarbeit mit Musikern wie Herbert Grönemeyer, Klaus Lage, Marianne Rosenberg, Annette Humpe oder Ulla Meinecke zeigt die hohe Anerkennung, die er in der Musikszene findet. Er komponiert und textet nicht nur für sich selbst, sondern auch für andere Sänger, für Theaterstücke, für Filme, wird dafür mit Preisen ausgezeichnet, doch seine eigenen Musikalben verkaufen sich mäßig. Oder eher schlecht.

Das Leben auf dem Hof in Fresenhagen verläuft nicht so idyllisch wie erhofft. Häufig wechseln die Bewohner – eine der wenigen Konstanten ist sein alter Jugendfreund Lanrue, der dort mit seiner Lebenspartnerin wohnt –, es gibt zwischenmenschliche Konflikte, finanzielle Sorgen. Eines von Rios besten Liedern aus dieser Zeit, „Zauberland", verarbeitet laut seinem Biografen Wolfgang Haberl „die Trauer über den Verlust der unrealisierbaren Utopie einer Freien Republik Fresenhagen": „Zauberland ist abgebrannt / und brennt doch lichterloh."

Weiterhin hat Rio Alkoholprobleme, die sich zunehmend in gesundheitlichen Krisen auswirken. Anfang der neunziger Jahre muss er erstmals eine Tournee abbrechen, und auch die Deutschland-Tour im Frühsommer 1996 wird vor dem ersten Freiluft-Konzert abgebrochen. Am 20. August 1996 stirbt er in Fresenhagen an inneren Blutungen. Sein Bruder Peter Möbius: „Saint Rio, der Barfüßler, zu gut für dieses Leben, ein verkommenes Genie, der sich nicht disziplinierte, die harte Arbeit des Verkaufens nicht durchhielt, lieber spielte, sang und musizierte, als in die harte Lebensschule zu gehen." Darin gleicht er Reinhard Libuda, irgendwie. Sie beide verstanden sich auf die Kunst des Spielens, weniger auf die Regeln des Spiels.

Und wie beim Stan, so hält auch Rios Nachruhm bis heute an. Nicht nur deutsche Rockgrößen wie die Toten Hosen, Kraftklub oder Nina Hagen covern seine Songs, auch Hip-hop-Gruppen wie Freundeskreis oder Fettes Brot. Die Jazzsängerin Lisa Bassenge, die zuweilen Rios „Junimond" interpretiert, meint im Januar 2020, als Rio 70 Jahre alt geworden wäre: „Seine Musik transportiert Energie und wird auch heute noch übersetzungslos von Jugendlichen verstanden." Manchmal gelangt Rio, der Nicht-fußballer, sogar in ein Fußballstadion. Als im Oktober 2004 St.-Pauli-Fans am Millerntor gegen die Kriminalisierung von Fußballfans demonstrieren, unterstreichen sie ihren Protest mit seinem Song „Allein machen sie dich ein".

Unter Künstlern und Feuilletonisten ist Rios Renommee mit den Jahren noch gewachsen. Blixa Bargeld, Sänger der Einstürzenden Neubauten, erinnert unmittelbar nach Rios Tod im „Spiegel" vor allem an die Scherben-Zeit: „Rio ist für mich der einzige deutsche Rocksänger geblieben." Ähnlich Herbert Grönemeyer 2001 bei einer posthumen Ehrung für Rio: „Er ist der einzige deutsche Sänger, den ich je bewundert habe – seinen leidenschaftlichen Hang zum Aufruhr, zum Diventum, zum Kitsch und zum anarchistischen Patriotismus. Er hat die schönsten deutschen Kampf- und Liebeslieder geschrieben. Er war ein wahrer Romantiker und er hat aus der deutschen Sprache gesungen, was rauszuholen ist. [Sein Soloalbum Rio I., Anm. d. A.] ist die beste deutsche Liederplatte, die je gemacht worden ist. (…) Er war gerne Volkssänger – aus dem Volk, fürs Volk. Poesie in die Politik, und wenn einer das Paradies verdient hat, dann ist er es."

An Rios 20. Todestag schreibt der „Spiegel"-Autor Michael Sontheimer: „Wenn es denn einen Songwriter in Deutschland gab oder gibt, der mithilfe seiner poetischen Kraft aus seinen Songs mehr machte als Songs, dann war das Rio Reiser. Er ist es wirklich geworden: Er ist der deutsche Bob Dylan." Ebenfalls 2016 bekennt der Musiker und Schauspieler Rocko Schamoni: „Letztendlich haben wir die Staffel von ihm übernommen, ihm, dem strahlendsten Läufer auf der Bahn, in dessen Staubwolke ich immer noch nach der richtigen Richtung suche."

Als Rio stirbt, liegt wie so oft die Bibel auf dem Tisch, aufgeschlagen beim Buch Jesus Sirach: „Die Wurzel der Pläne ist das Herz. Vier Reiser wachsen daraus hervor: Gutes und Böses, Leben und Tod. Doch die Zunge hat Gewalt über sie alle." Sirach ist ein lange vor Jesus Christus lebender jüdischer Lehrer, dessen Lebensregeln ins Alte Testament aufgenommen wurden. So auch diese: „Mit seinem Herz kann ein Mann oft mehr erkennen als sieben Wächter, die oben auf der Warte sitzen."

★ ★ ★

Hätte Reinhard Libuda doch das befolgt, was sein Herz erkannt hat.

Natürlich ist er in Straßburg nicht glücklich geworden. Die fremde Umgebung behagt ihm nicht, manche Zuschauer beschimpfen ihn als „Schieber", und aus der Heimat kommen schlechte Nachrichten. Das DFB-Gericht sperrt ihn am 30. September 1972 auf Lebenszeit. Sein neuer Verein, Racing Strasbourg, ist empört: Vor der Verpflichtung habe man beim DFB nachgefragt, ob gegen Libuda ermittelt werde. Antwort damals: nein. Obwohl die Sperre nur für den DFB-Bereich gilt, wird in Frankreich diskutiert, ob der Deutsche dort spielen dürfe. Vorerst erübrigt sich die Überlegung, denn im Oktober bricht er sich das Wadenbein und fällt für fast drei Monate aus.

Als das DFB-Urteil im Januar 1973 bestätigt wird, entzieht wenig später auch der französische Verband Libuda die Lizenz. Racing trennt sich von ihm, nicht nur wegen der Sperre: Er habe ein Verhalten an den Tag gelegt, „das eines Spielers seiner Klasse nicht würdig ist", und „keinen guten Willen gezeigt". Libuda ist in

Frankreich gescheitert. „Er kam, sah – und resignierte", kommentiert „WAZ"-Sportchef Justen den Ausflug des Dribblers. „Straßburg war die Hölle für mich", sagt Libuda selbst. „Von einem Tag zum anderen war ich arbeitslos."

Sechs Monate bleibt er noch im Elsass, ohne eine Idee zu haben, wie sein Leben ohne den Fußball weitergehen könnte. Sein Biograf Thilo Thielke: „Er verkroch sich und verließ das Haus nur noch bei Dunkelheit. Wenn er sah, dass die Nachbarn fernsahen, dann schlich er sich aus dem Haus und lief im blauen Trainingsanzug durch ein nahe gelegenes Waldstück. ‚Oft saß er tagelang da, grübelte, war nicht ansprechbar', erzählte [seine Frau, Anm. d. A.] Gisela einem Journalisten. ‚Sogar den Jungen schickte er weg, wenn der mit ihm Fußball spielen wollte.'" Ihr Mann, so sagt sie bei anderer Gelegenheit, „hat es immer bereut, von Schalke weggegangen zu sein". Von dem Geld, das ihn zum Wechsel verleitete, hat er sich einen Porsche zugelegt. In den setzt er sich zuweilen und rast ins vertraute Haverkamp, um in seiner Stammkneipe Griesener Stuben für ein paar Stunden vertraute Wärme zu spüren.

Im Herbst 1973 kehrt er endgültig zurück, schleicht um sein altes Trainingsgelände, darf schließlich wieder mittrainieren. Schon bald profitiert er von der Welle der Begnadigungen, die der DFB vor der WM 1974 ausspricht. Am 5. Januar 1974 wird auch Libudas lebenslange Sperre aufgehoben. Zwei Wochen später steht er wieder auf dem Platz: im Spiel gegen den HSV, im neuen Parkstadion stürmisch begrüßt von 46.000 Zuschauern, von denen angeblich 10.000 allein wegen ihm gekommen sind. Der Stan spielt nur eine Halbzeit, dann wird er ausgewechselt gegen Rüdiger Abramczik, der nun seine Nachfolge antreten wird. Ein paar Mal wird er noch zum Einsatz kommen, doch sein geniales Können lässt er nur gelegentlich aufblitzen. Er glaubt zu wissen, woran das liegt: „Je mehr ich jetzt über meine Situation nachdenke, desto mehr komme ich zu der Überzeugung, dass fast alles seinen Ursprung in meiner Verwicklung in den Skandal hat. Ich hatte die Lust am Fußball verloren."

Schalkes neuer Trainer Max Merkel sortiert ihn schließlich endgültig aus. Libuda wird Pächter von Ernst Kuzorras Tabakladen, 600 Mark muss er im Monat dafür zahlen. Doch er ist kein guter Geschäftsmann, und große Lust auf diese Tätigkeit hat er auch nicht. Oft hängt an der Ladentür ein handgeschriebener Zettel, dass der Besitzer gerade nicht da sei. Nicht selten heißt das: Er ist in der nahe gelegenen Kneipe zu finden. Auf die Mitarbeit seiner Frau, die von einer Boutique geträumt hat, nicht von einem Zigarrenhandel, kann er nicht rechnen, häufig helfen seine Eltern aus. Finanzielle Belastungen aus dem Meineid-Prozess verschlimmern seine Lage. 1983 muss er den Laden aufgeben und auch sein Mietshaus verkaufen.

Sein Leben versandet. Libuda verliert seinen Führerschein, weil er mit 2,34 Promille erwischt wird, und die Ehe ist zunehmend zerrüttet. Bei einem handgreiflichen Streit wehrt sich Gisela mit einer Messerattacke, Reinhard kommt ins Krankenhaus und der private Vorfall groß in die Medien. Bald wird die Ehe geschieden, Libuda zieht zurück nach Haverkamp, in die Wohnung seiner Mutter, auf deren finanzielle Unterstützung er angewiesen ist. Seine Alkoholprobleme bekommt er in den Griff. Manchmal taucht er bei Schalker Heimspielen auf der Tribüne auf, mit einer Sonnenbrille, weil er unerkannt bleiben will. Manchmal begleitet ihn sein Sohn Matthias-Claudius und hört verwundert, dass die Massen rings um ihn noch das alte „Li-bu-da" anstimmen. Nicht, weil sie den Gast erkannt hätten, sondern, so Matthias-Claudius: „Das hieß dann: Wir wollen wieder richtigen Fußball sehen. Mir lief es eiskalt den Rücken herunter."

Mittlerweile hat ein Gönner dem Arbeitslosen eine Stelle in seiner nahe gelegenen Fabrik angeboten, wo Papiere veredelt werden. Libuda willigt ein, scheint sich dort wohlzufühlen. Dann der nächste Schicksalsschlag: Im Dezember 1992 wird bei ihm ein Kehlkopftumor diagnostiziert. Die Operation verläuft erfolgreich, doch danach bleibt ihm keine Zeit mehr für einen neuen Anfang.

Am 25. August 1996 stirbt Reinhard Libuda an einem Schlaganfall, mit 52 Jahren.

Sein Ruhm hat ihn überlebt. „An Gott kommt keiner vorbei, außer Libuda" ist eine Zuschreibung für die Ewigkeit, und daher heißt so auch die erste Biografie über ihn. Die Legendenbildung wird genährt durch den tragischen Zwiespalt seines Lebens: der Lust, auf dem Platz seine Genialität auszuspielen, und der Unfähigkeit, mit den Fährnissen des Profitums, mit der Welt außerhalb der Zechensiedlungsenge klarzukommen. Autor Uli Hesse hat sein Porträt Libudas bei „11 Freunde" betitelt mit „Der Fremde" und darin formuliert: „So wirkte Libuda auf viele Menschen, vor allem auf jene, die ihn kaum kannten (und das waren so gut wie alle): wie jemand, der eigentlich lieber woanders wäre."

Vielleicht wollte Libuda nie mehr als schönen Fußball spielen. Was am Ende bleiben wird, ist die Erinnerung an die große Kunstfertigkeit, mit der ihm dies gelang. „Was die Callas für die Oper war, das war Libuda für den Fußball", glaubt Schalkes Präsident Günter Siebert. Und Hans-Josef Justen urteilt: „Was er mit dem Ball machte, das war Kunst. Er konnte zaubern mit dem Ball." Manchmal schien es, als sei ihm ein geniales Dribbling viel wertvoller als ein Tor oder der Sieg.

„Spielertypen wie Stan gibt es heute nicht mehr", sagt sein ehemaliger Mitspieler Klaus Fichtel. „Was er gemacht hat, war nie geplant, das hat die Natur ihm mitgegeben. Er hatte Sachen drauf, die konnte niemand. Außer Libuda." Damit hat er die Massen an guten Tagen elektrisiert, hat mit seinen Dribblings und Körpertäuschungen Zehntausende Zuschauer in kollektive Verzückung versetzt, wie es auf anderer Bühne Rockstars bewirken mit einer rätselhaft wirkungsvollen Akkordfolge oder einer anrührenden Songinterpretation.

Sie waren selten, die richtig guten Tage, aber vermutlich waren sie es, wofür der Stan sich beim Fußball geschunden hat. „Zeit"-Autor Stefan Willeke formuliert es wunderschön in seinem „Lob des Eigensinns": „Wenn Stan Libuda – was nie seine Absicht war –

der Welt etwas hinterlassen hat, dann die Zuversicht, dass es sich lohnen kann, die endlosen Tage des Unvermögens auszuhalten für die zauberhaften Minuten des Glücks."

★ ★ ★

Im ersten Heimspiel nach Libudas Tod wird im Parkstadion eine Schweigeminute für das Idol angekündigt. Zunächst senkt sich eine bedrückende Stille über das weite Rund. Dann beginnt es in der Nordkurve zu murmeln und zu raunen: „Li-bu-da, Li-bu-da". Allmählich stimmen alle 33.000 Besucher mit ein, viele mit Tränen in den Augen. Es ist kein lautes Rufen, mehr ein andächtiges Flüstern. Es klingt wie ein Gebet.

ANHANG

Saisonstatistik 1971/72

Abschlusstabelle Bundesliga 1971/72

		Spiele	gew	unent	verl	Tore	Diff	Punkte
1.	FC Bayern München	34	24	7	3	101:38	+63	55:13
2.	FC Schalke 04	34	24	4	6	76:35	+41	52:16
3.	Borussia Mönchengladbach (M)	34	18	7	9	82:40	+42	43:25
4.	1. FC Köln	34	15	13	6	64:44	+20	43:25
5.	Eintracht Frankfurt	34	16	7	11	71:61	+10	39:29
6.	Hertha BSC	34	14	9	11	46:55	-9	37:31
7.	1. FC Kaiserslautern	34	14	7	13	59:53	+6	35:33
8.	VfB Stuttgart	34	13	9	12	52:56	-4	35:33
9.	VfL Bochum (N)	34	14	6	14	59:69	-10	34:34
10.	Hamburger SV	34	13	7	14	52:52	±0	33:35
11.	Werder Bremen	34	11	9	14	63:58	+5	31:37
12.	Eintracht Braunschweig	34	8	15	11	43:48	-5	31:37
13.	Fortuna Düsseldorf (N)	34	10	10	14	40:53	-13	30:38
14.	MSV Duisburg	34	10	7	17	36:51	-15	27:41
15.	Rot-Weiß Oberhausen	34	7	11	16	33:66	-33	25:43
16.	Hannover 96	34	10	3	21	54:69	-15	23:45
17.	Borussia Dortmund	34	6	8	20	34:83	-49	20:48
18.	Arminia Bielefeld*	34	6	7	21	41:75	-34	19:49

* Arminia Bielefeld wurde die Lizenz entzogen, die offizielle Wertung lautete 0:0 Tore, 0:0 Punkte.

Gerd Müller (FC Bayern München)   40
Klaus Fischer (FC Schalke 04)   22
Hans Walitza (VfL Bochum)   22
Ferdinand Keller (Hannover 96)   20
Jupp Heynckes (Borussia M'Gladbach)   19
Klaus Scheer (FC Schalke 04)   18
Günter Netzer (Borussia M'Gladbach)   17
Bernd Rupp (1. FC Köln)   16

Daten zum Bundesligaskandal

Betroffene Spiele der Saison 1970/71

FC Schalke 04 – Arminia Bielefeld 0:1 (28. Spieltag, 17.4.1971)
Aus Bielefeld fließen 40.000 DM für eine Schalker Niederlage.
1. FC Köln – Rot-Weiss Essen 3:2 (Nachholspiel 24. Spieltag,
5.5.1971)
*Kölns Torhüter Manglitz erhält 25.000 DM aus Offenbach,
damit er keine „Haltbaren" durchlässt.*
1. FC Köln – Rot-Weiß Oberhausen 2:4 (32. Spieltag, 22.5.1971)
Diesmal erhält Manglitz Geld, um „Haltbare" durchzulassen.
MSV Duisburg – Arminia Bielefeld 4:1 (32. Spieltag, 22.5.1971)
*MSV-Spieler Kentschke erhält 60.000 DM für eine Duisburger
Niederlage, die er nach dem Sieg größtenteils zurückzahlt.*
Arminia Bielefeld – VfB Stuttgart 1:0 (33. Spieltag, 29.5.1971)
*Aus Bielefeld fließen je 15.000 DM an drei Spieler für die Stutt-
garter Niederlage.*
Eintracht Braunschweig – Rot-Weiß Oberhausen 1:1 (34. Spieltag,
5.6.1971)
*Braunschweiger Spielern wird aus Bielefeld eine Siegprämie von
170.000 DM versprochen. Nach dem Unentschieden erhalten sie
davon 40.000 DM.*

Hertha BSC – Arminia Bielefeld 0:1 (34. Spieltag, 5.6.1971)
Aus Bielefeld fließen 250.000 DM für die Hertha-Niederlage.
1. FC Köln – Kickers Offenbach 4:2 (34. Spieltag, 5.6.1971)
In „Vorverhandlungen" fordert Manglitz von Canellas 100.000 DM für eine Kölner Niederlage.

Bestrafte Vereine

Arminia Bielefeld: Lizenzentzug, Versetzung in die Regionalliga, 50.000 DM Geldbuße

Kickers Offenbach: Lizenzentzug für zwei Jahre, dennoch Wiederaufstieg 1972

Rot-Weiß Oberhausen: Lizenzentzug, der wieder rückgängig gemacht wird; dafür 5 Negativpunkte zur Bundesligasaison 1972/73. Auch dies wird im Dezember 1972 kassiert, RWO steigt dennoch ab.

Bestrafte Vereinsfunktionäre

Horst-Gregorio Canellas (Kickers Offenbach): Sperre auf Lebenszeit, begnadigt Dezember 1976

Friedrich Mann, Fritz Koch, Waldemar Klein (Kickers Offenbach): 1 Jahr Sperre

Wolfgang Holst (Hertha BSC): 5 Jahre Sperre, nach 4 Jahren begnadigt

Peter Maaßen (Rot-Weiß Oberhausen): 2 Jahre Sperre

Bestrafte Trainer

Günter Brocker (Rot-Weiß Oberhausen): 2 Jahre Sperre

Egon Piechaczek (Arminia Bielefeld): Sperre auf Lebenszeit, begnadigt 1975

1. FC Köln:
Manfred Manglitz: Sperre zweimal auf Lebenszeit, nach 2 Jahren
    begnadigt
Arminia Bielefeld:
Jürgen Neumann: Sperre auf Lebenszeit, nach 5 Jahren begnadigt.
    Erneute Sperre, nachdem er seine Geldbuße von 15.000 DM
    nicht gezahlt hat
Waldemar Slomiany: 28 Monate Sperre

FC Schalke 04:
Dieter Burdenski: 4 Monate Sperre, 2.300 DM Geldbuße
Klaus Fichtel: 2 Jahre Sperre, nach 1 Jahr begnadigt, 2.300 DM
    Geldbuße plus 10.000 DM Buße an die Krebshilfe
Klaus Fischer: 1 Jahr Sperre, 2.300 DM Geldbuße plus 10.000
    DM Buße an die Krebshilfe; außerdem 9.960 DM Geldstrafe
    wegen Meineids
Jürgen Galbierz: 2 Jahre Sperre, nach 1 Jahr begnadigt, 2.300 DM
    Geldbuße
Heinz van Haaren: 2 Jahre Sperre, 2.300 DM Geldbuße
Reinhard Libuda: Sperre auf Lebenszeit, nach 15 Monaten begna-
    digt, 2.300 DM Geldbuße; außerdem 9.960 DM Geldstrafe
    wegen Meineids
Herbert Lütkebohmert: 1 Jahr Sperre, 2.300 DM Geldbuße plus
    10.000 DM Buße an die Krebshilfe; außerdem 9.000 DM
    Geldstrafe wegen Meineids
Hans Pirkner: 2 Jahre Sperre, nach 1 Jahr begnadigt, 2.300 DM
    Geldbuße
Manfred Pohlschmidt: Sperre auf Lebenszeit, nach 5 Jahren
    begnadigt, 2.300 DM Geldbuße
Rolf Rüssmann: 1 Jahr Sperre, 2.300 DM Geldbuße plus 10.000
    DM Buße an die Krebshilfe; außerdem 9.000 DM Geldstrafe
    wegen Meineids

Klaus Senger: 4 Monate Sperre

Jürgen Sobieray: 1 Jahr Sperre, 2.300 DM Geldbuße plus 10.000 DM Buße an die Krebshilfe; außerdem 9.960 DM Geldstrafe wegen Meineids

Hans-Jürgen Wittkamp: 1 Jahr Sperre, 2.300 DM Geldbuße plus 10.000 DM Buße an die Krebshilfe

Hertha BSC:

Franz Brungs: 2 Jahre Sperre, nach 17 Monaten begnadigt, 15.000 DM Geldbuße

Peter Enders: 2 Jahre Sperre, nach 17 Monaten begnadigt, 15.000 DM Geldbuße

Karl-Heinz Ferschl: 2 Jahre Sperre, nach 17 Monaten begnadigt, 15.000 DM Geldbuße

Wolfgang Gayer: 2 Jahre Sperre, nach 17 Monaten begnadigt, 15.000 DM Geldbuße

Laszlo Gergely: Sperre auf Lebenszeit, nach 1 Jahr begnadigt, 15.000 DM Geldbuße

Volkmar Groß: 2 Jahre Sperre, nach 17 Monaten begnadigt, 15.000 DM Geldbuße

Michael Kellner: Sperre bis 1981, da er die Geldbuße nicht zahlte

Bernd Patzke: 4 Jahre Sperre, nach 29 Monaten begnadigt

Jürgen Rumor: Sperre auf Lebenszeit, nach 1 Jahre begnadigt, 15.000 DM Geldbuße

Hans-Jürgen Sperlich: 2 Jahre Sperre, nach 17 Monaten begnadigt, 15.000 DM Geldbuße

Arno Steffenhagen: 2 Jahre Sperre, nach 17 Monaten begnadigt, 15.000 DM Geldbuße

Zoltan Varga: 28 Monate Sperre, 15.000 DM Geldbuße

Jürgen Weber: 2 Jahre Sperre, nach 17 Monaten begnadigt, 15.000 DM Geldbuße

Tasso Wild: 4 Jahre Sperre, nach 29 Monaten begnadigt

Uwe Witt: Sperre auf Lebenszeit, da er die Geldbuße nicht zahlte

Eintracht Braunschweig:
Joachim Bäse: 4.400 DM Geldbuße
Jaro Deppe: 4.400 DM Geldbuße
Dietmar Erler: 4.400 DM Geldbuße
Bernd Gersdorff: 4.400 DM Geldbuße
Klaus Gerwien: 4.400 DM Geldbuße
Wolfgang Grzyb: 4.400 DM Geldbuße
Friedhelm Haebermann: 4.400 DM Geldbuße
Eberhard Haun: 4.400 DM Geldbuße
Peter Kaack: 4.400 DM Geldbuße
Max Lorenz: 14 Monate Sperre, 2.200 DM Geldbuße
Franz Merkhoffer: 4.400 DM Geldbuße
Burkhardt Öller: 3 Monate Sperre, 2.000 DM Geldbuße
Michael Polywka: 4.400 DM Geldbuße
Rainer Skrotzki: 4.400 DM Geldbuße
Lothar Ulsaß: 28 Monate Sperre, 2.200 DM Geldbuße
Horst Wolter: 4.400 DM Geldbuße

VfB Stuttgart:
Hans Arnold: Sperre auf Lebenszeit, nach 22 Monaten begnadigt,
    15.000 DM Geldbuße
Hans Eisele: Sperre auf Lebenszeit, nach 17 Monaten begnadigt,
    15.000 DM Geldbuße
Hartmut Weiß: Sperre auf Lebenszeit, nach 17 Monaten begna-
    digt, 15.000 DM Geldbuße

MSV Duisburg:
Volker Danner: 4 Monate Sperre
Gerd Kentschke: 10 Jahre Sperre, nach 16 Monaten begnadigt,
2.500 DM Geldbuße

Quelle: Wikipedia (abgerufen 11.11.2020)

Quellen, Literatur, Dank

*Die in diesem Buch geschilderten Geschehnisse samt den
zitierten Äußerungen folgen in der Regel den Darstellungen
zeitgenössischer Zeitungen und Zeitschriften, vor allem:*
Kicker Sportmagazin
Süddeutsche Zeitung
Westdeutsche Allgemeine Zeitung (WAZ), Lokalausgabe
Gelsenkirchen
Bild
Der Spiegel
Konkret

*Bereichernde Informationen zum Fußball jener Zeit liefern u. a.
folgende Bücher und Aufsätze:*
Bausenwein, Christoph: Das Prinzip Uli Hoeneß. Ein Leben in
Widersprüchen. Aktualisierte Auflage, Göttingen 2014
Beckenbauer, Franz: Einer wie ich. München/Gütersloh 1975
Beckenbauer, Franz: Ich. Wie es wirklich war. 3. Auflage,
München 1992
Beckenbauer, Franz / Schröder, Ulfert: Halbzeit. Eine sportliche
Zwischenbilanz. Hannover 1971
Beyer, Bernd-M.: Helmut Schön. Eine Biographie. 2. Auflage,
Göttingen 2018
Breitner, Paul: Ich will kein Vorbild sein. Unser Fußball – so wie
ich ihn verstehe. München 1980
Deutscher Fußball-Bund e.V. (Hrsg.): Fußball-Jahrbuch '72.
Frankfurt/M. 1972
Eichler, Christian: 90 oder Die ganze Geschichte des Fußballs in
neunzig Spielen. München 2017
Grüne, Hardy (Hrsg.): Wenn Spieltag ist. Fußballfans in der
Bundesliga. Göttingen 2013

Grüne, Hardy (Hrsg.): ZEITSPIEL Legenden: Fußballvereine. Band 1. Hannover 2020 (hier vor allem der Text zum Wuppertaler SV)

Grüne, Hardy / Schulze Marmeling, Dietrich: Das Goldene Buch des deutschen Fußballs. 2. Auflage, Göttingen 2016

Harig, Ludwig / Kühn, Dieter (Hrsg.): Netzer kam aus der Tiefe des Raumes. Notwendige Beiträge zur Fußballweltmeisterschaft. München 1974 (darin u. a. die Beiträge von Karl Heinz Bohrer, Ludwig Harig, Wolfgang Hädicke, Walter Jens und Wolf Wondratschek)

Havemann, Nils: Samstags um halb 4. Die Geschichte der Fußballbundesliga. München 2013

Hesse, Uli: Bartkrieg verloren. Auf: 11freunde.de vom 29.11.2018 (abgerufen am 2.2.2020)

Hüetlin, Thomas: Gute Freunde. Die wahre Geschichte des FC Bayern München. München 2006

Lämmer, Manfred: Deutsch-israelische Fußballfreundschaft. Göttingen 2019

Leischwitz, Christoph: Mia san die Bayern! Die Geschichte der rot-weißen Fankultur. Göttingen 2020

Leske, Hanns: Erich Mielke, die Stasi und das runde Leder. Der Einfluß der SED und des Ministeriums für Staatssicherheit auf den Fußballsport in der DDR. Göttingen 2004

Leske, Hanns: Vorwärts. Armee-Fußball im DDR-Sozialismus. Aufstieg und Fall des ASK/FC Vorwärts Leipzig/Berlin/Frankfurt. Göttingen 2009

Maier, Sepp: „Ich bin doch kein Tor". Hamburg 1980

Muras, Udo / Strasser, Patrick: Gerd Müller. Der Bomber der Nation. München 2015

Netzer, Günter: Rebell am Ball. Aufgezeichnet von Peter Bizer. Frankfurt 1971

Oberschelp, Malte: Die Hymne des Fußballs. „You'll never walk alone" – Eine Kulturgeschichte. Göttingen 2013

Redelings, Ben: 50 Jahre Bundesliga. Das Jubiläumsalbum. Göttingen 2012

Röhl, Wolfgang: Fußball, du meine Braut. In: Konkret vom 6.5.1971

Schiller, Kay: Fußball und Politik im Münchner Olympiastadion. In: Global play: football between region, nation and the world in Latin American, African and European history. Stuttgart 2014

Schnittker, Gregor / Hesse Ulrich: „Unser ganzes Leben". Die Fans des BVB. Göttingen 2013

Schön, Helmut: Fußball. Frankfurt/M. 1978

Schröder, Ulfert: Berti Vogts. Ein kicker-Buch. München 1971

Schröder, Ulfert: Günter Netzer. Ein kicker-Buch. München 1972

Schulze-Marmeling, Dietrich: Die Bayern-Chronik. Göttingen 2017

Schulze-Marmeling, Dietrich / Dahlkamp, Hubert: Die Geschichte der Fußball-Europameisterschaft. 2. Auflage, Göttingen 2008

Seeler, Uwe: Danke, Fußball! Mein Leben. Aufgezeichnet von Roman Köster. Reinbek bei Hamburg 2003

Seitz, Norbert: Bananenrepublik und Gurkentruppe. Die nahtlose Übereinstimmung von Fußball und Politik 1954 – 1987. Frankfurt/Main 1987

Unfried, Peter: Held kam aus der Tiefe des Raumes. In: die tageszeitung, 21.4.2012

Urban, Thomas: Schwarze Adler, weiße Adler. Deutsche und polnische Fußballer im Räderwerk der Politik. Göttingen 2011

Vinnai, Gerhard: Fußballsport als Ideologie. Frankfurt/M. 1970 (Onlineveröffentlichung mit neuem Vorwort 2006)

Wolf, Ror: Punkt ist Punkt. Fußballspiele. Frankfurt/Main 1971

Woller, Hans: Gerd Müller – oder: Wie das große Geld in den Fußball kam. Eine Biografie. München 2019

11 Freunde (Hrsg.): Die beste Nationalelf aller Zeiten. Berlin, Januar 2012

11 Freunde (Hrsg.): Das waren die siebziger Jahre: Ein Jahrzehnt Fußballkultur. Berlin 2009

11 Freunde (Hrsg.): Wie gut war Netzer wirklich. Der Fußball von gestern im Computercheck. Berlin, Dezember 2010

Einige Hintergrundinformationen zu den Bundesligavereinen wurden vor allem den ausgezeichneten Vereinschroniken entnommen, die ab Mitte der 1990er Jahre im Verlag Die Werkstatt erschienen sind und bis heute noch erscheinen.

*Die NSDAP-Vergangenheit des ehemaligen Arminia-Bielefeld-Vereinsvorsitzenden und späteren Anwalts **Dr. Karl Lamker** allerdings wird bisher in keiner Vereinschronik erwähnt, ebenso wenig wie dies bezüglich des DFB-Präsidenten **Dr. Hermann Gösmann** geschieht. Informationen dazu stammen vom Bundesarchiv Berlin und dem Landesarchiv Nordrhein-Westfalen. (Einige Informationen zur Tätigkeit Gösmanns als „Vereinsführer" des VfL Osnabrück finden sich in: Schulze, Heiko: Fußlümmel und Lila-Weiße. Zur Frühgeschichte des Osnabrücker Fußballs. Osnabrück 2015; sowie in: Pistorius, Harald: Wir sind alle ein Stück VfL Osnabrück. Lila-weiße Fußballgeschichte seit 1899. Osnabrück 2000).*
*Die Entnazifizierungsakte von **Wilhelm Neudecker** befindet sich im Staatsarchiv München.*
*Die Korrespondenz zum „Fall **Gottfried Fuchs**" im Vorfeld des Länderspiels Deutschland – UdSSR wurde im Nachlass Sepp Herberger eingesehen, die empörten Briefe zum Thema „lange Haare" im Nachlass Helmut Schön. Beide Nachlässe befinden sich im DFB-Archiv, Frankfurt/M.*

Zu einigen im Buch skizzierten Personen und Sachverhalten sind folgende Bücher und Artikel besonders hilfreich:

Zu Reinhard Libuda und dem FC Schalke 04:

Berghöfer, Matthias (Hrsg.): 1904 Geschichten. (Eine Buchreihe, in der 2011-2014 vier Bände erschienen sind, mit jeweils rund 30 Texten, die von S04-Fans verfasst wurden. Darunter auch einige Erinnerungen an die Saison 1971/72, aus denen der Bericht von Jörg Buddenberg zitiert wurde)

Boebers-Süßmann, Jürgen: Die Ewigkeit ist königsblau. Kuzorra, Libuda & Co. – Die besten Schalker Spieler aller Zeiten. Göttingen 2009

Grüne, Hardy: Glaube, Liebe, Schalke. Die komplette Geschichte des FC Schalke 04. 3. Auflage, Göttingen 2012

Kozicki, Norbert: Reinhard Stan Libuda. Ein einfacher Junge aussem Kohlenpott… Herten 2007

Hesse. Uli: Der Fremde. Das Leben des Reinhard „Stan" Libuda. Auf: 11freunde.de vom 10.10.2018 (abgerufen am 2. 2.2020)

Röwekamp, Georg: Der Mythos lebt. Die Geschichte des FC Schalke 04. 8. Auflage, Göttingen 2012

Thielke, Thilo: „An Gott kommt keiner vorbei…" Das Leben des Reinhard „Stan" Libuda. 2. Auflage, Göttingen 2004

Thiem, Jürgen: Helden für einen Sommer. Die Geschichte der besten Schalker Mannschaft aller Zeiten. Göttingen 2012

Wendelmann, Ulrich: An Gott kommt keiner vorbei – außer Reinhard Libuda. Erinnerungen an einen Fußballkünstler. WDR-Mediathek, CD, Köln 1999

Willeke, Stefan: Im Namen des Vaters. In: Die Zeit Nr. 33/2001

Zum Bundesliga-Skandal:

Bundesliga-Skandal. Zusammengestellt von Dr. Reinhard Rauball. Reihe Aktuelle Dokumente, hrsg. von Prof. Dr. Ingo von Münch. Berlin 1972

Der Spiegel (Hrsg.): „Boss, wir müssen Spiele kaufen". Korruption in der Bundesliga. „Spiegel"-Serie in den Ausgaben
18/19/20/21 von 1972
Wikipedia, Eintrag: Bundesliga-Skandal

Zu Rio Reiser und Ton Steine Scherben:
Freundlicherweise hat **Kai Sichtermann**, *ehemaliger Scherben-*
Bassist und heute noch als Musiker unterwegs, mir eine Reihe
von Fragen beantwortet. Ansonsten sind wichtige Quellen:
Bargeld, Blixa: Der einzige Rocker. Zum Tod von Rio Reiser. In:
Der Spiegel Nr. 35/1996
Fruth, Pia: Rio Reiser – Der Rock-Poet von Ton Steine Scherben.
SWR, ausgestrahlt 7.6.2018 und 9.1.2020
Haberl, Wolfgang: Rio Reiser. Ein Anarchist aus Deutschland.
Stuttgart 2015
Langeloh, Lisa Marie: Der Rauchhaus-Song. Authentische
Berichte von 1968 und den Folgejahren. Hamburg 2015
Möbius, Gert: Rio Reiser – Halt dich an deiner Liebe fest. Berlin 2017
Reiser, Rio: König von Deutschland. Erinnerungen an Ton Steine
Scherben und mehr. 2. Auflage 2017
Sichtermann, Kai u. a.: Keine Macht für Niemand. Die Geschichte
der „Ton Steine Scherben". 3. Auflage, Berlin 2001
Sichtermann, Kai / Johler, Jens: Vage Sehnsucht. Der Bassist von
Ton Steine Scherben erzählt sein Leben. Berlin 2018
Skai, Hollow: Rio Reiser – Das alles und noch viel mehr. Mün-
chen 2006
Sontheimer, Michael: Der deutsch Bob Dylan. Auf: Spiegel
Online, 16.11.2016 (abgerufen am 2.2.2020)
Sontheimer, Michael / Wensierski, Peter: Berlin – Stadt der
Revolte. Berlin 2018
Und außerdem die Beiträge des Musikjournalisten Klaus Walter
über Rio Reiser und die Scherben, beispielsweise im „Freitag"
(Nr. 45/2016) oder im Hörfunk anlässlich von Rios 70.
Geburtstag am 9.1.2020

Zu Willy Brandt, Heinrich Böll und der deutschen Politik 1971/72:

Bahr, Egon: „Das musst du erzählen". Erinnerungen an Willy Brandt. 4. Auflage, Berlin 2013

Bicher, Norbert: Mut und Melancholie. Heinrich Böll, Willy Brandt und die SPD. Eine Beziehung in Briefen, Texten, Dokumenten. Bonn 2017

Böll, Heinrich: „Will Ulrike Gnade oder freies Geleit?" In: Der Spiegel Nr. 3/1972

Brandt, Lars: Andenken. München 2006

Brandt, Matthias: Raumpatrouille. Geschichten. Köln 2018

Brandt, Peter: Mit anderen Augen. Versuch über den Politiker und Privatmann Willy Brandt. 4. Auflage, Bonn 2014

Brandt, Willy: Erinnerungen. Frankfurt/Main 1989

Körner, Torsten: Die Familie Willy Brandt. 3. Auflage, Frankfurt/Main 2013

Lorenz, Einhart: Willy Brandt in Norwegen. Die Jahre des Exils 1933 bis 1940, Kiel 1989

Merseburger, Peter: Willy Brandt 1913 – 1992. Visionär und Realist. Stuttgart/München 2002

Vormweg, Heinrich: Der andere Deutsche: Heinrich Böll. Eine Biographie. Köln 2017

Zylla, Elsbeth (Hrsg.): Heinrich Böll – Lew Kopelew. Briefwechsel. Mit einem Essay von Karl Schlögel. Göttingen 2011

Ausgewählte Literatur zu weiteren Einzelthemen:

Aust, Stefan: Der Baader-Meinhof-Komplex. München 1989

Behm, Thomas u. a.: Eine Tunte bist du auf jeden Fall. 20 Jahre Schwulenbewegung in Münster. Münster 1992

Cohn-Bendit, Daniel: Unter den Stollen der Strand. Fußball und Politik – mein Leben. Köln 2020

Delgado, Jésus Manuel: Die Gastarbeiter in der Presse: eine inhaltsanalytische Studie. Opladen 1972

Gessler, Philipp: Gift für die Stasi. In: die tageszeitung (taz) vom 12.3.2011 *(über Roland Jahns Jugend in der DDR)*

Rainbow, Jamie: Liverpool FC: the Pink Floyd connection. Auf:
    World Soccer, 29.1.2012 (abgerufen am 2.2.2020)
Steinke, Ronen: Terror gegen Juden. Wie antisemitische Gewalt
    erstarkt und der Staat versagt. Berlin 2020
Tantzscher, Monika: So ein Tag, so wunderschön. Ein Fußball-
    Länderspiel und seine Folgen. In: Horch und Guck, Heft
    31/2000, S. 32–34 *(zum Länderspiel Polen – Deutschland und
    den Reaktionen der Stasi)*
Voss, Willi: Geblendet – Ein Mann, drei Leben: Arafats Söldner.
    Bremen 2020

Schließlich und endlich:

Dieses Buch hätte so nicht entstehen können ohne die vielen
Gespräche und Korrespondenzen, die ich (wie beispielsweise
mit Kai Sichtermann) über die Jahre 1971 und 1972 führen
konnte und für die ich sehr dankbar bin. Als besonders wertvoll
empfand ich die Ermutigungen, Anregungen, Kritiken und
Hilfestellungen, die mir wieder einmal (und diesmal ganz
besonders) Andrea Schwarzbach sowie meine ehemaligen
Kollegen Hardy Grüne, Christoph Schottes, Dietrich Schulze-
Marmeling, Bernd Weidmann und Enno Brand gewährten.
Ihnen allen gilt mein herzlicher Dank. Ebenso danke ich dem
Verlag Die Werkstatt, der sich die Freiheit nimmt, dieses etwas
unkonventionelle Fußballbuch herauszubringen und mit großem
Engagement zu betreuen.

Der Autor

Bernd Beyer war 1981 Mitgründer des Verlags Die Werkstatt und hat bis 2016 das Lektorat verantwortet. Zusammen mit Erich Schünemann und Bernd Weidmann entwickelte er ab Anfang der 1990er Jahre den Verlag zum führenden Fußballbuchverlag im deutschsprachigen Raum. Bereits zweimal ist Bernd Beyer auch selbst als Autor hervorgetreten: 2003 mit einem „Biografischen Roman" über den Fußballpionier Walther Bensemann sowie 2017 mit der Biografie „Helmut Schön", die als „Fußballbuch des Jahres" ausgezeichnet wurde.

544 S., Hardcover mit Schutzumschlag
ISBN 978-3-7307-0316-8
28,90 € | E-Book: 19,99 €

„Zweifellos Bernd-M. Beyers Meisterwerk. … Es ist elegant
geschrieben, exzellent recherchiert, und bietet auf mehr
als 500 Seiten – von denen nicht eine langweilt – eine
Unmenge bislang unbekannter Details. Am Ende des
Buches fragt man sich, wie ein derart spannender Stoff so
lange unentdeckt bleiben konnte.“
(Süddeutsche Zeitung)

Fußballbuch des Jahres 2017

DIE **WERKSTATT**

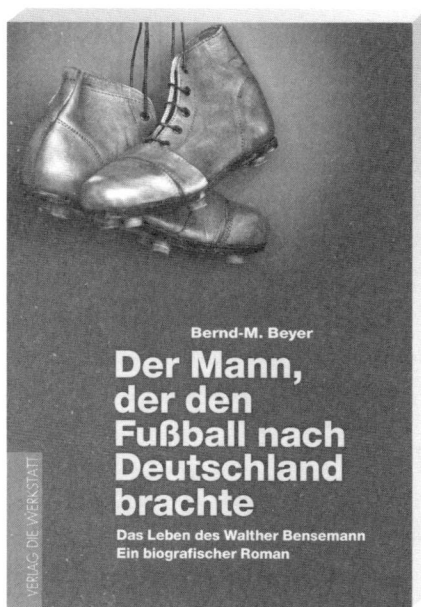

ef in der Geschichte – Hart an der Gegenwart – DER GANZE FUSSBALL.